출산·출생장려 나라의미래

이 책은 박희준 회장의 도서
'출산장려 성공시크릿'의 내용을
재편집하고 내용을 보완하여 제작되었습니다.

✦ 인구절벽 극복을 위한 백서 ✦

저출산·고령화 시대
출산·출생장려
나라의 미래

사단법인 한국출산장려협회 編著

Udit
궁극의성장

권두언

대국민 호소문

　국가는 국민, 영토, 주권이 있어야 비로소 성립됩니다. 그 가운데 핵심인 국민이 급격히 감소하고, 노령화가 심화하면 그 나라는 어떻게 될지 상상조차 끔찍합니다.
　현재 우리나라는 합계출산율이 0.78로 세계에 유례가 없을 정도로 낮아서 저출산율은 단연코 1위를 점하고 있습니다. 여기에다가 자살률, 노인빈곤율, 낙태율 등이 세계에서 제일 높습니다. 더 우려되는 상황은 앞으로 개선될 조짐은 보이지 않고, 더 가속화될 전망이라 문제는 더욱 심각합니다. 이런 상황을 지켜본 세계 석학들은 "한결같이 한국은 지나친 저출산으로 인해 국가 자체가 소멸할 것"이라고 우려를 표합니다.
　지구상에서 100년 이내에 제일 먼저 소멸하는 유일한 국가가 대한민국이라고 하니 천손 민족이자 단군의 후손인 홍익인간으로서, 조상님께 심히 죄스럽고, 후손들에게 심히 민망합니다.
　인구 감소와 노령화가 겹치면서, 내수시장은 좁아지고, 생산 인력의 공급은 줄어들어 기업은 국내 생산과 투자를 줄이면서 해외로 이전할 것입니다. 이에 따라 국내 산업 기반은 붕괴될 것입니다. 설상가상으로 젊은이의 노인에 대한 부양이 가중되어, 세대 간 갈등이 증폭되며 현대판 고려장의 출현 가능성도 예견됩니다.
　무주공산과 다름없는 우리나라에 주변의 일본, 중국, 러시아가 무혈 입성할 수 있으며, 조만간 북한의 인구. 특히 청년층의 인구가 남한을 능가할 때, 국가안보는 어찌 될 것인지 암담합니다.
　이러한 암울한 전망을 해소하기 위해, 국정의 최우선 과제는 저출산과 이로 인한 인구 감소 방지에 두어야 하는데, 여당과 야당의 정치인들은 정쟁에 몰두하며, 당리당략에 치우쳐, 국가적 과제는 뒷전으로 밀리고 있습니다.

권두언

　이제는 온 국민이 이러한 비극적인 현상을 묵과하거나 무능의 극치에 달한 정치인에게 대한민국과 우리 민족의 장래를 맡길 수 없습니다.
　대한민국의 주권자로서, 또한 역사의 동반자로서 온 국민이 소명 의식을 지니고 각성하며, 힘을 합쳐 일어나야 할 긴박한 시점에 도래했습니다. 한탄과 우려만 표명하고, 막연히 낙관적인 기대를 하면 결국 대한민국과 우리 민족은 파국의 소용돌이에 빠집니다.
　이런 비극을 막기 위해 각계각층의 국민들이 모여 저출산과 이에 따른 인구 감소와 국가와 민족의 소멸 위기를 극복하기 위한 범국민 비상시국위원회를 조직할 것을 제안합니다.
　전 국민의 가슴에서 우러나오는 애국심이 합쳐지면 능히 이 위기를 극복하리라 확신합니다.
　현재 우리나라가 당면한 가장 시급한 과제인 저출산과 인구감소의 심각성을 해소하기 위한 나름대로 해결 방안을 정리하였습니다.
　우선 젊은이들이 결혼을 하고 자녀를 가지는 따스한 가정을 꾸밀 수 있도록, 집값 안정과 사교육비 경감, 자녀 양육비 지원이 현재보다 훨씬 강화되어야 합니다. 더불어 난임 수술 지원과 직장에 다니는 여성이 임신과 출산, 자녀 양육에 지장이 없도록 정부와 기업의 협력이 절실히 요청됩니다.
　양질의 일자리 창출을 위해 기업의 생산 활동에 지장을 초래하는 불필요한 규제를 혁파하며, 지방 소멸과 집값 폭등의 원인인 수도권 집중을 완화하고, 지방에 과감하게, 이전을 독려하며, 지방으로 이전하는 기업은 각종 세제 혜택과 금융지원이 뒷받침해야 합니다.
　그리고 해외에 거주하는 750만 명에 이르는 재외동포의 국내 이주를 적극적으로 장려하고, 국내 정착에 따르는 지원을 대폭 늘려야 합니다.
　또한 다문화 가정에 대한 지원과 배려를 통해 외국인에 대한 문호를 넓히며, 귀화요건을 완화하여, 대한민국 국적 취득이 더 용이하도록 관련 규정을

권두언

조속히 개정해야 합니다.

　해외 입양보다 국내 입양을 장려하며, 전통적인 가치관에서 벗어나, 사실혼을 인정하고 법률혼과 동일하게 지원하며 미혼모에 대한 지원을 강화하며 사회에서 소외되지 않도록 각별한 보살핌이 필요합니다.

　이제는 인구 증가는 경제성장의 장애가 아니라, 국력 신장을 가져오는 시대로 변모하고 있습니다.

　어머니는 모든 이의 영원한 고향이며 안식처입니다. 비단 사람에게만 적용되는 것이 아니며, 지상의 모든 존재에 해당하는 숭고한 존재입니다.

　그런데 물질 만능주의와 이기적인 풍조가 만연하고, 어머니의 존재 의미 자체가 퇴색되면서, 과거에는 상상조차 하기 힘든 부정적 현상이 퍼지고 있으니 안타까울 따름입니다. 특히 우리나라는 출산율이 극도로 낮아지면서 조만간 국가소멸 위기에 이를 수 있으므로. 이런 위기를 극복하기 위해 임신과 출산이 지닌 의미를 부활시켜야 할 시점입니다. 결국 국가와 민족의 장래는 모든 국민들이 수동적이고 방관자적인 소극적 자세에서 탈피하여, 새로운 역사의 창조자로서 강렬한 주체 의식을 지니고, 국가와 민족의 소멸이라는 절망의 구렁텅이에서 대한민국을 구출하여 찬란한 광명의 새 역사를 전개합시다.

　다음은 출산·출생 장려 구국운동의 캐치프레즈입니다.

　"출산·출생 장려는 제2의 구국이자 대한민국의 밝은 미래입니다. 이는 꿈이 아닌 새로운 나라 살리기의 시작입니다. 다산 코리아! 행복 코리아!"

사단법인 한국출산장려협회
창설자 겸 회장　박 희 준

목차

권두언 5
        대국민호소문

경축 시조 11
        김락기 시인 생명·출생·출산의 숭고함이여

경축사 13
        오웅진 신부/13   박강수 총재/ 15

추천사 18
        이영석 박사/18   김호일 회장 외20

협회 소개 23
        협회 이념과사명/23   홍익인간 오행도/24   협회 상징물/25
        6대 강령 및 신조/26   협회가/27   BI 소개/28

시작하는 말 29
        박희준 회장

1장 출산율의 늪 35
        장기간의 산아제한/35   빈약한 국가정책/40   초저산 출산국/44
        일본의 장기불황과 그 해결책/51   생산량이 급전직하한 분유공장과 피아노공장/58

2장 절실한 산업전사들 65
        통폐합되는 학교, 유령마을/65   인구변화의 양극화 현상/72
        국방을 담당할 전사들/78   노인부양비에 허리휘는 미래의 청년세대/84
        장기적인 대비의 필요/88

목차

3장 장려금 93
아이없는 가족의 구성/93   청년들이 힘든 세상/97   신혼부부의 주거문제/101   복직을 갈망하는 산모/105   가정친화적인 회사의 풍토/108   출산장려금의 헛점/115   100조원 정도의 예산/120   다문화와 밀접한 출산정책/123   필요한 출산정책들/131   출산장려를 반대하는 목소리/134

4장 여심 141
제2의 구국운동인 출산장려운동/141   2018년 유네스코 인물/144   다섯가지 온(100)의 캠페인/146   여성의 마음에 달린 출산/150   출산장려부 설치의 시급성/155   국가의 원동력인 청년세대/159   유네스코 한국연맹/164   세상을 바꾸는 또라이/169

5장 대망 177
9남매 중 8번째/177   큰 바위 얼굴의 큰 꿈/181   3차까지 낙방한 고교진학/184   큰 제약회사에서의 활약/186   부도난 건설자재 회사/188   솔잎을 먹어야 사는 송충이/190

6장 성장통 195
310번째의 성공/195   발을 내디딘 출산장려운동/199   회사원들의 생계염려/203   두바이에서의 결혼 25주년 추억/206   (사)한국출산장려협회 허가/209   두 번의 암 수술에 대한 소회/214   사회사업공헌가로서의 청와대 초청/217   인구 대통령/219

부록
100인 추대 현황.................................223

《《출판 후기》》

경축시조

생명·출생·출산의 숭고함이여
― 다산 박희준 회장과 (사)한국출산장려협회 저서 상재에 부쳐

산강 김 락 기(시조 시인)
자유시인/칼럼니스트
전 (사)한국시조문학진흥회 이사장

헐벗은 민둥산에 묘목 한 그루 더 심듯이
황량한 모래벌판 물길 새로 틔우듯이
출산의
고귀한 사명
맨땅에서 싹이 텄네

거름 주고 물 뿌리며 추더위를 견디면서
강풍에도 살아남아 지나온 길 스물일곱 해
온 산야
푸르러지듯
출생 수풀 우거졌네

드디어 저 눈부신 청산이며 옥토 들판
출산장려 무르익어 오온캠페인 꽃이 피면
탄생의
생명 생명들
이 나라를 살리리

경축시조 * 덧붙이는 말

▶ 그 기백 그 열정 장차 더욱 빛나리!
  출산율 저하로 인한 인구절벽의 초고령화 시대 도래에 대비, 일찍이 출산·출생장려 제2의 구국운동을 시작하여 "한 자녀 사랑으로 두 자녀 기쁨 두 배! 세 자녀 행복 세 배! 출산·출생장려는 대한민국의 밝은 미래다."라는 슬로건을 내걸고, 두 번에 걸친 암수술에도 불구하고 오뚝이처럼 일어나서 통일 대한민국 인구 1억 명 달성을 향하여 혼신의 힘을 다하는, '2018년 유네스코 올해의 인물'에 선정된 인구학박사이자 석좌교수 겸 (사)한국출산장려협회 회장 다산 박희준 박사와 '한출협'의 드높은 나라 사랑 정신을 높이 기리며…

▶ 시조(3수 1편) 창작 노트
  여기 3수는 3세(과거, 현재, 미래)를 의미하며, 나무의 성장과정에 비유하여 대한민국 국민의 출산·출생·생명의 3세관을 그린 작품이다. 천년 전통의 우리 겨레시가인 시조와 함께 삼천리 방방곡곡에 활짝 피는 꽃물결처럼 장차 온 나라가 생동하기를 기원하면서 졸음을 짓다.

──────────────── 삼세관三世觀 ────────────────

첫째 수: 과거-맨땅-발아(싹), 둘째 수: 현재-산야-육림(숲), 셋째 수: 미래-청산-개화(꽃)

▶ 관련 칼럼 발췌 – '싹 잘 틔워야 숲지듯이' – 2021.9.8. 기호포럼
  생명(출생)은 고귀하며, 출산은 그 생명을 낳는다. 온 우주를 탄생시키는 숭고한 모성성이다. 싹을 잘 틔워야 숲지듯이 출생 붐이 일어 장차 세계인이 몰려오는 초일류 국가를 상정한다. 시조로 읊는다.

낙원 코리아

두 자녀 기쁨 두 배 세 자녀 행복 세 배
늘 꽃피고 새가 우는 유토피아 저 코리아
당당히 주역이 되어 온 누리를 빛내리.

경축사

사랑합니다.

태초에 하느님께서는 하늘과 땅, 온갖 식물과 동물을 창조하시고, 세상의 온갖 것을 다스릴 사람을 마지막으로 창조하시어 "자식을 많이 낳고 번성하여 땅을 가득 채우고 지배하여라(창세1, 28)."라고 복을 내리셨다.

이 시대에 하느님께서 주시는 복을 누리려면 생명의 문화를 확산시켜야 한다. 하느님의 생명을 사랑하고, 생명을 살리는 일에 충실해야 하는 것이다. 이 시대 대한민국의 인구 절감 현상은 미래 대한민국의 현실이 어떻게 될지 예상되는 심각한 문제이다.

이러한 터에 (사)한국출산장려협회 회장 박희준 국제통상학박사가 지난해 4월 5일 '출산장려 성공 시크릿(다산 코리아 행복 코리아를 꿈꾸며)'을 출판하고 올해 다시 협회와의 공저로 그 저서의 내용을 크게 보강하여 '출생 장려, 나라의 미래다(저출산·고령화 시대)'라는 제목으로 증보판을 출판한다고 한다. 참으로 다행스러운 일이다.

우리나라는 산아제한 정책의 여파로 합계출산율은 지속해서 하락하여 2021년 경우 0.81명이라는 최악의 기록을 경신했고 학자들의 연구에 따르면 올해 2022년은 0.78명, 2023년에는 0.68명이 될 수 있다고 한다. 0.6명대의 합계출산율을 정말 재앙적 수준이다.

경축사

작년에 꽃동네를 몸소 방문한 박 총회장이 25년간 출산 장려 운동을 민간에서 홀로 전개해 왔다는 사실을 처음 접하고 도움이 되고자 작은 정성을 보탠 적이 있는데 다시 내용을 보강한 증보판 가제본을 가져와서 보니 박 회장의 출산 장려 운동에 대한 열정과 끈기가 대단함을 느꼈다.

저서의 증보판에서 서술한 출산장려정책에 대한 고찰은 해박하고 폭 넓은 지성의 결과물이라고 보인다. 정책입안자들이 보아도 능히 참조될 만한 각 분야의 전문성이 돋보이는 서술이다. 이 소제목 한가지씩만으로도 각 정책기관이나 대학에 특강이나 교양과목으로 개설해도 전혀 손색이 없다고 여겨진다.

이번에 사단법인 한국출산장려협회와 박희준 국제통상학박사의 공저로 세상에 나온 '출산장려 성공 시크릿'의 증보판 '출산·출생 장려, 나라의 미래'의 출간을 축하하며 범국민 필독서로서 자리매김하게 되기를 바라는 마음 간절하다.

결론적으로 출산·출생 장려 운동은 하느님께서 내리신 일이기에 너와 내가 없고 우리 모두의 책임과 의무라는 인식을 확실히 함으로 생명 존중의 문화가 확산되어 하느님께서 주시는 축복을 풍성히 누리는 대한민국이 되기를 간절히 기도한다.

꽃동네 오웅진 신부

경축사

출산·출생장려 나라의 미래

– 출간에 즈음하여

　혹자는 말한다. 정말 우리나라의 인구가 줄어 가까운 미래, 2,300여 년이 되면 우리나라는 국가의 형태를 이룰 수 없으리만치 쪼그라들어 지구상에서 제일 먼저 사라지는 나라가 될까, 정녕 믿기지 않는 사실인데 그러나 인구전문가의 연구에 따르면 2022년 합계출산율이 0.78명이라는 OECD 평균을 한참 밑도는 이 상황 그대로라면 조만간 다가올 처참한 우리나라의 미래 바로 그대로다, . 외계인의 침략을 받는 극한의 괴멸적 상황이 오더라도 이렇게 까지는 아니될 것같은데 말이다.
　미래공상과학영화의 한 장면처럼 자동차로 막히던 고속도로는 방치되어 균열이 생기고 높은 건물 내부에는 사람들이 사라져 먼지만 날리고 마당에는 잡초만 무성히 자란 폐허로 이어지는 국가몰락의 세상. 상상만해도 끔찍하지 않은가.

　앞으로 100여 년 후라면, 지금 한반도에 살고있는 우리 부모님 세대와 현 우리 세대 밑으로 우리 다음 세대까지 모두 세상을 떠나니 당장 무슨 험한 꼴을 보지는 아니하겠지만 5,000여 년동안 이 한반도에 뿌리내려온 한민족이 사라지는 경우를 당하게 된다니 마음 한구석에 황량한 바람이 몰아쳐 휑하니 비는 느낌이다. 지난 5,000년 역사속에서 수많은 선조들의 피와 땀으로 지켜낸 나라인데 인구부족으로 속절없이 사라지다니, 쉽게 말해 역사에서 말하는 국가의 소멸, 다시 말하면 국가의 멸망이다. 기가 막히는 현실이다
　평소에도 인구절벽의 우려에 대한 이야기를 강연을 통하거나 미디어를

경축사

통해 많이 듣고 있었으나 저자로부터 막상 이 저서의 초고를 받아 한줄 두줄하며 읽는 동안 나 자신이 이 국가적 위기에 다소간 무심했음을 깨닫게 되었다.

사단법인 한국출산장려협회 박희준 회장이 전해준 '출산·출생 장려, 나라의 미래'란 가제본을 읽어보고 정말 많은 것을 느꼈다.

26년간의 이 출산장려운동에 매진해온 저자의 진정성이 느껴지고 그 사단법인 한국출산장려협회의 비전과 집념으로 보아 민간에서 선두주자로서 확실하게 이 운동을 이끌고 나아갈 수 있는 저력과 끈기가 넘침을 몸소 알게 되었다. 이것이 바로 국가에 대한 크나큰 봉사의 길이며 국가융성의 지름길이란 것등을 알게 되었다.

이 책안에 제시된 출산장려정책에 대해서는 전문가들의 의견도 있겠지만 일견 큰 틀에서 시의적절한 정책들을 제시한 것으로 보인다. 아니 그 수준을 넘어 해박한 지식으로 오늘날의 이 중차대한 거대담론에 동참하고 더 나아가 적절하고도 정확한 출산장려극복의 해법을 제시하고 있는 것으로 보인다.

이러한 현상을 가정해 볼 때 이 위기를 극복하고자 하는 박회장의 예리한 시각으로 본 정책과 노력이 한층 절박한 무게감을 느끼게 하며 한편으로는 국민의 한사람으로서 당면한 인구절벽에 대한 인식을 좀 더 새롭게 해야 할 시점에 이른 것이 아닐까 한다. 그리하여 조야가 저출산·고령화의 해법에 대해서 의견이 분분한 이 시기에 이 저서는 명쾌하게 실제를 풀어낸 노작으로 한 한줄기 시원한 여름 소나기를 맞게 해주는 기분이다.

경축사

 따라서 우리 100년 전통의 라이온스클럽과 지원협약을 체결하고 함께 상생의 원리로 이 나라를 구하기 위한 출산장려 인식제고운동에 적극적으로 참여하여 인구절벽으로 허물어져 가는 우리나라의 미래를 구하고 싶은 마음이 절실하다. 다시 말해 우리 라이온스클럽과 같이 가야할 봉사를 통한 공동의 보편적 밝은 가치가 있다.

 그리고 이에 덧붙여 지금의 청년들에게 출산장려에 대한 확고한 인식을 심어주기 위해서 정규교육의 필요성이 대두되는 바 대학의 교양필수과목 및 학과 개설을 위해서는 대학과의 협업을 통해 세계 최초로 대학의 필수과목으로 조기에 자리매김하게 되기를 지난 날 대학교총장을 역임한 사람으로서 바라는 마음 절절한 심정이다. .

 끝으로 박희준 회장과 사단법인 한국출산장려협회가 공동으로 집필한 '출산·출생 장려, 나라의 미래'를 출간함을 큰 박수로 축하하며 더욱이 이 많은 과업을 이루는 여정에서 국가의 굳건한 주춧돌이 되고 진정한 민간에서 일어난 구국 운동의 선도단체로 정부와 함께 협업하여 후손들에게 행복한 대한민국을 물려줄 수 있도록 함께 동행해 나아가길 빈다.

전 배재대학교 총장
전 국제라이온스크럽 354-D지구 총재
(사)바르게살기운동중앙협의회 회장
박강수 경영학 박사

경축사

인구 절벽!

전 인류의 존망의 위기임을 나이 든 사람들은 누구나 알고 있지만 정작 본인은 할 수 있는 방법이 없어 한숨만 쉬고 있다. 특히 2023년 합계출산율 0.78명의 세계 꼴찌인 대한민국 미래는 덫에 걸린 멧돼지 신세이다. 정부나 지자체에서 15여 년간 350조 원의 예산을 쓰고도 합계출산율은 급전직하하고 있는 위기의식을 자각하고 반드시 해결해야 제1의 국가 과제로 삼아야 한다.

2100년이 되면 우리나라 인구는 2,000만 명 선이 깨져 국가 운영을 할 수 없고, 2300년경이 되면 지구상에서 제일 먼저 사라지게 된다. 내년부터 합계출산율을 획기적으로 올린다고 해도 그 효과가 나타나는 것은 거의 60여 년 뒤의 일이니 큰 걱정이 앞선다.

우리나라는 오천 년 역사 속에서 수많은 내우외환을 겪어 왔다. 그때마다 우리는 민초 의병들이 일어나고 독립운동가들이 나라를 구했다. 지금 비록 합계출산율이 세계 최저라는 달갑지 않은 수식어를 받았지만, 우리 한민족의 끈기와 저력으로 반드시 이 난국을 돌파해 나가야 한다. 독립유공자 후손인 저에게 '출산 장려 운동은 제2의 독립운동'이라는 서명 의식이 목숨같이 다가온다. 이제 출산 장려 운동도 진보 보수 여야 간 갈등과 대립을 아우르는 통합 리더십을 바탕으로 어머니가 자식을 사랑하는 '모성애(母性愛) 리더십'과 같은 애국심으로 독립운동처럼 해야 한다.

이런 사명감으로 (사)한국출산장려협회 박희준 회장이 『출산·출생 장려, 나라의 미래(저출산·고령화 시대)』 증보판을 출간한다고 한다. 실질적인 출

경축사

산장려정책 제안과 함께 다방면의 문제점과 해결책을 일목요연하게 제시했다. 우리 젊은 층들의 직장, 결혼, 주택, 노후 문제 등 어느 하나 결혼, 임신, 출산에 매력을 줄 수 있는 정책이 없는 현실을 잘 지적했다. 젊은 워라밸 세대 의식과 접목해 결혼의 기쁨과 자녀 출산의 환희를 통해 생명 존중, 가족 행복, 어머니 사랑을 느낄 수 있는 프로그램을 국가 차원에서 즉각적으로 시행해야 한다고 주장한다.

저자의 선견지명은 이미 26년 전 국가의 산아제한 정책이 심각한 인구절벽을 초래할 것을 예상했다. 1997년 한국출산장려정책협의회와 2010년 한국출산장려보육협회를 창립해 저출산, 고령화 문제 극복 운동을 전개해 왔다. 또한 임산부 교육과 대학 강의 등을 통해 여러 유관 단체들을 지원하면서 출산 장려에 대한 국민 의식 전환 운동을 펼쳐왔다. 이러한 공로를 인정받아 2011년 여성가족부 장관상, 2011년 국무총리상, 2012년 보건복지부 장관상을 받았다. 2018년에는 대한민국 신지식인에 선정되었고, 24번째 '한국 유네스코 올해의 인물'로 선정되어 출산 장려 운동의 선구자로 자리매김하였다.

행간에 넘쳐흐르는 저자의 해박한 지식과 풀어가는 논리에 한국 출산 장려 운동의 명실상부한 선구자임을 느낄 수 있다. 최근 서점 가에 범람하는 저출산·고령화의 어떤 저서에도 부족하지 않은 내용을 아주 충실히 담았다. 인구절벽이라는 초유의 위기 앞에 『출산·출생 장려, 나라의 미래(저출산·고령화 시대)』 증보판이 서점에 깔려 "널리 세상을 이롭게 한다."는 홍익인간 정신처럼 대한민국과 인류 행복을 위해 큰 도움이 되기를 충심으로 빈다.

(사)한국지정학연구원 이사장
국제 로타리클럽 3650지구 총재
이영석 정치학 박사

추천사

　행간속에 유유히 강물을 가르는 돛단배의 여유로움과 한편으로는 저출산 고령화 문제 해결에 지적 갈증을 느끼는 뜨거운 열정이 배어나는 저서이다. 특히 후반에 많은 이야기를 재미있게 서술한 파워는 저자만의 응측된 신념이리라, 출산장려운동의 더께와 저자의 살아온 역정의 무게가 서로 스미어 하나의 역사를 만들기를 기대해 본다.

김호일 회장(대한노인회)

　심각한 국가적 문제를 평이한 문장으로 풀어간 저자의 솜씨가 놀랍습니다, 한권의 책을 통하여 국가에 대한 우국 충정과 끝없는 열정으로 눈앞에 닥친 인구절벽의 현실을 전국민에게 전달해 보려는 진심은 분명 통할 것으로 믿습니다. 젊은이들의 저출산·고령화에 대한 심각성을 일깨우는 교양도서로도 가치가 높다 할 것입니다. 사단법인 한국출산장려협회와 저자의 앞날에 꽃길만 펼쳐지기를 고대해 보며 기대해 보며 또한 저자의 소망대로 이 책을 많은 국민들이 탐독하시어 국가적 난제해결에 큰 계기가 되길 소망해 봅니다.

문용린 전 교육부장관

　받아든 책의 내용이 저출산·고령화에 관한 책이다. 그런데 현재 우리나라의 인구가 줄어드는 상태라 하니 몇 년전 북한공연 갔을 때의 공연장을 꽉 메운 사람들이 생각났다. 우리가 평화남북통일이 되면 남북한 합쳐 7500만 인구는 되니 이만하면 인구대국이 되겠다. 저자의 나라를 위하는 뜨거운 심장이 살아 뛰는 것 같다. 문장속을 넘나드는 집필자의 애국충정을 느끼고 싶다면 늙은이나 젊은이를 막론하고 구별없이 한번씩 읽어보시기를 추천드린다. 먼 길 갈때 한 소재목 하나씩 읽으면 국가에 대한 애국심이 생기려나.

방송인 송해

추천사

저출산으로 조야(朝野)가 나서야 하는 마당에 저자가 큰일을 하였다. 비록 비영리민간단체이기는 하지만 이 한권의 책으로 한국출산장려협회에 대한 이해와 국가적 난제인 인구절벽 해법에 모두 한 걸음 다가설 수 있는 내용이다. 저자에게 닥친 많은 시련을 이기고 나라의 밝은 미래를 위해 몸과 마음을 바치는 애국심을 엿볼 수 있어 일독을 과감히 추천한다.

윤동한 회장(한국콜마)

저출산현상으로 우리나라가 여러 가지로 힘든 마당인데 저자의 이 책은 시사하는 바가 크다. 국민들 한명 한명이 이 저출산 문제에 관심을 불러 일으키는 마중물이 되기를 바라며 주위의 분들에게 일독을 추천하고 싶다. 어려운 주제를 쉽게 풀어 쓰고 자전적 부분과 꿈, 해법 제시, 재미있는 이야기까지 곁들여 잘 버무린 비빔밥같은 책을 쓴 저자의 실력은 분명 아마추어는 아니다.

이삼식(한양대 교수, 고령사회연구원장)

『출산장려 성공 시크릿』은 출산장려를 위해 국가가 나아가야 할 정책과 방향에 대하여 명확하고 이해하기 쉽게 설명하고 있다. 적지않은 책의 분량에도 한소절 한소절 느껴지는 저자의 정성과 열의가 감동을 주고 있다.

이 책을 통해 태아의 생명, 태어난 생명이 축복받고 존중받는 나라, 생명을 귀하게 여기고 사랑하는 나라, 생명이 풍성한 나라, 더 이상 베이비박스가 없어도 되는 나라가 오기를 간절히 기도하고 소망한다.

이종락 목사(주사랑 공동체 베이비 박스)

현재 유래없는 저출생 기류와 비혼의식 팽배로 역대급 초저출산 상황이 우려되고 있고 인구감소로 인한 국가경쟁력 약화가 현실화되고 있는 상황에서

추천사

그 어느 때보다 의식있는 분들의 역할이 절실한 상황입니다.

본 저서는 지난 20여년 간 인구문제와 출산장려운동에 헌신하고 후원하신 한 독지가의 경험을 토대로 대한민국 국민이라면 누구나가 경각심을 가지고 인지해야 할 출산장려의 중요성을 담고 있습니다. 이번 출간이 현재 민간차원에서 추진할 수 있는 최선의 노력이라고 사려하며 지금이라도 이러한 저서의 탄생을 이루어 내주신 의지와 노고에 진심으로 감사드립니다.

조애진 이사장(육아방송)

출산이란 인류가 태어나면서 이어온 사람의 도리로 인간의 의무이고 권리입니다. 저출산에 대한 대책을 정부와 함께 민간에서 20여 년간 추진해온 것은 너무 장한 일을 하셨습니다. 내용에서 볼 때 우리나라가 직면한 저출산·고령화의 시원한 해결방법을 잘 정리하였고 저자의 투철한 애국심을 느낄 수 있습니다.

앞으로 저자를 필두로 저출산 문제 해결에 분수령이 되기를 바라며 이 책의 일독을 국민들께 정중히 권합니다.

차흥봉 (전 보건복지부 장관, 보사동우 회장)

한국출산장려협회 (韓國出産獎勵協會)
홍익인간오행도 (弘益人間五行道)

1. 나는 가족(家族)을 위해 무엇을 해야 하는가?
2. 나는 이웃을 위해 무엇을 해야 하는가?
3. 나는 사회(社會)를 위해 무엇을 해야 하는가?
4. 나는 국가(國家)를 위해 무엇을 해야 하는가?
5. 나는 인류(人類)를 위해 무엇을 해야 하는가?

Five Ethics of Hongik Ingan

1. What should I do for my family?
2. What should I do for my neighbor?
3. What should I do for society?
4. What should I do for the country?
5. What should I do for humanity?

K - PEACE

Korean - Population's Education & Campaign Association for Childbirth, care & wellageing Encouragement

협회 상징물

1. 꽃: 동백꽃

사진 출처 https://blog.naver.com/fniuel/199880873

동백꽃은 일생을 통해 3번 핀다는 속설이 있는바 첫 번째는 나무에서 피고 두 번째는 땅에 떨어져 피고 세 번째는 마음속에서 핀다고 한다. 또 동백은 동방의 백의민족이라는 의미로 풀 수가 있고 또 협회의 차원에서 동백꽃은 신생아 한 명과 같은 의미로 해석하여 동백꽃을 협회의 꽃으로 정하였다.

2. 나무: 연리지

사진 출처 https://blog.naver.com/fniuel/199880873

협회를 상징하는 나무는 각기 다른 뿌리에서 나서 훗날 가지가 서로 엉켜 한가지가 되듯이 남녀가 다른 집안에서 자라 각각 다른 성장기를 거쳤으나 성인이 되어 좋은 인연으로 만나 사랑하고 결혼하여 가정을 굳게 지키며 백년해로하라는 의미로 연리지로 하였다.

3. 새: 비익조

출처 https://blog.naver.com/fniuel/199880873

비익조란 새는 암수가 각각 좌우의 한쪽만 가진 것으로 혼자서는 날수가 없어 반드시 암수가 같이 날아야 하는 전설의 새이다. 연리지로 맺은 인연으로 결혼하여 세상의 어떤 풍파가 와도 비익조처럼 사랑으로 서로 굳게 합심하여 화목한 가정을 이루어 많은 자식을 낳고 건강한 사회를 이루기를 바라는 마음에서 비익조로 정하였다.

6대 강령 및 신조

출산 장려는 대한민국의 밝은 미래이며, 제2의 구국운동이다.

창시자 주제

多産 코리아 幸福 코리아
한 자녀 사랑으로
두 자녀 기쁨 두 배
세 자녀 행복 세배

*창시자: (사)한국출산장려협회 박희준 총회장

한출협 6대 행동강령

1. 모두가 출산 장려 운동에 동참하도록 홍보하고 여론을 형성한다.

2. 회원 개개인이 상호 간에 참여, 존중, 배려, 나눔의 원칙을 공유하고 최고수준의 전문성을 추구한다.

3. 임산부가 배려받고 아이가 행복한 사회를 만든다.

4. 일과 가정의 균형을 추구하여 행복한 가족문화 육성에 이바지한다.

5. 3·1독립정신과 통일의 자세로 출산 장려 인식개혁 운동을 추진한다.

6. 유관 단체와 적극 교류 협력하여 조직적으로 출산 장려 운동을 전개한다.

한국출산장려협회 협회가

작사, 작곡 작곡자

*BI(Brand Identity)소개

* 상징: 세자녀/가족/청년, 중년, 노년
* 이념: 그린(자연주의), 블루(생명존중), 오렌지(박애, 봉사)
* : 흥할흥(兴) 미래를 여는 사랑, 기쁨, 행복으로 저출생·고령화 문제 해결로 평화의 만세협회의 영문 이니셜
* 전문: Korea-Population's Education & Campaign Association for Childbirth, Care & Wellageing Encouragement
  (대한민국의 출산·육아·웰에이징의 장려를 위한 인구의 교육과 홍보를 추구하는 협회)

시작하는 말

저출산·고령화 문제 극복에 뜻을 둔 지 어언 25년. 제약회사 (주)씨에이팜을 창립하여 임산부들을 위한 튼살 크림을 개발한 후 오늘날까지 둘째 아이면 50%, 셋째 아이면 무료로 제공하면서 출산장려운동에 매진하였으나 현실은 만만치 않아 우리나라는 드디어 2022년 합계출산율 0.78명이라는 세계 초유의 거대한 인구절벽에 마주하게 되었고 더 나아가 2023년의 합계출산율은 0.7 명대 이하로 추락할 것이 거의 확실시되니, 많은 학자와 국내외 유수의 연구소에서는 현재 우리나라는 세계 최초, 세계 유일의 0.78명이라는 초저출산율로 이대로 가다가는 2100년 언저리에서 나라가 지도상에서 아주 사라지게 된다고 합니다.

더구나 2020, 2021년의 코로나라는 괴질 때문에 2023년의 합계출산율은 0.7 명대 이하로 내려갈 수 있다고 보입니다. 이제 국가 동력의 쇠진과 국가 흥망이 눈에 보이는 듯합니다.

한편 정부와 관련 부처에서도 노심초사 정책을 수립하고 있지만 더 수수방관할 수만은 없어 비영리민간단체 (사)한국출산장려협회 회장의 자격으로 국가 초유의 환란을 맞은 의병처럼 일어나 저출산 인식 제고에 한 축을 담당하고자 지난 2021년의 저서를 보강한 증보판을 출간하게 되었습니다.

욕심 같으면 남녀노소를 망라하여 전국적 독자층을 구성하여 전 국민의 필독서를 만들고 싶은 마음 굴뚝같습니다. 그러나 그도 안되면 우선 나라의 허리이며 미래를 짊어지고 나아갈 청년세대에서 좀 더 관심을 가지고 일독해 주시어 정말 인구절벽에 가로막힌 우리나라가 이를 극복하기 위해서는 과연 어떤 마음가짐이 되어야 하는지를 한번 숙고해 주시기를 바라는 마음 간절합니다.

이번 한출협 추천 도서 이자 미래의 범국민 필독서가 되어야 할 이 한 권의 책이 2021년 4월 대한민국에서 합계출산율이 가장 낮은 서울시와 부산시의

시작하는 말

시장 보궐선거에 맞추어 출간되었고 또 2022년 3.9 대선과 제20대 6.1 제8대 전국동시지방선거에 즈음하여 지방자치 선거의 공약으로 연결되어 출산장려를 제2의 구국운동으로 승화시켜 나가면서 전국적으로 확산시켜 보자는 취지에서 증보판을 찍게 되었습니다.

그리고 2018년 회장은 한국출산장려협회가 사단법인 허가를 무사히 받고 불꽃처럼 융성하기를 기원하는 차원에서 사해의 천지신명께 기원제를 올린 바 있으니, 첫째는 백두산 천지에 오려 우리나라를 보우하시는 하느님께 이 사실을 고하며 제를 지냈고 둘째는 중국 태산의 옥황정에 올라 옥황상제께 절을 올렸고 마지막으로는 강화도 마니산의 참성단을 찾아 국조 단군왕검께 재물을 바친 바 있습니다.

제사 후 참성단을 하산하는 길에 앞으로 우리 한출협이 나아가면서 지켜야 할 원칙 3개를 철칙으로 세우게 되었으니, 하나는 한출협을 세계적 봉사단체인 로터리클럽과 라이온스클럽에 필적하는 버금가는 글로벌 봉사단체로 만들자는 것이고 둘째는 정치적으로는 불편부당한 자세를 견지하여 정당의 어느 당과도 소속 관계를 맺지 아니하고 초당적 지위를 가진다는 것, 셋째는 국가융성 백년대계를 관통하는 웅대한 기획인 '동백 TOP100 갈라 플랜' 3단계로

♡ 1단계(한 자녀 사랑으로) 30년: 1.3명 초저출산국 극복
♡ 2단계(두 자녀 기쁨 두 배) 50년: 2.1명 대체출산율 유지
♡ 3단계(적정 출생 행복 세배) 100년: 최적 인구 경제강대국의 행복한 대한민국 만들기 완성으로 TOP100을 이루게 되어 축하 갈라쇼를 개최한 후 (사)한국출산장려협회를 자랑스럽게 해체한다는 플랜입니다.

또한 증보된 내용으로는 출산 장려 운동의 원동력으로 2021년 봄부터 3·1 독립운동의 정신과 위업에 필적할 수 있는 K-PEACE 100인 구국 지사(교육·

시작하는 말

홍보대사) 스물세 분(23명)을 추대한 기사를 게재하여 이분들의 출산 보국을 위한 헌신적인 열정을 세상에 알리고 또한 미진하였던 내용을 보강하여 증보판을 내게 되었으니 격려해 주시기를 바랍니다.

그리고 구국 지사님을 추대할 때 겸양의 말씀으로 농담으로 '나이가 많은 내가 무슨 출산을' 또는 특정 종교계에 계시는 분들은 '결혼도 안 한 사람이 무슨 출산을' 하시는데 실제 당연히 출산하시라는 이야기가 아니고 그간 사회에 공헌한 업적이나 살아오신 연륜의 무게로 주위의 젊은 사람들에게 결혼이나 출산을 권유해 달라는 말씀이니 구국 지사 추대에 많이 동참해 주시기를 바랍니다.

한 가지 죄송한 말씀은 사단법인 한국출산장려협회가 뜻을 세웠던 출산 보국 백년대계를 선언할 오온캠페인 선포식이 개최하지 못하고 코로나로 인하여 3년째 연기된 바 있습니다. 그러나 올해 2023년 12월 8일에는 출산·출생장려 운동에 국민들의 마음을 한곳으로 모으기 위해 기필코 국회도서관 회의실에서 오온선포식과 동백꽃 한 송이 피우기 운동 행사를 개최할 예정입니다.

또한 이 오온선포식장에서는 인구절벽의 국가적 위기 앞에 과거 생업을 뒤로한 채 분연히 일어나 맨주먹으로 나라를 지켜냈던 민초들의 마음으로 100만 명의 출산 구국 의병들을 모아 100만인 구국의병 참여 캠페인을 전개하여 출산 장려 운동의 주 용광로로 발전시킬 예정입니다. 그리하여 이 민초들의 이념과 조직을 정리하여 유네스코에 정신문화 유산으로 등재할 업무도 같이 추진할 생각이오니 많은 뜻있는 지사님들의 참석과 관심을 바라 마지않습니다.

끝으로 국가적 재앙인 저출산·고령화 문제 해결에 대해 모쪼록 미래의 기둥인 청년들은 오늘날의 현실이 각박하여 살기에 팍팍함에도 부디 용기와 꿈을 잃지 않고 열심히 살아 곧 이 나라의 든든한 주인이 되어주기를 갈망하

시작하는 말

며 국정을 운영하시는 대통령님과 정부 각료들도 맨주먹으로 다시 건국한다는 심정으로 돌아가 이 과제를 국정 제1순위에 두고 정책 수립에 매진해 주기를 바라오며 또 이미 전 세계를 누비는 K-MOVIE, K-POP, K-FOOD, K-CULTURE에 이어 한국 출산 장려 운동의 100인 구국 대사(교육·홍보대사)를 추대하는 K-PEACE 운동에도 많은 사랑과 관심을 가져주시기를 바랍니다.

눈앞에 닥쳐온 인구절벽이라는 이 어려운 문제에 관심을 표할 사람들에게 지침서가 되고 나아가 온 국민의 필독서가 되기를 바라는 마음에서 책을 증보판으로 다시 내놓으며, 저의 저서에 대해 추천의 말씀을 써 주신 김호일 (사)대한노인회 회장님, 문용린 전 교육부 장관님, 고인이 되신 방송인 송해 선생님, 꽃동네 설립자 오웅진 신부님, 윤동한 ㈜한국콜마 회장님, 이삼식 한양대 교수님, 생명사랑운동연합 대표 이종락 목사님, 조애진 육아방송 이사장님, 차흥봉 보사동우회장님께, 심심한 감사의 말씀을 올립니다.

아울러 100인 구국 지사의 추대식에 매번 참석하여 멋진 기사를 게재하고 또 증보판에 전문을 제공해 주신 협회 박익희 홍보자문위원장님과 표지를 디자인해 주신 김소원 본부장님, 책을 예쁘게 편집해 주신 유지백 재무총장님과 원고를 처음부터 끝까지 감수해 주신 사촌 박근호 박사님께도 심심한 감사의 말씀을 드립니다.

2023년 11월
세인트미션대학교 석좌교수
극동연방대학교 인구학 박사
(사)한국출산장려협회 창설자
회장 박희준 배상

1장 **출산율의 늪**

장기간의 산아제한 / 빈약한 국가정책 / 초저산 출산국 / 일본의 장기불황과 그 해결책 / 생산량이 급전직하한 분유공장과 피아노공장

여객기를 납치하려는 테러범들과 맞선 기장과 기내보안관 및 여승무원의 처절한 노력에도 불구하고 테러범의 손에서 터져버린 사제 소형폭발물에 입구 게이트는 떨어져 나가고 기압 차로 인하여 기내의 온갖 물건들이 밖으로 시작한다. 비행기는 잃고 서서히 추락하기 시작하고 이때 기장은 다급한 목소리로 메이메이, 메이데이, 메이데이를 부르짖는다. 비행기 재난영화에 단골로 등장하는 장면이다. 그러나 현실적으로 인구절벽에 부딪힌 대한민국호가 이제 절박하게 메이데이를 부르짖는다. 그나마 불시착으로 동체 착륙하여 승객은 안전하게 구조할 것인가, 끝없이 추락하다 불길에 휩싸여 폭발하고 . 일단 첫 살길은 기장의 능력과 달려있다.

장기간의 산아제한

우스개 이야기로 흥부가 아무런 가족 계획도 없이 주야장천 밤에는 사랑만 하다 보니 결혼생활 10여 년에 자식만 24명이었다. 배가 최소 2년 터울로 불렀을 테니 한배에 2~3명씩 아이들을 출산했으리라, 당연히 두 쌍둥이, 세 쌍둥이는 일상다반사였으리니, 이렇게 아무 계획 없이 생기는 대로 덮어놓고 낳았으니 지지리 도 가난이 떨어지지 않았다. 그러니 매일 먹을 것, 입을 것 없어서 사는 모양이 거지꼴을 못 면한 것이었다.

산아제한정책이 한창 열을 올리던 1960년 초반 무렵은 우리나라도 가난한 흥부네 상황도 똑같았다. 이때 나온 포스터의 하나를 보자면 '덮어놓고 낳다 보면 거지꼴 못 면한다'이다. 이때는 합계출산율이 6명 정도로 매년 거의 백만 명씩 대구시 만한 숫자의 아이들이 태어나던 시기이다. 보통 집에 5~6명 정도의 아이들이, 많으면 8~9명의 아이가 성장하고 있었다. 필자도 9남매 중의 8번째이다. 지금의 여성들이라면 솔직히 '무슨 동물인가' 하고 아예 고개를 돌려버릴 정도이리라.

당시에는 모든 것이 부족했었지만 아이들이 많다 보니 밥 한 끼는 커녕 죽 한 그릇도 제대로 배불리 먹지 못하고 알사탕과자 하나 마음대로 입에 달지 못하고 살았다. 입은 옷과 신발은 어떠하고? 문자 그대로 검정 고무신 하나를 다 닳아 해질 때까지 몇 달을 신으며 추운 겨울에도 형에게서 물림으로 내려온 솜바지 하나 얻어 입고 얼은 손 호호 불며 얼음판으로 내달았다. 학교에 가면 도시락을 못 가지고 오는 아동들이 많아 양호실 옆 마당에 큰 가마솥을 걸고 미군 구호물자인 분유를 물에 타 끓여 우유라고 한 컵씩 나눠

주곤 했다. 처음에는 분유가 익숙하지 않은 아이들이 배탈이 나기도 했다. 어떤 때는 일주일에 두어 번 누런 강냉이 빵을 만들어 점심 때 손바닥만 하게 잘라서 한 개씩 나누어 주면 교실 한 구석에서 줄 서서 받아먹었으니 사실 거지꼴에 불과하였다. 아주 특이한 케이스였지만 부잣집 아이가 강냉이 빵을 먹고 싶어서 도시락과 바꾸어 먹었다는 이야기도 있었다. 당시 국민학교(초등학교의 옛 명칭)만 해도 콩나물시루 같은 교실에 오전반 오후반으로 80여 명씩 아이들이 꽉꽉 찼고 조회 시간에는 전교생이 다 나와 모이면 운동장이 비좁아 정말 기도 안 찼다. 운동회 날에는 학생들이 운동장에 바글거리며 행진하고 달리기 시합을 하곤 했다. 합계출산율 평균 5.0명 이상으로 인구 증가가 3%에 육박하게 되어서야 서서히 사회 인식이 변하기 시작했다. 과밀인구에 대한 염려가 사회문제로 인식되기 시작한 때이다.

　다시 말해 인구 증가가 폭발한 1960년부터 1980년대까지는 출산 과잉이 문제가 되었다. 이때부터 산아제한정책을 시작했고 그 이후 180도로 정책이 바뀌어 2010년 때까지 펼쳐진 출산장려정책의 히스토리를 정리하면 다음과 같다.

　다음 페이지 표에서 보는 것과 같이 불과 40여 년도 채 지나기 전에 정책이 급전직하로 변한 것을 알 수 있다. 돌이켜 보면 1950년대에는 한국전쟁(6·25전쟁)이 발발하여 그나마 있던 국가산업이 송두리째 무너지고 3년 후 정전협정 후에는 국가 경제도 피폐해 있었으며 농촌은 매년 춘궁기의 보릿고개를 힘겹게 넘고 있었고 도시 또한 미국에서 원조해 주던 구호물자로 연명하던 빈곤 그 자체의 삶이었다.

　그러니 그 와중에 피임에 대한 개념은 희박했고 인위적인 낙태 수술도 힘들었다. 또 콘돔과 같은 물건은 저세상 소모품이었다. 그러니 별다른 방법도 없어 아기가 들어서면 그대로 낳았다. 또 사람의 노동력이 경제력의 원천이 되는 노동집약적 시대인지라 출산에 대해 큰 거부감이 없어 베이비붐 현상이 나타난 것이다. 당연히 그때는 소위 합계출산율이 평균 4~5명대 정도였으나 아직 인구 증가에 대한 사회적 인식이 없어 출산을 오히려 장려하는 구호까지 나왔다.

정부 연도	합계 출산율	표어 및 포스트	정책기조 및 사회 현상
이승만 정부 1950년대	출산율 통계 시작 전	* 3남 2녀로 5명은 낳아야죠. * 건강한 어머니에 되어 나온 옥동자	* 한국전쟁으로 전 국토가 초토화되었던 이때는 전후 복구의 필요성과 베이비붐이 겹치면서 다산을 장려하는 분위기.
박정희 정부 1960년대	6명 이상	* 많이 낳아 고생 말고 적게 낳아 잘 키우자. * 자녀 많다 후회 말고 낳기 전에 조절하자. * 3명자녀를 3년 터울로 33세 이전에 단산하자. * 덮어놓고 낳다보면 거지꼴 못 면한다. * 알맞게 낳아서 모자보건 이룩하세 * 적게 낳아 잘 기르면 부모좋고 저식좋다.	* 보건소 가족계획지도원에서 무료불임시술. * 1970년까지 산아제한정첵이 강하게 추진. * 경제개발 5개년 계획시작 * 우리도 잘 살아보세. 우리도 할 수 있다. * 정부에서도 산아정책 강공드라이브를 시작.
박정희 정부 1970년대	4.54 ~ 2.65명	* 둘만 낳아 잘 기르자. * 잘 키운 딸 열 아들 안 부럽다. * 적게 낳아 잘 기르면 부모 좋고 자식 좋다. * 딸·아들 구별 말고 둘만 낳아 잘 기르자. * 내힘으로 피임하여 자랑스런 부모되자. * 하루 앞선 가족계획 십년앞선 생활안정. * 나 한사람 빠진 통계 나라살림 그르친다.	* 보건소에서 정관수술, 예비군 1회 면제 * 2자녀내까지 소득세 면제 * 2자녀 이하를 둔 남성이 불임수술하면 공공주택 분양권 우선권 * 신생아 수 감소시작
전두환 정부 1980년대	2.83 ~ 1.55명	* 하나씩만 낳아도 삼천리는 초만원. * 축복 속에 자녀 하나 사랑으로 튼튼하게(포스터). * 둘도 많다. 오직 하나죠. * 신혼부부 첫약속은 웃으면서 가족계획. * 잘 키운 딸하나열아들 부럽지 않다. * 한 부모에 한 아이 이웃간에 오누이. * 하나로 만족합니다 우리는 외동딸.	* 20대 여성의 피임보급전략을 불임에서 일시적 피임으로 바꾸고 정부의 무료피임 보급 축소. * 인구대체율인 2.1명대 이하로 떨어짐
노태우, 김영삼 정부 1990년대	1.78 ~ 1.42명	* 선생님! 착한 일 하면 여자 짝꿍 시켜주나요. * 아들바람 부모세대 짝꿍 없는 우리세대. * 아빠! 혼자는 싫어요. * 엄마! 저도 동생을 갖고 싶어요(포스터)	* 1984년 성감별의사 처벌법제정 * 1989년 무료피임 사업중지 * 1996년 초저출산국(1.5명)에 진입 * 1996년 인구억제정책 공식폐지

정부	출산율	구호	비고
김대중 정부 1998 ~ 2003년	1.47 ~ 1.08명	* 한 자녀보다는 둘 * 둘보단 셋이 더 행복합니다. * 자녀에게 물려 줄 최고의 유산은 형제입니다. * 가가호호 아이둘셋 하하호호 희망한국 * 아이가 미래입니다. * 아기들의 울음소리 대한민국 희망소리 * 저 출산했어요. * 하나는 외롭습니다.	* 1997년 외환위기로 결혼률 감소 * 2001년 초저출산국(1.3명)까지 하락 * 2004년 출산장려정책으로 전환 * 2005년 32조원 예산으로 저출산극복 5개년계획수립
노무현 정부 2003 ~ 2008년	1.25 ~ 1.12명	* 낳을수록 희망가득 기를수록 행복가득 * 엄마 젖, 건강한 다음 세대를 위한 약속입니다. * 아빠! 혼자는 싫어요, 엄마! 저도 동생을 갖고 싶어요.	* 저출산·고령사회 위원회 구성
이명박 정부 2008 ~ 2013년	1.3 ~ 1.1명	* 아이 낳기 형제편 * 혼자는 외롭습니다. 그러나 형제자매가 있는 세상은 따뜻합니다.	* 2명대로 합계출산율이 정부의 목표였음.
박근혜 정부 2013 ~ 2016년	1.17명	* 아이좋아, 둘이 좋아 * 아이가 있어 즐겁고 둘이라서 더 행복한 가정과 사회를 만들자.	* 지상파 등 방송 채널
문재인 정부 2017 ~ 2022년	1.0 ~ 0.78명		* 출산율을 높이기를 목표로 한것이 아니라, 아이와 아이를 키우는 부모의 삶의 질을 높이는데 중점을 두었음.

지금 생각하면 참으로 웃기는 것이지만 종전 후 1960년 이전에는 상기의 구호가 나오기 전으로 위의 도표에서도 보다시피 '3남 2녀로 5명은 낳아야죠'였다고 한다. 누구 말마따나 역사는 되풀이 되는지 반세기를 거꾸로 돌아 오늘날 다시 써먹고 싶은 구호가 아니니까, 쓴웃음이 나온다.

산아제한정책은 사실상 성공한 것으로 보인다. 하지만 이후 2002년에 들어서서야 정부도 뒤늦게 저출산의 심각성을 공론화하기 시작했다. 저출산으로 인한 가장 큰 문제는 생산인구감소로 향후 연금 재정이 고갈될 것이라는 등의 충격적인 조사 결과가 발표되었으나 노무현 정부 때까지 아무런 브레이크도 없이 쾌속 무한 질주를 한 것이었다.

2006년 노무현 정부에 들어와서야 마침내 저출산·고령사회 기본법 제정 및 위원회가 본격적으로 출범한 게 그나마 다행이라면 다행이었지만 산아제한 골든타임을 놓쳐 합계출산율이 이미 1.08명까지 떨어지는 최악의 지점에 도달하고 만 것이다. 이전 어느 정부도 산아제한 정책의 위험성을 알지 못한 셈이다. 다시 말해 1990년대까지 도 출산 정책 기조가 산아제한 중심으로 유지되었기 때문에 2000년대 중반 이후에야 비로소 출산장려정책으로 인식이 전환되고 실제로 2006년 저출산·고령화 정책이 생길 때까지 거의 40년 정도의 시간을 허비하고 만 것이었다.

좀 더 보수적으로 말하자면 허비해 버린 시간은 되돌릴 방법이 없었다 하더라도 저출산 현상이 계속된 1997년 이후부터라도 바로 정책을 바꾸어야 했으나 정부는 미적거리다가 2006년 국가정책으로 저출산·고령화 업무를 시작할 때까지 최대 10여 년의 골든타임 기간을 낭비했고 저출산 현상의 그래프는 끝 모를 추락을 시작한 것이다.

때늦은 감은 있으나 그나마 2006년도에 나온 〈잘 살아 보세〉란 국민 계몽성 코미디 영화로 어떤 농촌 마을에서 국가가 주민들의 빚을 탕감해 주면 출산율을 0%로 만들겠다'란 내용의 스토리를 보여준 바 있으니 지금 생각하며 그나마 인식의 변화가 감지된 것 같다고 하겠다.

빈약한 국가정책

　40년도 더 전에 정관수술을 하면 예비군 훈련 가서 여러 가지 혜택이 있었는데 옛날 거세(去勢)에 빗대어 내시라고 놀렸던 기억이 있다. 거세라는 직접적인 단어는 좀 피하고 싶지만 잘 아시다시피 옛날 중국과 우리나라의 역사 중에서도 환관으로 불리는 많은 내시가 충신 혹은 간신으로 수시로 등장한다. 먹고살기 위해서, 혹은 권력에 가까이하고 싶어서 스스로 무지막지하게 낫으로 베어 내거나 실로 묶어 고환에 피가 통하지 않게 하여 자연적으로 도태시키는 방법으로 거세하여 궁으로 들어가는 경우가 많았다고 한다. 당시 축산농가에서도 수퇘지를 거세할 때 고무링으로 고환을 감는 방법을 쓰곤 했다.

　비록 소설 속의 이야기지만 후한 때 조조가 말년에 편두통이 심해 당대의 명의 화타를 불렀다고 한다. 병을 진찰한 화타는 이르기를 '승상의 편두통을 치료하려면 먼저 마패탕을 드셔서 정신을 잃게 한 다음 날카로운 칼로 두개골을 갈라 병 부위를 씻어내고 봉합하면 꼭 완치될 것입니다'라고 하자 이에 기겁한 조조는 화타가 자기를 죽이려 한다는 생각에 뇌옥에 가두었다. 옥에 갇힌 화타가 조조의 성정으로 미루어 짐작해 보건대 다시는 살아나지 못할 것으로 생각되어 옥중에서 자기를 잘 돌봐준 간수 오압옥(吳押獄: 압옥은 벼슬 이름 추정)을 불러 자기가 비장하던 의술서인 청랑서(靑浪書)를 줄 터이니 열심히 수련하여 명의가 되라고 부탁을 하며 집으로 가서 부인에게 말하여 그 책을 받아서 잘 간직하라고 하였다.

　그리하여 오압옥은 화타의 집으로 가서 경위를 전했으나 화타의 부인이

화를 내며 '이 책으로 남편이 죽게 되었는데' 하면서 바로 아궁이에 집어 던 졌다. 이에 오압옥이 황급하게 달려들어 불을 껐으나 책은 다 타고 맨 끝의 '돼지 거세하는 법'만 겨우 남아있었다고 한다. 그래서 천하 명의가 집도한 외과수술서인 청랑서가 후대에 전해지지 않았다는데 작가의 지어낸 이야기 겠지만 만약 실재했다면 그때 남은 '돼지 거세하는 법'은 지금과 얼마나 다른지 자못 궁금할 따름이다.

각설하고 그 후로부터 2,000여 년, 1975년 중반의 대한민국 백주 대낮에 소위 거세를 권하는 진풍경이 벌어지고 말았으니-, 하긴 옛날의 그 무지막지한 방법과는 달리 배꼽 주위에 구멍을 뚫어 정자가 통과하는 정관을 묶는 방법이라 시간도 별로 안 걸리고 통증도 없었다. 제대 후 예비군 훈련받으러 가보니 연병장 한 귀퉁이에 병원 버스가 와 있었고 의사 가운을 입은 군의관 혹은 의사들이 들락거리는 것을 본 것으로 기억이 된다.

박정희 정부가 1961년 4월부터 정부의 지원으로 가족계획사업을 본격적으로 추진하기 위하여 대한가족계획협회를 설립했고 다음 해 1962년부터 지방조직을 만드는 한편 불임시술을 할 수 있는 의사를 양산했다. 1966년부터 시작된 세 자녀 갖기 운동에서 1971년에 들어서서는 둘 낳기 운동에 돌입하며 산아제한정책을 강하게 밀어붙였다.

세부적인 사안으로는 첫째 콘돔 사용을 권장했다. 촌구석에서 어찌어찌하여 읍내로 나와 영화관에 가면 로맨스 영화에서 남녀가 키스하는 장면을 풍기가 문란하다는 이유로 입술 주위에 노이즈를 발생시키던 시절이었으나 산아제한 홍보영상에 보건소 여직원이 콘돔을 가지고 시골 농촌 마을을 방문하여 남녀기혼자들을 모아놓고 설명하는 장면도 있었던 것으로 기억된다.

어쨌든 실제 농어촌의 경우 보건소에서 간호사들이 나와 콘돔 실 물을 들고 설명할 때는 여성들은 부끄러워 고개를 돌리고 일부 참석한 짓궂은 남성들의 야한 농담에 여직원이 홍당무가 되고 이런 이유로 사직을 하는 등 웃지 못할 일도 있었다. 심지어는 한 남성은 현장에서 받은 콘돔에다가 바람을 불어넣어 큰 풍선 모양을 만들어 좌중을 웃기기도 했다.

콘돔 사용 권장과 동시에 여성 피임약 등을 보급, 권장했지만 피임을 하게 되면 성생활을 즐기는 여성이라는 사회적 편견과 다른 한편으로는 암을 유발한다는 뜬소문이 나오면서 그다지 호응을 얻지 못했다. 피임약이나 콘돔 사용 권장 등과 같은 정책보다 가장 효과를 본 것은 남성의 정관수술이었는데 결과적으로 예비군에 대한 정관수술 홍보 및 시술은 나중에는 나름 대단한 효과를 본다.

그리하여 1974년부터는 남성불임 시술팀이란 소위 거세 조직(?)이 본격적으로 예비군훈련장을 순회하며 시술에 들어갔다. 당연히 수술 비용이 적게 들고 영구적 피임이 가능해서 정부에서 대대적인 캠페인을 벌이기도 했다. 초기에는 정관수술의 혜택으로 근로 보상금 등의 명목으로 약간의 돈까지 지급했으나 정관수술을 받으면 정력이 떨어진다는 믿을 만한(?) 속설 때문에 처음에는 별 호응이 없었다.

1982년부터 다급해진 정부는 정책효과를 올리기 위하여 국방부 훈령으로 예비군 훈련 중의 정관수술자에 한해서는 훈련 잔여 시간을 면제해 주었고 심지어는 주공아파트 등의 아파트 청약 우선권을 주기도 했다. 그래서 일부에서는 '고자 아파트'라든지 '내시 아파트'라는 소리가 나오기도 했다.

정관수술을 받으면 예비군 훈련을 면제해 주던 정책은 1990년대까지도 시행되었고 그 결과 1974년부터 1990년까지 무려 48만 명의 예비군이 정관수술을 받았다. 그러나 수가 점차 줄어들었는데 가장 큰 이유로는 기혼자들의 상당수가 훈련장에서 이미 수술받았고, 80년대 후반에 들어서면서 인구증가율이 1% 미만으로 감소했기 때문에 정책의 효과를 보게 되어 시술의 필요성이 상당히 많이 줄어든 탓이었다.

후일담이기는 하지만 필자는 1985년 1월, 31세 늦깎이로 노총각 딱지를 떼고 결혼했다. 결혼식 때 많이 웃으면 첫째는 딸을 본다는데, 나는 그렇게 바라던 딸은 못 두고 아들만 둘을 뒀다. 딸 하나 더 얻어 3명은 키우고 싶은 것이 아내와의 약속이기도 했고 또 동료들에게도 이렇게 가다가는 나중에 군대 갈 병력조차도 부족할 거라고 말하면서 정관수술 버스의 침대에 눕지 않고 버티었다.

그러나 안타깝게도 정부에서는 '하나만 낳아도 삼천리는 초만원'이라는 캠페인으로 세 번째 출산의 경우 의료보험 혜택도 중단하는 초강수의 정책을 감행했기에 감히 한 명을 더 출산한다는 것 자체가 비애국자로 간주할 것 같은 송구함(?) 때문에 출산을 중단했다.

내 아내는 오히려 정관수술을 받지 않은 필자를 보고서는 대환영이었다. 나중에서야 알았지만, 정관수술을 받으면 마음 놓고 바람을 피우고 외도를 한다는 것이었다. 지금 생각해 봐도 웃지 않을 수 없는, 그러나 한편으로는 가정의 안위를 걱정하는, 진지하나 한편으로는 어이없는 발상이라고 생각되었다.

초저산 출산국

　경기 관람석에서 엔돌핀이 가장 많이 솟아날 때는 축구의 강슛이 골대로 그대로 빨려 들어가는 순간이나 야구에서 홈런공이 장외로 넘어가는 장쾌한 장면일 것이다. 그러나 육상 릴레이 경기도 이에 못지않다고 생각한다. 경기 시간이 짧아 좀 아쉽기는 하지만 후발주자가 선두를 추월하는 장면은 자못 스릴 있고 짜릿하기까지 하다.

　30년 전에 지방 육상대회의 여중 400미터 릴레이 경주를 카톡에서 우연히 보게 되었다. 마지막 주자로 바통을 이어받은 주인공이 50여 미터나 차이가 나는 거리를 월등한 속도로 추월하여 1등으로 들어오는 경기를 볼 때는 관람석에서 저절로 함성이 터져 나오고 일부 관중들은 벌떡 일어나 박수를 치며 환호하니 운동장 전체가 흥분에 휩싸인다. 그러나 만약에 총 38명의 선수가 전원 출전하여 400미터 트랙을 한 바퀴 도는데 처음 출발부터는 상위그룹에 섞여 달리다가 100여 미터를 남기고 후발 주자들에게 한명 한명씩 슬금슬금 연속 추월당해 38등을 하였다면 본인은 물론이고 아침부터 계란말이 김밥 도시락 싸 들고 운동회에 응원차 구경 온 부모·형제의 마음은 과연 어떨까?

　참으로 비교조차 안타까운데 조선과 반도체, 자동차 등 많은 경제 지표에서 세계 선두를 달리고 있는 우리나라가 바로 38개국 중에서 38등으로 꼴찌 한 경기가 있으니 바로 합계출산율이다. 세상에 꼴찌 해서 유쾌할 일이야 어디 있겠냐만 이 참담한 기록은 다른 여타의 일반적인 기록현황이 아니라 바로 국가의 흥망과 직결된 기록이라 참으로 절망스러운 것이리라. 더욱이

2등과의 차이가 문자 그대로 하늘과 땅 차이다.

OECD는 38개 회원국의 합계출산율을 매년 조사해 발표하고 있다. 합계출산율이란 용어는 이제 저출산·고령화 현상을 모든 미디어에서 취급하고 있으니 다들 잘 아는 용어인데 한 여성이 일생 동안 (15세~49세) 낳을 수 있는 아기의 수를 말한다. 한 나라의 인구를 현상 유지하는 데 필요한 합계출산율은 2.1명이며 이를 인구 대체율이라 한다. 즉 쉽게 말하면 결혼한 가정에서 최소한 2명 이상의 자녀를 가져야, 한 국가의 인구수가 줄지 않는다는 이야기이다.

용어	의 미	수치
합계 출산율	15~49세 여성이 평생 낳는 아기 수	
대체 인구율	한 국가의 인구가 줄지않은 출산율	2.1명
OECD 평균	38개 국의 합계 출산율 평균 (2019년)	1.59명
초저출산	인구가 줄기 시작하는 합계 출산율	1.3명
한국 현재	2022년	0.78명
한국 합계출산율 상황		
*2022년 0.78명으로 초저출산국으로 26년간 기록 유지 *1970년~2020년 사이의 50년만에 3.69명(81.5%) 감소		

하지만 한국은 이의 절반에도 미치지 못하며 OECD 회원국 평균 (1.59명, 2020년)은 커녕 초(超)저출산 기준(1.3명)에도 못 미치는 세계 유례가 없는 압도적인 꼴찌입니다. 또 이 기록은 1995년 이후 가장 오랜 기간, 즉 25년간을 초저출산국 (합계출산율 1.3명 미만)에 머무르고 있으며 더욱이 합계출산율 하락 속도가 다른 나라에 비해 빨라도 너무 빨라서 심각한 문제가 되고 있다. 1970년에서 2021년 사이 50여 년 만에 합계출산율이 4.53

명에서 0.81(2021년)명으로 3.72명으로 82.8% 감소해 OECD 국가 중 감소 폭도 가장 크다.

유엔인구기금(UNFPA)이 2022년 7월 발표한 '2022년 세계 인구 현황 보고서'에 따르면 한국의 합계출산율은 1.1명으로 조사 대상 198개국에서 최하위를 차지했다. 이 통계에 의하면 합계출산율이 가장 높은 국가는 이스라엘(2.90명)입니다. 1명의 여성이 평균 3명의 자녀를 낳는다는 얘기인데 가족을 중시하는 유대인의 문화, 임산부의 징병 면제 등 특혜와 종교의 영향으로 풀이된다.

상위그룹으로는 미국, 러시아, 스웨덴, 프랑스 등이 1.9명, 영국, 1.7명, 독일이 1.6명으로 포진했다. 그 이하로 일본, 핀란드 1.4명으로 뒤를 이었습니다. 한국과 근접한 나라는 보스니아 헤르체고비나, 푸에르토리코, 싱가포르가 1.2명이었고 북한은 1.9명, 나이지리아 6.6명, 소말리아 5.7명으로 나타났다. 유엔 보고서 한국어판을 발간한 인구보건복지협회는 "유엔인구기금에서 발표한 추정치 (1.1명)은 통계청 실측 발표 자료와는 차이가 있다"라고 설명했다.

참고로, 2018년 통계를 보면 합계출산율이 가장 높은 국가는 역시 이스라엘(3.09명)이었다. 상위그룹으로는 멕시코(2.13명), 터키(1.99명), 프랑스(1.81명), 콜롬비아(1.81명), 아일랜드(1.75명), 스웨덴(1.7명), 호주(1.75명) 등이 그 뒤를 이었다.

하위 그룹으로는 대표적인 저출산 국가로 알려진 일본(1.42명), 핀란드(1.41명), 포르투갈(1.41명), 그리스(1.35명) 등이나 합계출산율은 한국보다는 높았다. OECD 통계에서 한국 바로 다음으로 합계출산율이 낮았던 국가는 스페인(1.26명)이었다. 한국은 2018년 경우 0.98명으로 스페인마저도 한국과의 격차가 너무나 크다.

국가	합계출산율	국가	합계출산율
이스라엘	3.09명	오스트리아	1.48명
멕시코	2.13명	폴란드	1.44명
터키	1.99명	일본	1.42명
프랑스	1.84명	핀란드	1.41명
콜럼비아	1.81명	포르투칼	1.41명
아일랜드	1.75명	그리스	1.35명
스웨덴	1.75명	스페인	1.26명
호주	1.74명	한국	0.98명
		*2018년 OECD 합계출산율	

우리나라는 과거 합계출산율은 2016년 1.17명, 2017년 1.05명으로 최소한 1명대를 유지해 왔다. 하지만 2018년(0.98명) 처음으로 1명 아래로 떨어진 뒤 2019년 0.92명, 2020년은 0.84명, 2021년 0.81명으로 4년 연속 0명대를 지키고 있으며 1970년 출생통계 작성 이래 최저치이다.

년도	합계출산율	비고
2016년	1.17명	
2017년	1.05명	
2018년	0.98명	*2019년 0.92명, 2020년은 0.84명, 2021년 0.81명으로 3년 연속 0명대이며 2022년은 0.70명대를 기록할 것이 예측됨. *1970년 출생통계 작성 이래 최저치.
2019년	0.92명	
2020년	0.84명	
2021년	0.81명	
2022년	0.78명	

외국인 노동력 유입과 한편 다문화 가구라는 관점에서 볼 때 흥미로운 사실이 하나 있으니 우리나라의 다문화 가구도 42%가 자녀를 한 명도 낳지 않는다는 사실이다. 다문화가족의 저출산 경향이 더욱 뚜렷해지기 시작했다는 점이다.

2022년 여성가족부가 발표한 '2021년 전국 다문화가족 실태조사 결과'에 따르면 무 출산 다문화가족은 2015년 33.2%에서 2021년 42%로 증가하였으며 평균 자녀수는 0.88명이다. 2015년(1.02명), 2018년(0.95명) 2021년(0.88명)으로 계속 감소하고 있으며 이번 조사는 전국 다문화가구중 1만 5,788가구를 대상으로 조사했다고 한다.

OECD 38개국 최하위 꼴찌는 물론 세계에서 1.0명 이하의 기록을 세우고 있는 나라는 우리나라가 유일하며 그것도 국가소멸 위기 시작이라는 초저출산(1.3명)의 한참 밑이라는 이야기이다. 여기에 더 충격적인 사실은 2020년부터 전 세계를 휩쓸고 있는 COVID19 때문에 혼인 건수의 감소로 2021년은 0.81명을 기록하고 2022년은 대미문의 0.70명 대의 바닥 언저리로 내려앉을 가능성을 무시할 수 없다는 예측이다.

매년 태어나는 신생아의 숫자는 2019년에 30만 3,500명으로 30만에 겨우 턱걸이하였고 그나마 2020년의 신생아 수는 27만 7천 명 수준이었고 2021년에는 26만 300명이 되었고 2022년에는 25만여 명대가 깨어지지 않을까 한다. 1960년대 매년 100만 명씩 태어나던 신생아 수가 60년 만에 거의 1/4로 감소하는 것이다. 통계상으로 이미 2018년부터 출생아보다 사망자 수가 더 많아지는 인구자연감소가 본격적으로 시작되었다고 한다.

이런 저출산율로 2022년 통계청이 발표한 이민, 귀화 등 외부 유입 요인을 고려한 장래인구추계에 따르면 우리나라 총인구는 2022년 5,162만 8,000명의 인구가 2041년 4,999만 8,000명으로 5,000만 명 벽이 깨진 뒤, 2050년에는 4,735만 9,000명까지 감소할 것으로 추측했다. 그 후 2060년대 후반이면 4,000만 명대가 깨진 뒤 2117년에는 2,000만 명에 턱걸이하게 된다고 한다. 한나라의 인수 구가 3,000만 명 이하가 되면 이미 모든 분야에서 붕괴가 일어나 회생할 수 없는 상태가 된다고 한다.

년 도	신생아 수	비 고
1970년	1,007,000명	
1980년	864,000명	
1990년	650,000명	
2000년	635,000명	
2016년	406,200명	*1960년대 매년 100만명씩 태어나던 신생아수가 60년만에 거의 1/4로 감소
2017년	357,700명	
2018년	325,000명	*2018년 부터 출생아보다 사망자 수가 더 많아지는 인구자연감소가 본격적으로 시작
2019년	303,500명	
2020년	277,000명	
2021년	260,300명	
2022년	249,000명	

위에서 볼 때 감소 시작 시기가 2016년 추계 때 발표한 2032년보다 2029년으로 3년 앞당겨진 것이다. 그러나 이런 전망조차 합계 출산율이 1.27명 수준을 유지하고 외국에서 인구 유입이 현재와 같이 이뤄진다는 전제하에 상정된 것이니 당연히 현재의 0.81명대로는 감소 속도가 훨씬 더 빨라질 것이라 보인다.

그러나 다시 통계청의 자료로 돌아와 합계 출산율이 2021년 0.86명까지 떨어진 뒤 반등해 2028년 1.11명, 2040년 1.27명으로 높아질 것으로 예측했다. 상당히 보수적으로 잡은 통계라는 생각이 든다. 필자는 특이한 변수가 일어나지 않는 한 2022년에 0.76명대, 2023년 0.60명대 정도로 추락한 후 서서히 아주 완만하게 오를 것으로 짐작이 된다.

신생아 수도 2020년에 30만 명 벽이 잠시 깨졌다가 2022년 다시 30만 명대를 회복할 것으로 전망했으나 필자는 30만 회복은 추후 10년 안에는 회복이 힘들다고 생각한다. 출산율은 1, 2년짜리 짧은 계획이나 몇천억 예산을 단시간에 갖다 붓는 미봉책으로는 금방 올릴 수 없다는 데 문제의 심각성이 있다. 정부도 2006년부터 대통령 직속 저출산·고령사회위원회를 만들어 국가적인 차원에서 대비하고 있다고는 하지만 아무래도 국가 정책 우선순위에서 한참 밀려나 있다는 느낌이다. 안타깝게도 2021년 대통령 신년 회견에서도 출산 정책에 관해서는 일언반구도 찾아볼 수가 없으니 허탈한 기분이다.

결론적으로 말해 현재 상황으로 볼 때 옛날 군사정권의 혁명 공약 제1조가 '반공이 국시의 제일이다'라고 한 것처럼 지금이라도 '출산 장려가 국시(國是)의 제일의(第一義)다'라며 정책 최우선에 출산 장려를 놓는 특단적이고도 획기적인 정책이 아니면 어떠한 정책을 수립하더라도 다시 치고 올라갈 비전도 희망도 보이지 않는다는 것이 솔직한 심정이다.

일본의 장기불황과 그 해결책

가깝고도 먼 나라, 사무라이 미야모토 무사시의 나라, 화려한 꽃무늬가 현란하게 프린트된 기모노의 나라, 일본을 책과 사진으로 체득한 바에 따라 무의식적으로 머리에 떠올리면 대략 이 같은 이미지가 먼저 떠오른다. 물론 처참했던 임진왜란과 36년간 일제강점기 등의 엄혹했던 시기를 생각하면 반일이라는 욱하는 감정이 먼저 앞서는 것도 사실이다.

개인적으로도 호불호가 갈리지만 어쩐지 개운치가 않은 느낌의 이미지임은 틀림없어 보인다. 그러나 대국적으로는 과거는 역사에 맡겨놓고 글로벌 시대에 발전하기 위해서는 서로 손잡고 협력해야 한다. 더욱이 시장경제와 자유민주주의 진영의 동반자로서 사회주의와 공산주의에 맞서 싸워야 할 공동의 의무가 있다고 생각한다. 그런데 오래전부터 우리나라가 일본의 속칭 '잃어버린 20년을 닮아간다'라는 이야기가 나돌고 있다. 좋고 멋진 것을 닮아도 시원치 않을 판에 20년 장기불황을, 그것도 일본의 그것을 닮아간다고 하니 자료가 비록 10년 전의 것이나 우리에게 다가오고 있는 저출산의 영향을 생각하며 반면교사 삼아서라도 한번 생각해 볼 가치는 충분히 있으리라 생각된다.

일본의 잃어버린 20년은 부동산 버블이 꺼지기 시작한 1990년부터 2010년까지로 본다. 따라서 2010년 당시까지의 사회적 환경을 돌아보는 게 좋을 것 같다. 요즘은 경제 성장세가 좀 수그러드는 듯한 모양새이긴 하나 여전히 세계 3위의 경제 대국으로 아직 막강한 국부와 첨단기술을 보유하고 있다. 2020년에 우주공간의 자그마한 행성으로 우주선을 보내 세계 최초로 암석 시료를 채취해 보내오는 최첨단 항공우주 기술도 가지고 있는 만큼 우리와는 기본에 충실한 첨단기술, 해외분산 경제 체력적 면에서도 경우가 다르다는 하겠다.

모 보수논객은 지구상에서 이 어마어마한 일본의 경제력 및 과학 기술력을 전혀 두려워하지 않는 나라는 한국이 유일하다고 하던 말도 있었는데 물론 유머였겠지만 당연히 여러 가지 다양한 방면에서 그 나름의 특장점이 있을 수 있다고 생각한다.

신생아 감소

일본의 출산율은 1989년 1.57명에서 2004년엔 1.29명까지 떨어졌다. 그동안의 출산장려정책으로 2005년 1.26으로 바닥을 치고 나서 2015년 1.45로 정점을 찍었으나 2018년 1.42명으로 다시 감소했다.

1970년대 연간 200만 명의 아기가 태어났지만, 2010년에는 그 절반인 100만 명 정도가 태어났다. 40년 만에 반으로 감소한 것이다. 일본 후생노동성이 발표한 2019년 인구 동태 통계 연간 추계에서 일본인 국내 신생아 수가 86만 4,000명으로 전년보다 5.92% 감소했다. 5% 이상의 감소율은 1989년 이후 30년 만에 처음이다. 신생아 수가 90만 명을 밑돈 것은 1899년 해당 통계 집계가 시작된 이래 처음이다.

전체인구 감소

총무성의 인구동태 조사 결과를 보면, 일본의 2020년 1월 1일 기준인구는 1억 2,427만 명으로 전년에 비해 50만 명 줄어든 것으로 나타났다. 이는 11년 연속 감소한 것이다. 일본은 2005년부터 인구가 감소하기 시작했는데 생산가능인구는 1990년 최고점을 찍고 하락 중이며 일본 국립사회보장·인구 문제연구소의 장래 추계인구에 따르면, 일본 인구는 2110년에 4,286만 명까지 감소, 현재 인구 1억 2,400만 명 선에서 100년 사이 3세대 만에 3분의 1로 감소할 것이라 한다.

도호쿠 대학 대학원 경제학 연구과 경제학·고령 경제사회 연구센터의 웹사이트에 공개된 '일본 아이 인구 시계'에 의하면 이런 추세로 아이 수가 계속 줄어든다면 3776년 8월 14일에는 일본 아이 수가 1명이 될 것이라고 한다.

초등학교 감소
학교도 마찬가지다. 초등학생이 1980년 1,182만 7,000명에서 2010년 699만 3,000명으로 거의 반으로 줄었다. 어린이가 줄어들면서 초등학교의 폐교도 잇따르고 있다. 1980년 2만 4,945개였던 초등학교는 2010년 2만 2,000개로 줄었다.

어린이 감소로 2020년까지 1,000여 개의 초등학교가 추가로 폐교되어 주변에 초등학교가 없는 지역은 계속 늘어났다. 중학교는 1990년 1만 1,275개에서 2010년 1만 814개로 줄었다. 그러다 보니 어린이들이 걸어서 통학할 수 있는 거리에 학교가 없는 지역이 급증하고 있어 '교육난민'이라는 신조어도 생겼다.

주택
결국 거품이기는 했지만 1980년대 일본의 부동산이 최고 활황을 누릴 때 도쿄 땅 전부를 혹은 1/4만 팔아도 미국 땅 전부를 살 수 있다는 말도 나돌았다. 그래서 그 당시에 뉴욕의 록펠러 빌딩 등 큰 빌딩들을 물건 수집하듯이 사들이며 재팬머니를 자랑했고 이에 불쾌감을 느낀 미국 본토에서는 또다시 일본의 진주만의 공습이 시작되었다는 우려 섞인 말들도 나왔다.

2008년에 전국의 집 5,711만 9,170채 중 13%가 넘는 756만여 채가 빈집이었고 2011년에는 이미 800만 채를 넘어섰다. 2020년 통계청 자료에 의하면 일본은 도쿄에만 전체 678만 채 중 11%인 74만 7,080채가 빈집이다. 2033년에는 33%가 빈집이 되리라는 섬뜩한 전망이 나오고 있다. 세 집에 한 채꼴로 빈집이 되니 바로 자기 집 좌우 중 한 집이 비어있다는 소리이니 유령도시 수준이 되지 않을까 염려가 된다.

　인근의 소도시에서는 2020년 현재 아파트에 거의 사람이 살지 않아 15층 아파트의 180가구 중의 5가구만 살기도 하고 복덕방에는 집의 평수와 조건에 따라 구매비가 100만 엔에서 500만 엔이라는 스티커가 어지럽게 붙어있으나 실제 부동산에서는 1엔으로 이야기가 된다고 한다. 집을 그냥 공짜로 가져가 달라는 소리다. 그리하여 지방 소도시에 젊은 층들이 다 떠나고 고령인구만 남은 상태를 소위 '인구병'이라 부르고 있다.

　2015년 이후 매년 5만 호 이상을 신축하지만, 사람들은 역세권이나 수도권으로 이사 가고 변두리의 구 주택을 사거나 들어가서 살려고 하지 않는다는 것이다. 그리고 당연히 저출산으로 인하여 지방에서는 빈집 상황이 더욱 심화하여 2040년에는 지자체의 절반(국토 61%)이 소멸할 가능성이 점쳐지고 있다.

　'국토의 장기전망'이라는 보고서에서는 연간 출생자가 1970년대 200만 명대에서 2010년 100만 명대로 급감함에 따라 2010년 출생자들이 내 집 마련 수요자로 전환되는 2050년에는 빈집이 1,500만 채를 넘어설 수도 있다고 전망했다.

테마파크

　인구 성장을 전제로 경쟁적으로 시설을 확대했던 일본의 테마파크 중엔 폐허로 변해버린 곳이 많다. 1972년 개장한 오사카의 놀이공원 엑스포랜드는 '어린이 손님'이 줄어들면서 2008년 문을 닫았다. 일본의 14세 이하 유소년 인구가 1980년 2,800만 명에서 30년 만인 2010년 1,700만 명으로 40% 급감해 파산하는 놀이공원이 늘고 있다. 저출산으로 잠재 고객층이 대폭 축소되면서 어린이들이 자주 가는 놀이공원이나 동물원 이용자도 줄었다. 어린이 관람객이 많은 도쿄 우에노 동물원의 경우 연간 관람객이 1970년대엔 700만 명을 넘었지만 2010년에는 300만 명을 밑돌았다.

대학의 폐교

대학도 1990년 200만 명이 넘던 18세 인구(대학 진학 인구)는 2010년 120만 명까지 급감해 사립대학의 40%가 학생 부족에 도산하는 때도 속출하고 있다. 이대로 가면 정원의 절반도 채우지 못해 파산이 속출했던 단기대학의 운명을 뒤따를 것이라는 전망도 나온다. 2~3년 제 단기대학은 1996년 598개에 달했고 재학생도 53만 명이 넘었다. 하지만 학생 수가 15만 명으로 감소하면서 도산과 통폐합이 속출해 학교 수가 390여 개로 줄었다.

무로호시 유타카(諸星裕)씨는『대학 파탄』이라는 책에서 "앞으로 2020년까지 10년 내에 100여 개 대학이 학생 수 부족으로 파산할 것"이라고 전망했었다. 한때 최고 인기를 누리던 치대·약대조차도 2010년 정원을 채우기 어려웠다. 17개 사립 치대 중 10개 대학이 2009년 입시에서 정원을 채우지 못했다. 치대 중에는 입학 정원의 25%를 겨우 채운 곳도 있다.

산부인과및 소아과 의원의 감소

저출산으로 산부인과가 급격히 줄면서 분만실을 갖춘 병원을 찾아 이곳저곳을 떠도는 '출산 난민'이 2010년 60만 명을 넘어섰다는 게 일본 전문가들의 분석이다. 출산 난민이 지방 도시만의 문제는 아니다. 도쿄권 외곽에서도 산부인과 부족 등으로 연간 300여 명이 다른 지역에서 아이를 출산하고 있다는 통계도 있다.

일본 정부에 따르면 산부인과를 갖춘 병원은 1990년 2,189곳에서 2010년 40% 가까이 줄어 1,294곳으로 감소하였다. 일본의 의사 수는 30년 전보다 2배 늘었지만, 의대생들이 환자가 줄어드는 산부인과를 기피하면서 산부인과 의사 수는 10% 감소했다. 지방자치 선거에서 산부인과 유치가 선거공약이 될 정도로 사회문제가 되고 있다. 또 저출산으로 어린이 환자가 줄면서 소아청소년과를 설치한 병원도 1990년 4,119곳에서 2010년 2,853곳으로 급감해 어린이 응급의료 시스템에도 구멍이 뚫리고 있다.

일단 일본의 잃어버린 20년을 조망하기 위해 1990년~2010년까지 20년간의 사회적 변동 현상을 보았는데 그 후 10년이 지난 2020년까지의 상황은 더 끔찍하겠다고 생각된다. 이러한 현실을 우리나라가 닮아간다니 소름이 끼칠 지경이다.

해결책을 제안한 마스다 보고서

위 일본의 저출산으로 인한 문제에 대해서 2015년에 일본 창성 회의의 좌장을 맡고 있었던 마스다 히로야 씨가 '마스다 보고서'라는 것을 세상에 내어놓았다. 내용은 일본의 저출산 문제를 해결하기 위해 정부나 국민에게 제안한 보고서로 문제의 핵심과 해결책을 정확하게 제시하고 있다고 느껴진다. 우리나라가 일본을 닮아간다는 충격적인 상황에 대해서 이 마스다 히로야 씨의 보고서를 한번 음미해볼 만한 가치가 있다고 생각`되어 그 제안된 방법을 한번 제시해 보기로 한다.

저출산으로 인한 인구의 감소 총량에 대해서는 연구소마다 좀 차이가 있으니 이해바라며 일단 마스다 보고서를 중심으로 향후 일본 인구의 변화를 보도록 하자.

일본은 2008년을 정점으로 인구감소세로 돌아섰으며 앞으로 본격적인 인구감소 시대에 돌입할 것으로 예상된다. 이대로 간다면 2010년 1억 2,806만 명이던 일본의 총인수는 2,050년에 9,708만 명, 금세기말인 2100년에는 4,959만 명이 될 것으로 예측된다. . 이는 국립 사회보장·인구문제연구소의사인연)의 '일본의 장래 추계 인구(2012년 1월)'의 중위 추계를 바탕으로 한 결과이다. 불과 100년도 지나지 않아 현재 인구의 약 40% 수준으로 돌아가는 것이다. 그리고 2030년부터 합계출산율이 2.1명을 달성한다고 해도 그 효과는 30년~60년이 되어야 나타나 인구감소를 막을 수 있다는 것이다.

이러한 문제를 두고 마스다 히로야 씨는 다음과 같은 해법을 제시하고 있다.

1) 도쿄 등 대도시로의 청년인구의 쏠림을 방지해야 한다. 그러기 위해서는 지역을 살기에 매력 있는 도시로 재생.
2) 중·노년 인구의 지방 이주를 적극 권장 내지 지원.
3) 적극적인 육아 지원 방법을 강구해야 한다. 그리고 여성의 경력 단절을 막을 프로그램을 개발해야 한다.
4) 결혼, 출산, 임신을 적극적으로 지원해야 한다.
5) 장시간의 노동형태를 바꾸어야 한다.
6) 일과 삶의 균형을 생활양식에 접목해야 한다.

사실 방법이라고 하지만 현재 우리나라의 각 지자체에서도 시행하고 있는 방법들인데 디테일한 부분에 있어서는 국가 간 차이가 있다고 할 수 있을 것이다.

생산량이 급전직하한 분유공장과 피아노공장

저출산이 되면 내수 부진으로 이어진다고들 하는데 거창하게 내수 부진을 들먹일 것도 없이 초등학교 정문 앞을 가보면 확연히 느끼게 된다. 필자가 고교를 다닐 무렵에 초등학교 정문 앞을 가보면 보통 문방구점이라 해서 아동 학습용 품을 파는 문구 가게가 양옆으로 두서너 개 붙어 아동들을 상대로 온갖 학용품이나 간식거리를 팔고 있었다.

또 학교 과제물이 정리된 숙제 용품들이 많이 진열되어 있었고 등교 시간이면 아이들이 연필이나 공책(노트)을 산다거나 간식이라도 하나 더 챙기려고 북새통을 이루었다. 하교 시에는 설탕 과자 달고나를 조심조심 형상대로 긁어내어 성공하면 상으로 더 큰 달고나를 받기도 했고 여름에는 소위 아이스케키라는 막대 얼음과자를 사 먹기 위해 통을 메고 온 형아의 뺑뺑이 숫자판을 돌리기도 했다.

그렇게 애들로 북새통을 이루던 초등학교 앞 문방구점이 오래전부터 사라지며 이제는 보기에 힘들어졌다. 10여 년 전 문방구점의 폐업을 그린 40분짜리 다큐멘터리를 보면 화면에 머리가 희끗희끗한 할아버지가 진열대 위에서 먼지가 수북이 쌓인 공책 더미를 내리며 이제 사러 오는 학생들도 없다며 쓸쓸히 웃는 모습을 보여준다. 저출산이 가져온 아동 상품의 매출 부진의 현실 그 자체였다.

저출산·고령화는 우리 경제의 구조 자체를 흔들어 놓을 정도로 강력하고 장기적인 악영향을 미치게 되는데 특히 아무리 수출이 호황이어도 노인이 늘고 유소년이 적어지면 내수는 가라앉을 수밖에 없다. 여기에다 극심한 저출산으로 신생아마저 줄면, 두말할 필요도 없는 것이다. 실제 최근 20년 사이에 신생아 수가 급감하면서 산업 전반에 걸쳐 저출산 후폭풍이 거세게 불어닥쳐 곳곳에 빨간 경고등이 켜지고 있으며 일부 산업은 이미 폭망한 상태였다.

1980년 중반까지 한 해 70만 명대를 유지했던 신생아 수가 2020년 27만 명대까지 줄어들었으며 초·중·고 학생 수도 1980년 982만 명을 정점으로 줄기 시작해 2017년 588만 명까지 내려앉았고 오는 2030년에는 520만 명 선까지 거의 절반 가까이 감소할 것으로 예상되고 있다.

구체적으로 내수 부진의 실례를 들어보면 신생아 수 급감으로 분유 소비량은 1992년 2만 7,380t을 정점으로 감소하기 시작해 2018년에는 1만 700여 톤까지 떨어졌다. 맨 처음 피해를 본 산업은 기저귀·분유 산업이었다. 그러나 앞으로는 젊은이들을 대상으로 하는 당구장·스케이트장·스키장·태권도장, 볼링장 등이 황폐해질 것이란 전망이 나온다. 또 아동복 업체 상당수는 사업을 접거나 성인 의류로 타깃을 바꿨, 피아노 판매량도 1992년 18만 7,000대에서 2017년에는 무려 2%인 3,600대로 추락해 생산 중단 위기로까지 내몰리고 있는 안타까운 상황이다.

2018년 산부인과 의원 45개소가 새로 문을 열었지만 53개소가 문을 닫았다. 이에 산부인과 의원 수는 2020년 1,319개소에서 2021년 1,200개소로 줄었다. 산부인과 의원은 2013년 1,397개 소에서 2014년 1,366개소, 2015년 1,352개소, 2016년 1,338개소, 2017년 1,319개소, 2018년 1,311개소, 2019년 1,300개, 2020년 1,250개, 2021년 1,200개소로 최근 9년간 지속해서 감소했다.

산부인과와 함께 저출산 영향을 가장 크게 받는 소아청소년과는 지난해 122개소 의원이 새로 문을 열고 121개소가 문을 닫았다. 2018년 기준 소아청소년과의원은 2,221개소다. 2019년 1,700개, 2020년 1,750개, 2021년 1,800개 정도라 심지어는 2025년에는 소아청소년과가 없어진다는 PD수첩에서 방영되기도 했다.

산부인과 개원 현황

연도	개원 수	비고
2013	1397	6년간 86개 감소
2014	1366	
2015	1352	
2016	1338	
2017	1319	
2018	1311	

산부인과, 소아과병원 개폐업 현황(2018년 현재)

병원	개업	폐업
산부인과	45	53
소아과	112	121

아이들이 주 소비층인 제과업체와 전국 테마파크도 매출 급감으로 휘청거리고 있다. 전문가들 사이에서는 유아·청소년 계층은 내수 산업의 핵심인 유아용품, 아동복, 장난감 등의 소비층인데 저출산이 굳어질 때 내수 산업도 일본과 같은 장기 불황의 늪에 빠질 가능성이 크다는 우려의 목소리가 크다.

일본에서는 1991년부터 2000년까지 10년간의 장기경제 침체 기간을 '잃어버린 10년'이라 일컫는다. 이것은 경제활동인구 감소가 장기 경제침체를 유발하는 가능성을 강하게 보여준다. 한국에서는 1990년부터 2010년까지를 '일본의 잃어버린 20년'이라고 한다. 20년 장기 불황을 겪은 일본도 출산율 저하와 젊은 인구 감소의 연쇄 작용에 따른 소비 부진이 결정타였던 것으로 분석되고 있다. 일본 산업 계는 수출 등으로 내수 침체의 타격에서 벗어났지만, 우리나라의 경우는 2021년 현재 수출증가 추세가 이어지고 있지만 여전히 세계적인 코로나19 팬데믹 상황이 지속되고 있기에 향후 수출에 대한 불확실성이 여전히 존재하고 있으며 특히 미·중 간의 경제전쟁, 글로벌 대기업의 ESG 경영체제의 변화로 대한민국의 수출상황이 더욱 복잡해지는 불안까지 겹쳐 차칫 일본보다 저출산 피해가 더 클 수 있다는 우려 섞인 목소리가 나오고 있는 현실이다.

우리나라는 1997년 외환위기가 기폭제가 되어 전면적인 구조조정으로 양극화가 심화하였다. 20여 년을 지나면서 그 골은 더욱 깊어졌다. 부익부 빈익빈의 고착화는 경제·사회발전의 추동력과 성장동력을 약화시켰다. 이러한 기업 간 부익부 빈익빈 소득격차는 개인의 살림살이 문제로 직결된다. 2017년 소득 천 분위 자료(2016년 귀속)에 따르면 상위 0.1%의 근로소득 총액은 11조 7,093억 원으로 전체 1,774만 98명의 소득 439조 9,935억 원의 2.66%를 차지했다. 반면 하위 25%인 443만 5,025명의 총 근로소득은 11조 7,257억 원으로 2만 명도 되지 않는 상위 0.1%의 소득과 같은 수준이다. 기업은 기업대로, 개인은 개인대로 '부익부 빈익빈' 현상에 시달리는 셈이다.

이리하여 저출산·고령화로 나타난 소득양극화가 노인 빈곤 현상으로 전이되고 이것이 노인인구 증가로 인한 내수 부진으로 바로 연결되는 현상이 악순환되는 것으로 보인다. 다시 말해 정부의 기존 분배 정책의 실패와 함께, 양극화를 부른 주요 원인 가운데 하나가 급속한 고령인구의 증가다. 은퇴 후 소득이 급감하면서 바로 빈곤층으로 전락하기 때문이다.

2022년 통계청의 자료에 따르면 처분가능소득(세금 등 제외) 기준 65세 이상 인구의 상대적 빈곤율(노인빈곤율)은 2020년 38.9%다.

소득 이외 현금화할 수 있는 자산이 있어도, 언제 아플지 모르는 노인도 쉽게 지갑을 열지 않는 경향이 있는데 하물며 노후 준비가 전혀 없는 38.9%에 가까운 절대빈곤의 노인들은 아예 소비 자체를 할 수 없는 상태이니 더 말할 것도 없다. 그리하여 저출산 고령화로 촉발된 유아 신생아 용품의 내수 부진과 고령층의 소비 부진이 전체의 내수 부진 현상으로 이어지는 것입니다.

따라서 이러한 문제를 해결하고 우리 경제의 재도약을 위해서는 양극화 문제를 필히 해소해야 하는데 제대로 된 노후 대책 없는 이들이 한 해 수십만 명씩 노인 인구로 편입되면 소비 침체는 더 깊어지니 복지와 소득을 늘려 노인 빈곤을 막고 소비 선순환 구조로 사회 시스템을 변혁해서 사회보장 시스템이 원활히 가동될 수 있도록 저출산·고령화 해결에 예산을 연간 100조 원 이상 집중해야 하는 것이 제일 우선순위가 되어야 한다.

끝으로 국내 경제는 그동안 수출에 의존해 성장했지만, 글로벌시장의 변화로 이른바 '수출입국'이 통하지 않는 만큼 내수를 성장동력으로 삼아야 한다. 따라서 저출산·고령화 등 구조적인 소비 부진 요인이 내수 경기침체의 악순환으로 이어지는 것을 막기 위해서라도 노인 근로소득 증대와 획기적인 저출산율 제고 노력이 필요하다. 따라서 양극화 해소는 국민의 소득을 보장하고 소비를 진작시켜 궁극적으로 사회 안정성의 기반을 구축하여 결국 지속 가능한 경제성장의 바탕으로 만들어야 한다.

2장 절실한 산업전사들

통폐합되는 학교, 유령마을 / 인구변화의 양극화 현상 / 국방을 담당할 전사들 / 노인 부양비에 허리휘는 미래의 청년세대 / 장기적인 대비의 필요

1944년 6월 6일 프랑스의 노르망디 해안에 연합군의 대대적인 상륙작전이 개시되었다. 존 웨인, 크리스 밋첨, 헨리 폰다, 몽고메리 클리프트 등 당대 최고의 배우들이 열연한 영화로도 유명한 'The Longest Day'가 시작된 것이었다. 이날 전장의 최선봉에 선 것은 미군 제82공수여단이었다. 수송기가 대공포화에 맞아 떨어지고 낙하산병들은 더러 땅에 착지하기도 전에 적의 저격수에 의해 희생되기도 했다. 여단장인 제임스 가빈 준장은 이렇게 말했다. "우리들은 이 영광에 찬 전투에 대해서 더 이상 말할 필요가 없다. 왜냐하면 우리 자체가 바로 그 역사이기 때문에." 2차 세계대전 발발 후 1940년 5월 덩케르크 철수를 거쳐 이날까지 일진일퇴하면서 수많은 젊은이들이 자유와 평화를 위해 목숨을 바쳤다. 절대로 일어나선 안 되는 일이지만 저출산으로 인해 병력 공백이 생긴 이 땅에 제 2의 6·25가 터져 한반도판 'The Longest Day'가 시작되었을 때 상륙정을 타고 적진에 상륙하거나 장갑차나 K-9 자주포를 몰고 천군(天軍)처럼 나타나 목숨 바쳐 우리 대한민국의 자유와 평화를 구할 우리 병력이 있으려나.

통폐합되는 학교, 유령마을

　오래전부터 나름 대도시에서 중학교를 보낸 지인의 말을 들어보면 학교의 통합이 시작되고 있음이 확연히 드러난다. 대충 1960년 후반 시내 도심의 중학교 학급수가 한 학년당 8학급으로 한 반에 무려 60명 정도였다. 전교에 1,400여 명이 넘었다. 지인이 동창회 업무와 관련하여 장학금을 모아 쥐고 10년 전 학교를 내방하여 학사 인원을 알아보니 거의 학급수와 학급당 학생 수가 반으로 줄었다. 그나마 남녀공학으로 바뀌어 한 반에 남학생, 여학생이 거의 동수로 공부하고 있어 남학생 후배로 기준으로 하면 거의 1/8로 줄어들었다고 한다. 도시의 중심에 있는 학교의 상태가 이러하니 다른 중학교는 말할 나위도 없어 보인다.

　그나마 이 중학교는 재빨리 남녀공학으로 전환하여 학생 수를 어찌어찌 채웠지만, 여타의 다른 중학교는 신입생이 없어 통합 대상에 오르내리고 있다고 한다. 비단 이 중학교만의 경우는 아니고 전국적인 현상이다. 거의 반 세기 만에 이리 변했지만, 앞으로는 10여 년이 채 지나지 않아서 마치 시골 길과 자그마한 소매점포가 먼지를 뒤집어쓴 채 사라지듯이 많은 학교가 폐교로 교문을 닫아야 할 것 같다고 한다. 출생아 수를 보면 91년생 71만 명에서 30년 후인 2020년 27.5만을 비교하면 한 세대 만에 출생아 수가 61%나 줄었다. 학자들 말로는 한 세대 간 인구 차이가 이렇게 많이 나는 경우는 전쟁 상황을 제외하고 우리나라가 유일하다.

줄어드는 대학생 및 대학교

저출산이 되면 아동이 줄어 학령인구의 감소를 가져와 학교 운영이 직격탄을 맞게 된다. 당연히 시간이 흐르면서 상위학교로 피해가 전이되는데 중, 고, 대학이 결국 치명상을 입게 된다. 학생 수에서 보자면 2021년~2024년에 입학가능 학생 수는 47만 9,376명에서 37만 3,570명으로 10만 5,906명(22%) 줄어들 것으로 추산되고 있고 수능접 수인 원이 전문대를 포함한 2021학년도 대학 모집인원(55만 5774명)보다 6만 명이나 적다.

결론적으로 교육부에 따르면 당장 3년 후인 2024년엔 입학할 수 있는 학생 수는 37만 3,470명으로 현재 모집 정원보다 13만 명 가까이 적을 것으로 예상되는데 이는 87개 대학 신입생 수에 달하는 엄청난 규모다. 다시 말해 4~5년 후에는 80여 개의 대학이 문을 닫아야 한다는 것이다.

2020년 모 중앙일간지가 발표한 전국 187개 대학(캠퍼스 포함)의 2021학년도 정시모집 결과를 보면 187개 대학교 중 절반에 가까운 90개교(48%)가 경쟁률 3대 1의 벽을 넘지 못했다. 정시모집에선 수험생 1인당 3곳까지 원서를 낼 수 있으므로 입시 전문가들은 경쟁률이 3대 1에 못 미치는 곳을 '사실상 미달'로 간주한다. 다른 대학에 중복으로 합격한 학생이 빠져나가는 것을 고려하면 모집 정원의 3배 이상이 지원해야 학생을 안정적으로 채울 수 있기 때문이다. 지난해에도 경쟁률 3대 1에 미치지 못한 대학 중 상당수가 추가로 충원 모집을 했지만 100% 충원에는 실패했다.

2022년 한국교육개발원(KEDI)이 발표한 '한계 대학 현황과 정책적 대응 방안' 보고서에 따르면 재정결손이 심하고 교육·연구 여건이 정상적으로 대학 기능을 하기 어려운 한계 대학이 84곳으로 나타났다.

이중 62곳(73.8%)은 비수도권 지방대였다. 비수도권 중 한계 대학이 제일 많았던 지역은 충남(9곳), 충북(8곳), 경북(8곳), 경남(6곳) 등이 뒤를 이었다. 또 전국한계 대학의 94%(79곳)의 사립대인 것으로 조사됐다.

이러한 상황이니 지방대에는 '벚꽃 피는 순서대로 망한다'라는 웃지 못할, 정말 웃고픈 이야기가 퍼졌다. 벚꽃이야 당연히 남쪽 지방부터 먼저 피니 우리나라는 영호남이 해당한다. 2021학년도 대학 정시 모집통계를 보면 영호남지방의 대학은 78%가 미달이어서 정원을 채울 수가 없다. 다시 말해 2021년 대입 정시모집에서 영·호남 지역 대학 10곳 중 8곳 꼴로 경쟁률 3대 1을 1에 미치지 못했는데 전남의 경쟁률이 최저였다.

더욱이 경쟁률이 아예 1대 1에도 미치지 못해 미달한 곳은 18곳으로 나타났다. 이 중에서 11곳이 영·호남에 몰려있다. 지난해 3.11대 1이었던 국립 모 대학교조차 2.7대 1의 경쟁률에 그쳤다. 민간단체인 대학교육연구소도 2024년엔 수도권 이외 지역 소재 249개 대학 가운데 신입생 정원의 70%를 못 채우는 학교가 85곳(34.1%)에 달할 것으로 추산했다. 그러나 학생 수 감소로 대입 경쟁률이 전반적으로 낮아지긴 했지만, 수도권에서 먼 지역 대학의 경쟁률이 낮고 수도권으로 올라올수록 높아지는 경향이 뚜렷했다. 한편으로는 대학생의 수도권 편중을 입증하는 대목이라고 할 수 있다.

실제 2020년 입시에서는 전문대를 포함해 전체 대학 331개교에 총 4만 586명(미충원율 8.6%)의 미달이 발생했다. 이 가운데서 지방대학에서 발생한 미충원율이 전체 미달 인원의 75% (3만 458명)에 달했다. 이러한 이유로 지방대가 신입생모집에 사활을 걸고 있는데 모집조건이 가히 묘기백출이라고 불러도 가할 것 같다.

2021년 충남에 있는 2.3년제 공립대인 충남도립대는 '전국 공립대 최초 무상교육 실현'이라는 구호를 걸고 신입생을 모집했다. 지난해 입시 때는 신입생들에게 척하기 전액 장학금을 지급했는데 올해는 장학금과 수시, 정시 전형료, 1년 등록금까지 단 한 푼도 받지 않겠다는 것이다. 등록금을 면제해 주겠다는 몇몇 대학교 외에도 경품을 걸어 학생들을 모집하는 대학교도 있다. 부산의 신라대는 학내 카페테리아, 서점 등에서 사용할 수 있는 100만 원어치의 신라 머니를 지급하고 호남대에서는 수시모집 합격자 전원에게 71만 원 상당의 '아이패드 에어'를 지급한다니 실로 웃고픈 현실이다.

　2020년에 촉발된 코로나로 인해 외국인 유학생이 줄어들어 재정적 타격을 받는 대학교도 많지만, 근본 원인이 되는 저출산 문제를 해결하지 않으면 경쟁력을 갖추지 못한 학교들은 어쩔 수 없이 폐교 위기에 몰릴 것으로 보고 있다.
　어차피 폐교가 발생하는 상황이라면 폐교를 원하는 학교 설립자를 궁지로 몰지 말고 자발적으로 문을 닫고 나갈 수 있게 재산 처분 등 퇴로를 만들어주면서 정부도 적극적으로 구조조정에 나서야 할 시기가 도래한 것으로 판단된다.

초중고의 통합

　저출산 여파로 인한 학령인구의 감소로 대학생만 줄어드느냐 하면 당연히 아니다. 초중고생의 감소도 속도가 너무 빨라 현재의 학생 수로는 학교 운영 자체가 어려워 각 학교 간 초, 중, 고가 통합되는데 지방에 이어 서울에도 초, 중 통합학교가 개교한다. 초, 중, 고 학령 인구는 최근 10년간 236만 명이 감소하였다. 1999년 865만에서 2018년 629만 명으로 이 중 3분의 1이 서울 아동(175만)으로 99만이 감소하였다. 20년 사이에 1,079개 초등학교가 사라진 것이었다.
　서울시 교육청 관계자의 말을 빌리면 도시 곳곳에서 재개발이 진행되어 신설 학교 수는 여전한데 학생감소 수를 고려하면 무작정 학교를 지을 수도 없다고 한다. 이미 서울에서도 학생 수가 많이 모자라는 초등학교끼리 통합하거나 더 심한 곳은 초등과 중학교를 전부 따로 세우는 대신 초중고가 함께 통합하여 운동장을 같이 이용하는 학교가 나타나고 있다.
　그래서 교육청에서는 남학교와 여학교의 통합을 유도하고 있다. 우리 때로 말하자면 남녀공학 학교를 추진하고 있는 곳이 많다고 한다. 2018년 현재 전국에서 통합학교로 운영되는 곳은 100개교이다. 충남 22개교, 전북 경남 16개교, 전남 11개교 등이다. 저출산으로 초중고 통틀어 2018년 3월 신입생이 한 명도 없는 학교가 전국에서 54곳, 딱 한 명뿐인 학교가 59곳이다. 서울에는 전교생이 300명 미만인 학교가 54개교로 역대 가장 많다. 2021년 통계청 자료에 의하면 1982년 이후 2020년까지 전국에서 3,834개교가 문을 닫았다. 이미 폐교 쓰나미가 몰려온 것이다.

3,834개는 전국 초·중·고 학교수(1만 1710개교)의 32.7%에 달하는 규모다. 앞으로 폐 교수가 더 늘어날 것으로 보이는데 2020년 기준 초등학생 입학자 수는 42만 6,646명인데 2024년 35만 명, 2027년에는 27만 명으로 7년 새 36%가 감소하기 때문이다.

유령마을과 사라지는 소도시

그러나 학교들만 사라지는 것이 아니다. 지금 지방의 읍면, 지방의 작은 소도시는 30여 년 이내에 거의 절반 정도가 사라진다고 한다. 우리가 어릴 적에 보고 겪고 부대끼며 살았던 정겨운 고향이 사라지는 것이다. 초가지붕 위에는 하얀 박 덩이가 영글어가고 앞집 순이 뒷집 철수가 멍멍이 한 마리 데리고 놀던 그 정겨운 마을이 사라지고 인적이 없는 유령마을이 되어가고 있다. 얼마나 삭막하고 두려운 사실인가. 그러나 엄연한 현실이다. 이젠 명절을 맞아 돌아갈 고향 마을에 사람이 없어지는 것이다. 저출산 고령화의 원인으로 시작된 인구감소가 우리 마을을 소멸의 길로 이끌고 있다.

2020년 5월에 발표한 한국고용정보원의 조사에 따르면 앞으로 30년 후에 사라질 시군구 소멸위험 지역은 전국지자체 228개 중에서 105곳(46.5%)으로 나타났다. 이는 2014년 79곳에서 2019년 93곳으로 증가하다가 2020년 5월 처음으로 100곳을 넘어선 것이다. 위험소멸 지수는 30년 뒤에 없어질 가능성이 얼마나 큰지를 보는 수치로 0.5 미만이면 위험소멸지역으로 본다는 의미이다.

위험소멸지역은 한 지역의 20세~39세의 가임여성들 인구수를 65세 이상의 노인들 인구수로 나눈 것인데 일본의 마스타 히로야 교수가 만든 것을 우리나라의 한국고용정보원에서도 같이 적용하고 있다. 이 수치 가 0.5 미만이면 아이를 낳을 수 있는 여성인구가 고령자의 절반에 미치지 못한다는 의미이다. 0.5 미만이면 위험소멸지역, 0.5~1.0이면 주의 지역, 1.0~1.5이면 위험 보통 지역으로 구분한다.

2020년 현재 가장 위험소멸지수가 높은 곳은 군 단위에서는 경북 군위군(0.133), 경북 의성군(0.135), 전남 고흥군(0.136), 경남 합천군 0.148) 순이고 시는 전북 김제시(0.249), 경북 문경시(0.255), 경남 밀양시(0.282) 순이다. 2020년 수도권역의 시 중에서 처음으로 포천시와 여주시가 소멸위험 지역에 포함되었다.

이런 상황에서 김주수 의성군수는 2021년 5월 협회의 저서 '출산 장려 성공시크릿' 100권을 구입하여 의성군청 직원들에게 읽게 하여 협회의 출산장려정책을 벤치마킹한 의성군이 2021년 합계출산율 증가율이 경북에서 제일 높아졌다고 협회 총회장에게 감사의 인사를 해왔다고 한다.

*시군구 소멸 위험지역(소멸위험지수 0.5미만) (2020년 행정안전부))			
*30년 후에 사라질 시군구 소멸 위험지역은 전국 지자체 228개 중에서 105곳(46.5%)			
*소멸위험지역 증가폭		*위험소멸지수	
2014년	79개소	0.5미만	위험 소멸 지역
2019년	93개소	0.5~1.0	주의 지역
2020년	100개소 돌파	1.0~1.5	위험 보통 지역
*2020년 현재 가장 위험 소멸 지수가 높은 곳			
군 단위		시 단위	

경북 군위군	0.133	전북 김제시	0.249
경북 의성군	0.135	경북 문경시	0.255
전남 고흥군	0.136	경남 밀양시	0.282
경남 합천군	0.148		
*수도권역에서는 포천시와 여주시가 처음으로 포함			

한편 농촌에서는 작은 학교 살리기 운동이 벌어지고 있는데 농촌지역에서 작은 학교가 사라지면 지역사회가 발전할 수 있는 계기가 사라지고 학교가 없으면 당연히 젊은 사람들도 사라지게 되고 귀농, 귀촌 인구도 줄어든다는 절박한 인식 아래 주민 모두가 손을 걷어붙이고 나서고 있다. 어쨌든 아이의 울음소리가 들리지 않는 지역은 발전은커녕 존속도 기약할 수가 없음이 불을 보듯 명확하다.

일례를 들면 강릉 옥천초교 운산분교는 지난 3년간 신입생을 한 명도 받지 못했다. 한때 전교생이 300여 명이 넘었으나 이제는 5명으로 쪼그라들었다. 이에 폐교 위험을 느낀 학부모 교사들이 일어나 기존에 해오던 암기식 교육프로그램을 폐기하고 생태를 주제로 잡아, 다양한 교육프로그램을 개발하여 2018년부터 늘기 시작한 학생 수가 2022년 55명까지 늘었다. 사라져 가는 학교와 마을을 지키기 위해 마을 구성원 모두가 머리를 짜낸 결과이다. 2023년에 교육청의 인가로 운산분교는 운산초교로 정식 등록되리라고 한다.

인구변화의 양극화 현상

현재 우리나라의 청년감소 곡선과 노령인구 증가의 그래프는 정확하게 'K-청년·고령층 인구변화 양극화현상'을 보여주고 있다. 저출산으로 청년층은 바닥으로 급전직하하여 방구들을 뚫을 기세이고 노인인구는 반대로 순풍에 풍선 날아가듯 급상승하여 천정을 박찰 기세이니 정확하게 K자 형태가 아닌지?? 참으로 둘 다 바람직한 현상이 아니어서 크게 염려가 되는 것이다. 정말 너무 빨리 청년층이 사라지고 있다. 청년들은 국가의 뿌리이자 허리이니 국가의 경쟁력을 떠받치는 기본 능력이 고갈되어 간다는 소리이다. 당연히 생산에 종사하여 조세 창출에 이바지하여 국부를 저축하고 국가에 활기를 불러일으킬 소중한 자산이 사라짐을 말한다.

사실 오늘날 우리나라의 청년들은 낭만적으로 청춘 예찬을 할 만큼 한가롭지 않다. 아니 당장 생활전선에 내몰리고 팍팍한 사회현실에 거의 숨 막혀가고 있다고 해도 과언이 아닐 것이다. 누구 말처럼 청춘의 빙하기가 오고 있다. 자꾸 시쳇말로 "라떼는~"하고 말하는 것 같지만 50년 전 1970년경에는, 혹은 그 좀 전 시기의 대학은 그냥 낭만과 젊은이의 열정이 가득 찬 신나는 세상이었다. 물론 물질적으로 더 부족했고 경제적으로 더 힘들었을지 모르지만, 대학 생활은 정말 낭만적이라고 해도 좋을 만했다. 군대 입영자도 대학 출신이 가물에 콩 나듯이 드물었다. 요즈음처럼 심한 학점, 출석 경쟁도 없었다. 지방에서 공부할 때 서울의 일류대에서 철학 시험을 봤는데 교수님이 선풍기 앞에서 시험지를 날려 보내 맨 앞에 떨어지는 순서부터 학점을 A, B로 매겼다는 믿기 힘든 전설이 회자할 정도였다. 왜 그리하셨냐는 질문에 교수님 왈, "많이 쓰면 자연히 무거워서 맨 앞에 떨어졌을 테니 공부를

많이 한 증거라."고~

감소하는 청년층

취업도 물론 힘이 들었지만, 요즈음처럼 살인적인 경쟁률에 시달리는 일은 없었다. 졸업 후 좀 성적이 되는 학생들은 은행이나 큰 회사에 몇 군데 합격해 놓고 골라가는 친구도 있었을 정도였으니. 그러나 요즈음 청춘들은 부모의 마음으로 보아 너무나 애처롭다.

감소하는 청년층

앞서 말한 바와 같이 우리나라의 청년은 1991년생 71만 명에서 30년 후인 2020년 27.5만을 비교하면 한 세대 만에 43여만 명(61%)이나 줄었다. 청년이 줄어든다는 것은 나라의 허리가 없어지는 것과 똑같으며 집을 지탱할 미래의 큰 대들보가 무너지는 것과 같다.

이웃 일본의 모든 것을 포기한 사토리 세대, 유럽의 한 달 수입이 1,000유로라는 의미의 1,000유로 세대가 있다면 우리나라 청년들에게도 N포 세대가 있다. 세계의 손꼽히는 나라마다 이런 유형의 청년을 일컫는 용어들이 있다.

*취업을 포기, 미래를 개척않으려는 각국 청년세대들 별칭	
미국	트윅스트(Twixter) 졸업 후 부모집에 얹혀 사는 청년
프랑스	탕기(Tanguy) 부모는 내보려하나 안 나가는 딸
영국	키퍼스(Kippers) 부모 퇴직금을 좀 먹는 청년
이태리	맘모네(Mammone) 엄마음식에 집착하여 안 나감 밤보치오니(Bamboccioni) 큰 애기
독일	네스트호커(Nesthocker) 집에 그냥 눌러 앉은 청년
캐나다	부메랑키즈(Moomerangkids) 방랑하다 부모집에 기숙
일본	사토리세대 취업도 안하고 교육도 안 받는 청년
한국	이생망:이번 생은 망했다. 달팽이족:달팽이처럼 자기 방에 틀어박혀 지냄.

10여 년 전부터 나돌기 시작한 개념인 '저주받은 청춘의 묵시록'으로 불리는 3포세대(연애, 결혼, 출산)가 5포(취업, 내 집 마련), 7포(건강, 외모 관리)에서 9포(인간관계, 희망) 더 나아가 삶까지 포기하는 10포 세대까지 출현하고 있다. 문자 그대로 이생망(이번 생은 망했다)세대라고 할까. 그리하여 스스로 독립하기를 포기한 민달팽이족, 캥거루족 등 자조적인 말들도 나오는 것이다.

그런데 더 서글픈 사실은 캥거루족도 이제는 서서히 고령화하고 있다는 것이다. 우스갯말로 하나의 생존 트렌드가 되어가고 있다. 2022년 한국보건사회연구원이 펴낸 '보건복지 포럼 6월호'에 따르면 국내 만 19세~49세 남녀 중 29.9%가 부모와 동거하고 있는 것으로 나타났는데 미혼자는 64.1%가 부모와 동거하고 있었고 기혼자는 3.1%가 부모와 함께 살고 있었다. 다시 말해 우리나라 50세 미만 성인 10명 중 3명이 독립하지 않고 부모님 밑에서 캥거루족을 하고 있다는 이야기이다.

이들은 직장이 없거나 결혼을 못 하면 그저 자립이 좀 늦어지는 것이 아니고 영원히 독립을 못 하는 중장년 캥거루족이다. 그래서 30년 장기불황을 겪는 일본에서 40·50대가 7080 부모에게 얹혀사는 '7040, 8050' 현상이 큰 사회문제가 되고 있는데 이제 우리나라에도 역시 4070, 5080의 문제가 현실로 다가오고 있다.

이들 캥거루족이 고령화, 장기화함에 따라 고령출산에 의한 문제도 심각하게 제기되고 있는데 결혼을 늦게 하면 상대적으로 따라오는 문제가 고령출산이다. 늦게 결혼하여 40대에 첫아이를 갖게 되면 본인은 60을 넘어서도 대학을 다니는 20대 자식을 뒷바라지해야 하는 노인가구가 늘어난다는 것인데 이때 부모의 경제적 상황이 감당이 안 되면 이제는 청년 빈곤과 실버파산이 동시에 발생하고 두 쪽 다 빈곤층으로 떨어질 수도 있다는 것이다.

NH투자증권 100세 시대 연구소의 연구 결과에 따르면 2021년 자녀 한

명당 대학을 마치기까지 4억 원이 든다는 것을 참고할 때 자칫하면 실버파산이 한 사회현상이 되리라는 것을 쉬이 상상해 볼 수도 있겠다.

2015년 통계로 보아 일본은 장기 불황과 맞물려 실업률이 높아졌기 때문에 전입 청년인구(20세 전입인구)가 1990년 207만 명에서 2013년 122만으로 감소하고 이 청년들의 1/3이 비정규직으로 가난한 청년들은 소비할 돈이 없기 때문에 소비가 줄어 경제가 위축되고, 소위 니트족(Not in Education, Employment or Training)이 된 청년이 63만 명에 달하고 있다는 보고도 있다. 마찬가지로 2022년 최근의 니혼게이자이 신문은 다이이치생명경제연구소의 조사를 인용하여 일본의 2020년대 20대 직장인들은 1990년대 20대 직장인들보다 훨씬 가난해진 것으로 내가 탔나 놓았다고 말했다. 지난 30년간 대졸 직장인 임금수준이 제자리걸음 하지만 출산율 감소와 고령화 등으로 이들이 부담해야 할 사회보장 보험료 등이 증가했기 때문이다. 2020년 20대 독신 남성의 연간 실질 가 소득처분이 평균 271만 6,000엔(약 2571만원)으로 1990년 20대 독신남성의 318만 7,000엔(약 3017만원) 보다 15% 떨어졌다고 한다. 쉽게 말해서 요즈음의 일본 젊은이들은 아버지 때 보다 가난해진 것이다.

현재 우리나라의 청년 경제활동인구 수는 2009년 434만 명에서 2022년 기준 426만 9,000명으로 7만 1,000명(1.64%) 감소했다. 그런데도 청년 실업자는 3만 7,000명(10.6%) 증가했다. 반면 OECD 국가의 평균 청년 경제활동인구는 같은 기간 2만 6,000명(3.8%) 감소했는데 청년실업자도 18만 8,000명(30.9%) 가까이 줄었다.

청년실업률 순위가 OECD 38개 국가 중 2009년 5번째로 낮았는데 10년 후인 2019년에는 20위로 밀려났다. 직장을 구하지 못한 청년실업이 많아졌다는 이야기이며 우리나라의 청년들에게 취업 한파가 심하게 몰아치고 있다는 것이다. 다른 나라들의 경우로 낮아졌다. 청년 경제활동인구가 감소했는데도 청년 실업자가 늘어난 나라는 OECD 국가 중 한국, 이탈리아, 그리스 3개국뿐이었다. 이는 우리나라의 민간경제가 위축되면서 청년층 인구 감소 폭보다는 일자리 감소 폭이 더 커진 데 이유가 있다고 추측한다.

*청년실업률 변화(2009년~2019년)

국 명	실업률	실업률 변동(감소)
영국	6.5%	14.1%-7.9%
미국	8.1%	14.5%-6.4%
독일	5.3%	10.2%-4.2%
일본	4.4%	8.0%-3.6%

우리나라 청년들의 결혼에 관한 조사에 의하면 '결혼해도 좋고 안 해도 좋다'가 2010년 37.6%에서 2020년 60.3%로 많이 증가했다. 결혼하지 않는 사회가 알게 모르게 성큼 다가왔다고나 할까. 결혼을 미루거나 아예 하지 않는 풍조가 젊은이들 사이에서 갈수록 심화하고 있다. 최근 통계청에 따르면 남녀의 초혼 연령은 1990년 각각 27.79세, 24.78세였지만 2018년에는 32.42세, 29.81세, 2021년 33.2세, 30.8세로 이미 30세로 넘어섰다.

이는 저출산의 가장 큰 원인으로 작용하고 있다. 젊은이들이 결혼을 주저하는 이유는 청년실업과 높은 결혼 비용, 주택 구입 비용 등 때문이다. 당연한 이야기로 청년들에게는 무엇보다 양질의 일자리가 제일 급선무로 이를 위해 규제 완화 등으로 민간활력을 제고하고 기업의 신규 채용 비용을 덜어주어야 한다고 생각한다.

늘어나는 고령인구

한 국가의 고령인구의 노화 속도를 말할 때는 65세 이상이 7%면 고령화사회, 14% 이상이면 고령사회, 20% 이상이면 초고령사회라고 분류한다. 우리나라의 근본적인 고령화 문제는 2000년대에 들어서 시작된 현상으로 보인다. 그 이유는 전체 인구에서 노인 인구가 7%를 넘어서 고령화 사회로 진입했기 때문이다. 2020년까지 20년이라는 공백기가 생겼는데 이때부터 이미 고령화 현상이 시작되었고 정책적 이슈로 자리를 잡았다고 해야 할 것이다.

전문가들은 2020년은 노인 인구 폭발 시대 원년(元年)으로 대한민국 인구 흐름이 확 바뀌는 해라고 한다. 2019년 말 현재 65세 이상 인구는 800만 명 정도(전체 인구의 15.4%)로 이미 고령사회로 진입하였다. 그런데 베이비붐 세대의 고령화로 5년 후인 2025년이면 1,050만 명으로 늘면서 인구의 20%를 차지하게 된다. 국민 5명 중 1명이 노인인 '초고령사회'에 진입하는 것이다. 노인 인구는 2050년 1,000만 7,000명에 이를 때까지 계속 늘어날 전망이다.

통계청이 UN의 2067년 장래인구 특별추계를 비교 분석한 결과로 2019년 발표한 '세계와 한국의 인구 현황 및 전망'을 참고하면 한국이 2045년부터 세계에서 고령 인구 비중이 가장 높은 국가가 될 것이란 전망이 나왔다. 한국 고령화 속도 세계평균의 3배로 2045년이면 세계 2위 고령 국가가 된다.

통계청에 따르면 한국의 고령인구 65세 이상 인구 비중은 2020년 14.9%(세계 51위)로 고령사회에서 2045년 37.0%로 치솟아 세계 1위 고령 국가인 일본(36.7%)을 넘어 세계 최고의 초고령사회가 된다1. 더 나 아가 2067년에는 46.5%까지 높아져 세계 1위로 세계평균(18.6%)은 물론 2위인 타이완(38.2%), 3위인 일본(38.1%)과도 현격한 차이를 나타낼 전망이다.

전 세계 201개국 중 한국과 같이 2067년까지 고령 인구가 계속 증가하는 국가는 전체의 72.6%인 146개국에 달한다. 그러나 세계 인구 중 고령 인구의 비중은 2019년 9.1%에서 2067년 18.6%로 9.5%포인트 오르는 데 그친다. 한국의 고령 인구 비중이 같은 기간 31.6%포인트 상승하는 것을 고려하면 우리나라의 고령화 속도가 세계 평균보다 3배 이상 빠른 셈이다.

통계청은 만약 남북한이 통일되면 고령화 속도가 다소 완화될 것으로 전망했다. 고령 인구 비중 역시 2067년 37.5%로 한국 46.9%에 비해 9%포인트 낮아질 것으로 전망됐다.

국방을 담당할 전사들

필자는 옛날 예비군 훈련받으러 가서 정관 수술하면 남은 훈련 시간을 줄여준다며 홍보할 때 혼자서 속으로 '지금 저렇게 정관수술을 해대면 필시 20여 년 후에는 인구가 줄 텐데 그때 국방인력을 어떻게 보충할까' 하고 생각했었다. 마침 신문에선 그런 질문에 대해 군을 정예화하여 강군으로 만들고 첨단장비와 무기로 무장한다면 인력 공백에 따르는 염려를 불식할 수 있다는 기사를 본 적이 있다. 그때 일견 타당하다고 생각했으나 한편으로는 긴가민가했다.

물론 40여 년 지난 지금 우리 군은 상당한 방산 산업의 발달과 첨단기술을 접목한 신무기 보급체계로 날로 강군이 되어가는 것은 사실이다. KFX 초음속전투기 자체 개발, 세계 최고의 조선 기술로 재래식 잠수함 건조는 물론 경항모에서 더 나아가 핵잠수함까지 개발할 능력을 보유했다 하여 방산 산업 기술 수준은 세계 정상급이며, 또 60만 가까운 병력으로 국방력은 세계 5위에 랭크될 정도라고 한다. 또 신형 장갑차, 유도탄 제조 기술 등도 날로 눈부시게 발전하고 K-9 자주포 등은 없어서 못 팔 지경이라고 한다. 실제 이런 무기들이 세계의 무기 시장에서 호평받아 세계 각국으로 수출도 하고 있다고 하니 가슴 한편으로는 뿌듯하고 우리 군과 방산 산업의 발전에 국민의 한 사람으로서 자랑스러움을 만끽하고 있다.

군병력자원은 2037년에는 20만 명 이하로 줄어들어

그러나 그런 첨단무기를 능숙하게 운용할 인적자산은 어떻게 되는 걸까.

저출산 고령화로 병역자원이 줄어 2018년 20세 남성 인구는 33만 3,000명이다. 하지만 2022~2035년엔 22만~25만 명 수준으로 줄어들고 2037년 이후엔 20만 명 이하로 급감한다. 반면 현역병(육·해·공군 및 해병대) 소요는 2020년 경우 24만 6,522명에 달한다. 이 중 징집병은 11만 4,700여 명, 모집병은 13만 1,800여 명이다. 정부는 2019년 61만 8,000여 명이던 우리 군 병력이 1년 새 약 4만 명이 줄어 2020년 57만 9,000명 수준이라고 밝혔으며 군 총병력은 오는 2022년까지 50만 명으로 줄어든다고 한다.

현재 계획대로라면 육군은 2022년까지 8만 명 감축, 36만 5000명으로 줄어들어 북한 지상군 110만 명의 33% 수준에 불과하게 된다. 매년 2개 사단 이상이 없어지는 것이다. 더 나아가 5년간 육군만 11만 8,000여 명이 감축되어 육군 전체 사단은 종전 39개에서 33개로 줄고, 특히 북한군과 대치하고 있는 최전방 사단이 11개에서 9개로 20% 감축된다. 사단별 담당 전선이 1.2배 정도 늘어나는 것도 큰 부담이 된다. 더구나 복무 기간도 21개월에서 18개월(육군·해병대 기준)로 또 줄어들고 있어 병사들의 숙련도도 60% 이상 약화할 것이라는 분석이다. 1970년대의 34개월에 비하면 거의 2분의 1로 엄청나게 줄어드는 것이다.

전문가들은 병역자원이 22만 명대로 감소하는 2025~2026년과 2029년, 그리고 2033년 이후에는 군 운용에 많은 어려움이 있으리라고 생각한다. 특히 2037년(18만 3,000명) 이후엔 병역자원이 20만 명 미만으로 많이 감소한다. 2037년 이후 병역자원이 20만 명 미만으로 줄어들면 50만 병력 체제를 유지하는 것은 불가능해진다.

* 육군의 병력변화 양상
* 2022년까지 8만명 감축, 36만 5000명으로 감소
* 추후 5년간 육군만 11만 8000여명이 감축
* 육군 전체 사단은 종전 39개에서 33개로 감축
* 최전방 사단이 11개에서 9개로 20% 감축

2장. 절실한 산업전사들

* 복무 기간 21개월에서 18개월(육군·해병대 기준)로 감소

* 병사들의 숙련도도 60% 이상 약화추정

* 복무 기간 1970년대의 34개월에 비하면 2분의 1로 감소

김민식 두리 저출산 문제연구소장의 말에 따르면 우리와 북한의 인적 군사력의 차이에 대해 다음과 같이 말하며 깊은 우려를 나타냈다. "북한의 남성은 보통 10년 이상을 군에서 복무하고 여성들도 6년 이상을 복무하는데 우리는 18개월에 불과하다. 북한의 평균 합계출산율이 2.0명 이상으로 매년 30만 명 이상의 신생아가 태어난다. 현재 우리나라의 신생아 수가 매년 감소하고 있는데 북한과의 병력 인적자산의 비율은 갈수록 차이가 난 10년 후에는 거의 1/5 정도가 되지 않을까" 한다.

북한의 군사적 위협이 크게 줄어들거나 남북한 간에 획기적인 긴장 완화 및 신뢰 구축이 실현되지 않는 한 가까운 시일 내 추가 병력감축은 어려운 상황이다. 이는 실로 급변사태 때 병력 부족이 우려되는 부분이라서 국방 시스템 전반에 근본적 변혁이 요구되고 있다.

한편 병무청은 입대 유인책으로 제대 후 취업에 유리한 특기병모집에 상당히 많은 부분을 할애하여 심혈을 기울여 온 바, 2020년 현 역병 중 각종 특기병 등 모집병 비율은 53.4%에 달한다. 이를 단계적으로 늘려 모집병 비율을 60~70%까지 높이겠다는 것이다. 하지만 이 같은 모집병 비율 증가는 병역자원 부족 문제를 근본적으로 해결하기 어렵다는 한계가 있다.

국방부는 이에 대한 대책으로 무인 감시 정찰 체계 등 첨단 무기를 증강하고 부사관 등 직업군인의 비중을 높여 전력 공백을 메우겠다는 계획이다. 하지만 무인 무기 등 첨단 무기 확보가 예산 확보 문제 등으로 지연되고 있고, 부사관이나 유급지원병 확보도 기대에 못 미치고 있다. 병력이 이런 추세로 감축되면 북한 급변 사태 시 안정화 작전을 위한 지상군 병력도 부족해질 수밖에 없다.

미 랜드연구소의 브루스 베넷 박사는 "북한 안정화 작전에 26만~40만 명 이상 병력이 필요하다"라고 했었다. 이에 따라 현역 규모 감축과 함께 모병제 도입이나 여군 징병제 등의 논의가 불가피해질 전망이다.

아무튼 병력이 이렇게 모자랄진대, 사태 발생 시 전방의 155마일 전선과 해안선을 지키기 위해 탱크와 K-9 자주포를 누가 몰고 나오며 기습을 위해 적 해안 깊숙이 상륙하여 중요거점을 타격할 용감한 우리 국군은 있으려나? 어쨌든 2024년을 시작으로 2030년부터 몰려올 국방자원 부족 쓰나미에 인공지능, 드론, 로봇, 4차 산업혁명기 술을 도입, 접목과 부사관 간부 비율 확대, 민간인력 시설 등 아웃소싱강화, 여성인력 확대 등을 제안하고 있는데 그중의 하나인 모병제만 하더라도 우수한 자원을 받아들일 수 있는 조건부터 만들어 줘야 한다.

세계최강의 미군도 처음 모병제를 시작했을 때 응모자의 부족과 자원의 질적 저하 때문에 곤란을 겪었으나 모병 대상자들에게 파격적인 장학금을 지급하는 '제대군인 원호법'을 만들어 문제를 해결했다.

여군징병제

병력 인적자원 부족에 대하여 여성도 징병 대상에 포함해야 한다는 주장이 일각에서 제기되고 있는 것으로 알고 있다. 현재 여성은 장교·부사관으로 모집하고 있지만 병사는 없는 상태다. 대표적인 여성 징병제 국가는 중국, 이스라엘, 쿠바, 북한 등이 꼽힌다. 최근에는 노르웨이, 네덜란드, 스웨덴 등 유럽 국가도 여성 징병제를 도입했다.

2020년 1월의 국방부의 발표에 따르면 2019년 말 현재 우리나라 여군의 숫자는 전체 군인의 6.8%인 1만 2,600명으로 ' '여군 1만 명 시대'를 맞아 전투 임무에 투입되는 여군도 늘어나고 있으며 또한 정부는 여군 비중을 2022년까지 8.8%로 확대하겠다고 발표하였다. 위의 우리나라의 여군 비율에 비추어 2019년에 NATO(북대서양 조약기구)에 자국의 현역 여군 비율을 보고한 27개국 중에서 상위 그룹을 살펴보며 우리나라와 비교해 보는 것도 유익하겠다고 생각된다.

국 가	여군비율	국가	여군비율	국가	여군비율
헝가리	20%	미국	17%	프랑스	16%
독일	12%	영국	11%	폴란드	7%
한국	6.8%	인도	0.7%	튀르키에	0.3%

(2019년 NATO)

참고로 나토 가입국은 아니지만, 이스라엘이 34%로 이미 전투 병과를 포함하여 보직의 88%에 진출하고 있다고 하며 북한은 정확한 조사는 아니지만 대략 10%~30%일 정도라고만 알려져 있다.

그러나 여군들의 고충은 일반 워킹맘과 같이 일과 가정을 양립시키기 쉽지 않다는 점이다. 2020년 현재 여군이 임신할 때 출산휴가를 90일(출산 전+출산 후) 받을 수 있다. 쌍둥이를 임신하게 되면 120일로 늘어난다. 군 당국은 지난 3년간 임신한 여군이 매년 400명 안팎이라고 추산한다.

이 밖에 육아 휴직한 여군은 2010년 554명에서 2019년 987명으로 늘었다. 군은 육아휴직과 출산휴가에 따른 대체 인력을 확보하기 위해 지난해부터 평시 예비역을 현역 군인으로 재임용하는 제도를 시행 중이다.

그럼에도 여군의 복무 여건 개선은 아직 하러 갈 길이 멀다는 평가다. 국방부에 따르면 부부 군인이 많은 여군의 평균 출산율은 2020년 1.58명으로 한국 전체 평균 1.19명(2015년)을 웃돌았다. 하지만 국가인권위원회가 2012년 실시한 여군 인권 상황 실태 조사에 따르면 여군들의 45.2%가 현재 배우자와 같이 살지 못하는 별거 가족이라고 응답했다.

한편 국방부는 2019년 육아휴직을 한 남성군인·군무원이 1,200여 명이라고 밝혔다. 2015년 300여 명에서 4년 만에 4배로 늘어난 것이다. 국방부 관계자는 "군(軍) 내 양성평등 문화가 정착하고 있다"라고 했으며 2020년 '군 조직 양성평등 지표조사' 결과도 공개했다. 국방부가 지난해 전군

102개 부대 9,730명을 대상으로 조사한 결과, '지난 1년간 우리 부대 남성 군인·군무원은 육아를 위한 탄력 근무를 자유롭게 이용했다'라는 질문에 81.8%가 '그렇다'라고 대답했다. 여성 군인·군무원이 '그렇다'라고 응답한 87.4%에 비해선 낮았지만, 2018년의 77.6%에 비해선 늘어난 것이다.

육아휴직 등 '일·가정 양립 제도가 조직 만족도에 크게 기여하고 있는가?'란 문항에도 남녀 구성원 85.9%가 '그렇다'라고 답했고, 소속 부대의 일·가정 양립 조직 문화에 대해 '만족한다'라는 응답도 69.4%였다. 다만 군인의 육아휴직은 전쟁이 발발할 때 중단된다. 군인사법 시행령은 '전시·사변 또는 이에 따르는 국가비상사태'의 경우 육아휴직 적용을 제외하도록 하고 있다.

여군의 성공적인 임무 수행과 병영 고충 문제 해결이라는 두 마리 토끼를 잡기 위해서는 군 전체의 여군에 대한 인식 변화와 개별 부대 지휘관의 리더십이 가장 중요하다는 지적이 나온다.

노인부양비에 허리휘는 미래의 청년세대

　가정에서도 살림살이가 여의치 않으면 자식들이 부모봉양하기를 귀찮아 하고 이를 눈치챈 늙은 부모들은 좌불안석이다. 몇 년 전에 지방에 행사가 있어서 어두컴컴한 새벽에 종로구의 수운회관 앞에 나가 짐을 챙기고 전세버스를 기다리고 있는데 그 근방 큰 건물 입구 앞에 40여 명 정도의 많은 사람들이 거의 50여 미터 이상 줄을 서고 있었다. 아직 주위는 어두운 시각인데도 그나마 건물의 정문도 열리지 않았는데 그 앞에서 기다리는 것이 이상해서 물었더니 집에서 일찍 나온 노인들이 점심티켓을 받기 위해 줄을 서고 있다고 한다. 새벽에 일찍 나와 줄을 서야 이 건물내의 구호단체에서 주는 티켓을 받아 점심을 먹을 수 가 있다고 한다. 그나마 빨리 오지 않으면 인원이 제한되어 있어서 그날 점심은 굶어야 한다는 것이다.

　그런데 이 노인들은 이렇게 일찍, 아마 아침도 못 먹고 경로전철을 타고 나와 점심 먹고 저녁 때까지 탑골공원 마당에서 혼자 시간을 보내다가 퇴근 시간 무렵에 다시 전철을 타고 집으로 들어간다고 한다. 사실 말로만 듣던 혹은 신문지상에서 보던 무료 배식의 현장을 눈으로 본 것이다. 자식들에게 홀대받아 이러니 현대의 도시판 고려장이 아니겠는가. 이런 노인인구를 요즈음 젊은 청년들이 머지않는 미래에 부양해야 할 것이라는 사실이 가슴을 크게 짓눌러 왔다. 집에서 부양비가 증대하면 노인처지가 이렇듯 국가에서도 저출산·고령화로 부양비율이 가파르게 올라가고 있다고 하는데 빈곤노인층에 대한 세심한 정책수립이 요구된다.

　예로부터 우리나라에는 효자효부도 많았지만 고려장이란 풍습이 있었다고 하는데 이 풍습은 사실존재 여부를 좀 더 연구해 보아야 한다고 생각한다. 언젠가 이 고려장이란 풍습이 일제가 우리나라의 미풍양속을 말살시키려고 일부러 만들 어 낸 것이라는 거짓풍습이라는 것을 책에서 읽었기 때문이다.

그러나 현대에서도 부양비가 없어서, 혹은 모시기가 귀찮아서 부모를 멀리 갖다 버리는 사건이 신문지상에서 종종 보도되고 있는데 먼 남쪽나라에 효도관광이라고 모시고 갔다가 버리고 오는 사건도 있었다고 기억된다. 우스갯소리로 시어머니 모시기가 귀찮은 나쁜 며느리는 시어머니 못 찾아오시게 아파트 이름이 그렇게 영어로 요상하고 길게 그리고 발음도 하기 힘든 아파트를 찾아 이사한다는 유머도 있다.

또 각 구, 면 등 주민센터에서는 노인들을 위해 노인정을 운영하고 있는데 어느 65세가 된 분이 친구도 새로 사귈 겸하여 처음으로 주민센터의 노인정에 등록을 하게 되었다. 근데 가보니 80세 급의 고참노인들이 많아 65세는 아예 어린애 취급이라 다음부터 일절 나가지 않았다고 한다. 고령인구가 점차 많아진다는 이야기인데 실제로 충북의 어느 지방 노인정은 출입 자격이 80세 이상이라야 한다는 이야기도 들어본 적이 있다.

고령사회의 분류(65세 이상) (2019년 UN 자료)			
구분	노인비율	한국진입시기	한국의 세계 순위
고령화사회	7%	2000년	2020년 14.9%, 51위
고령사회	14%	2020년	2045년 37%, 1위
초고령사회	20%	2025년	2067년 46.5%, 1위

통계청에 따르면 한국의 고령인구 65세 이상 인구 비중은 2020년 14.9% (세계 51위)에서 2040년 33.9%로 세계에서 둘째로 높아지고, 2045

년에는 37%로 세계 1위가 되고 2067년에는 46.5%까지 치솟는다. 2045년에 벌써 37.0%로 치솟아 세계 1위 고령 국가인 일본(36.7%)을 넘어선다.

반면 생산연령인구(15~64세)로 비중은 2020년 72.7%로 세계 9위에서 2055년 50.1%로 추락해 전 세계 201개국 가운데 꼴찌를 기록할 것으로 예상됐다. 2067년에는 45.4%까지 떨어져 고령인구 비중(46.5%)이 일하는 인구 비중을 앞지를 것으로 전망됐다. 전 세계 생산연령 인구가 올해 65.3%에서 2067년 61.7%로 감소하는 데 그치는 것과 비교하면 국내 노동 생산성이 크게 줄어드는 반면 현재 9위 수준인 생산 연령 인구(일할 수 있는 인구) 비중은 2055년부터 세계 최하위로 떨어진다는 의미다.

생산인구보다 고령인구 수가 많아지니 2067년엔 생산 연령층의 가족부양 부담은 세계 최고가 된다. 일할 사람은 줄고 나이 든 사람 들이 늘면서 젊은 층의 고령자 부양 부담도 급격히 증가하게 된다.

전 세계에서 노년부양비는 생산연령인구 100명당 부양할 고령인구를 의미한다. 2020년에는 20.4명이었으나, 2030년에는 38.2명, 2036년에는 51명, 2060년에는 91.4명, 2067년에는 102.4명, 2070년에는 117명으로 5백 이상으로 높아질 전망이다. 현재도 노후 준비가 부족한 고령인구가 65%에 달해 일해야만 수입이 발생하는 고령층 비율은 OECD 최고다.

*노년부양비 생산가능 인구 100명당 부양할 고령인구	
2020년	20.4명
2030년	38.2명
2036년	51명
2060년	91.4명
2067년	120.2명 (5배이상 증가)

2017년 통계를 좀 더 자세히 들여다보면 생산가능인구(15세~64세)는 전체인구의 73.2%(3,757만)이며 65세 이상은 13.8%(707만), 유소년(0세~14

세)은 13.1%(672만)이다. 부양비는 노인인구를 생산가능인구로 나누어 계산하면 2017년 10명이 3.6명을 부양하고 2067년 10명이 11명 부양해야 하는 결과가 나오는 것이다.

더 나아가 고령인구 +유소년 인구(0~14세)를 생산가능인구로 나누어 계산한 총부양비는 2017년 37.6명에서 2067년 120.2명으로 3배 넘게 증가해 전 세계에서 가장 높아진다. 같은 기간 세계 총부양비는 32.0명에서 62.0명으로 증가하는 데 그치는데 생산 현장에 일하는 청장년층이 아이들과 노인을 부양해야 하는 부담이 세계 평균의 2배에 달해 머지않은 미래의 청장년들이 노인부양비 부담에 정말 허리가 휘는 것이다.

*부양비 계산법

구분	연도	부양내용	비고
1) 고령인구 /생산가능인구	2017	10명이 3.6명	*부양비 3배증가, 세계 평균의 2배
	2067	10명이 11명	
2) 고령인구+유소년인구 /생산가능인구	2017	100명이 37.6명	
	2067	100명이 120.2명	

다만 통계청은 남북한이 통일되면 고령화 속도가 다소 완화될 것으로 전망했는데 이 경우 현재 7,700만 명 규모인 남한과 북한의 인구는 2067년 6,500만 명으로 감소한다. 남북한을 통합해 계산하면 2067년 생산연령 인구 비중은 51.4%로 한국(45.4%)에 비해 6%포인트 높아진다.

고령인 구비 중 역시 2067년 37.5%로 한국(46.5%)에 비해 9% 포인트 낮아질 것으로 전망됐다. 생산연령인구의 총부양비는 2067년 94.6명으로 세계 4위 수준으로 낮아지게 된다.

장기적인 대비의 필요

한국은 주지하다시피 인구절벽 위에 서 있다. 절벽 등반을 모티브로 한 영화는 많다. 클린트 이스트우드의 〈아이거 북벽〉, 실베스터 스탤론의 〈클리프 행어〉, 마이클 빈의 , 알렉스 호날드의 〈프리 솔로〉 등등 대개가 절벽이나 설산을 등정하는 영화인데 사실 영화지만 목숨을 걸고 그 높은 절벽을 맨손으로 혹은 피켈로 빙벽을 찍으며 올라가는 장면은 보기에도 아찔하다. 고산 등정의 경우 기온은 영하 40도 가까이 떨어지고 생명줄인 밧줄도 동이 난 총체적 난관 앞에서도 초인적인 힘으로 올라간다. 물론 조연배우는 중도에 실패하여 죽는 장면도 많이 있으나 주인공은 마지막 순간 마침내 올라가 정상에서 포효하는 장면은 정말 감동적이다.

2022년 지금 대한민국은 경제도 가라앉고 출산율과 생산인구는 줄고 노령인구는 증가하는 이런 총체적 인구절벽을 마주하고 있다. 이 인구절벽은 국가의 총역량을 모아 반드시 넘어가야 할 장애물이다. 다시 20년 전의 상승곡선을 타고 날아오를 것인가, 아니면 이대로 지난 60년 쌓아온 선진국의 꿈을 무참히 구덩이 속에 묻어버릴 것인가. 당연히 국가적 사안에 안보, 외교, 경제 등 많은 분야의 해결해야 할 문제들이 산적해 있겠지만 그 어떤 명제보다도 시급하고 절박하게 해결해야 할 문제가 바로 저출산·고령화 문제이다.

이것은 2000년경부터 이슈가 표면화되어 각 방송, 신문 등 미디어에서 논의를 시작한 문제이지만 사실 뾰족한 묘수는 없는 것처럼 보인다. 전술한 바와 같이 5개년계획을 세우고 그에 따라 최근에는 연간 35조 원 가까운 예산을 뿌려가며 출산율을 올리려고 노력했으나 현재 합계 출산율은 2022년 현재 0.78명으로 전 세계 최하위다.

전문가의 말을 빌리면 '왜 여성들이 아기를 낳으려 하지 않는지의 원인을 심층 파악하고 해결을 위해서 전시 상황에 버금가는 국가비상사태를 선포해서라도 저출산·고령사회위원회, 지자체, 신혼부부, 미혼 남녀, 임신·육아 부모, 시민사회, 종교계, 학계, 산업계, 노동계, 교육계 등 모든 분야의 전문가들을 망라하여 함께 저출산 문제에 대한 사회적 대합의를 이뤄내야 한다. 이를 위해서 '저출산·고령화 문제 극복을 위한 단체 협약'과 같은 국민적 약속을 체결하고 저출산 극복 정책에 협력하여, 함께 돌보고, 아이가 결코 삶의 짐이 아니며 가정의 행복이라는 인식을 일깨우고, 애국심에 호소할 수 있는 분위기와 함께 일하는 사회풍토 조성에도 앞장서는 자세를 보여야 할 때가 왔다'라고 조언하고 있다.

저출산 문제는 우리나라의 인구 구조 변화로 인해 발생한 문제다. 초저출산의 근본 원인으로 갈수록 심해져만 가고 있는 청년 인구와 자원의 수도권 집중을 들 수 있다. 전 국민의 50% 정도, 혹은 청년 인구의 56% 정도가 특정 지역에 몰려 사는 나라는 세계 어디에도 없다는 것도 이 문제의 심각성을 보여주고 있다. 이러한 문제를 해결하기 위해서는 수도권 집중을 완화하는 정책을 반드시 마련하여 추진해야 한다. 이를 위해서는 지방에 청년들이 필요로 하는 자원의 절대적인 양을 늘리고, 일자리와 놀이 공간을 확보하는 등의 노력이 필요합니다. 또한, 제2 베이비붐세대의 자녀가 성장해서 성인이 되어 활동하는 가임기간은 인구가 증가하는 골든타임이므로, 이 기간을 활용하여 인구 소멸 문제를 해결할 수 있는 대책을 마련해야 한다.

수도권 집중을 완화하기 위해서는 행정구역의 대폭 통합이 적극적으로 제시되고 있는데 이 일은 쉽지 않을 것이 분명하다. 정부나 지자체장의 의지나 예산 때문만이 아니라, 지금까지 인구 정책은 중앙에서는 대통령의 임기, 지방에서는 지자체장 임기에 따라 바뀌어 왔기 때문이다. 하지만 초저출산을 극복하기 위해서는 인구와 자원의 수도권 집중을 완화해야 하고, 이것은 수년 내에 가능한 일이 아니다. 거시적으로 설계하고 장기적으로 꾸준히 추진해야 달성할 수 있는 일이다. 그러려면 인구 정책이 지역과, 당파, 그리고 정치색에 따라 결정되어서는 안 된다.

수도권 인구 분산정책은 노무현 정부 때부터 시작되었으나 효과를 보지 못했고 초저출산은 계속되었다. 이제는 시행착오를 감내해줄 여력이 없다. 지방뿐만 아니라 국가 전체적으로 인구 감소가 시작되었고, 특히 청년층의 수도권 집중이 시간이 갈수록 더 심화하고 있기 때문이다. 즉 수도권에 인구의 50% 정도가 몰려 생업 및 취업과 학업에 살인적 경쟁을 하며 살고 있다. 그러나 청년들의 수도권 집중은 더 심각해서 25~34세는 56%나 된다. 청년들은 일자리를 잡거나 거주지를 찾기 위해 필연적으로 경쟁해야 하는데, 수도권 경쟁은 해가 갈수록 심해졌다. 하지만 우리에게 기회가 전혀 없는 것은 아니다. 다행히 앞으로 10년간은 인구가 줄긴 줄지만 크게 줄지 않을 것이고 대다수 베이비부머가 여전히 경제활동을 할 것이어서 초저출산이 만들어 낼 경제 사회적 여파를 그래도 상쇄할 여력이 충분할 것이기 때문이다.

이 시기를 놓친다면 다가오는 2026년에는 초고령사회로 진입할 예정이고 2030년에는 총인구가 정점을 찍고 감소하기 시작하는 인구 오너스 시대를 맞이하게 된다. 인구문제는 총체적인 사안으로 종합적이고 강력하게 추진해야 성과가 나타나는 것이기에 정부는 이 시기를 절대로 놓쳐서는 안 될 것이다. 대한민국이라는 큰 배가 가라앉고 있다면 그 배 안에서 혼자 살겠다고 아웅다웅하는 것은 무슨 의미가 있을 수 있나, 마보천리가 어려우면 우보만리라도 가야 할 길이다.

3장 장려금

아이없는 가족의 구성 / 청년들이 힘든 세상 / 신혼부부의 주거문제 / 복직을 갈망하는 산모 / 가정친화적인 회사의 풍토 / 출산장려금의 헛점 / 100조원 정도의 예산 / 다문화와 밀접한 출산정책 / 필요한 출산정책들 / 출산장려를 반대하는 목소리

박목월 선생의 아들인 박동규 교수님이 6·25 때 겪은 일화다.
전쟁이 터지자 박목월 선생은 먼저 떠나고 부인이 자식 셋을 데리고 피난길에 나서게 되었다. 피난길이야 그 곤고함이 어디에 비견될 수 있겠는가, 전 재산인 재봉틀을 가지고 떠났는데 어디 가서 밥 한술 얻어먹을 데가 없어 모친이 어찌어찌하여 목숨 같은 재봉틀을 담보로 쌀 두어 됫박을 구해왔다. 이것을 어린 박동규 교수가 어깨에 지고 가는데 웬 청년이 한사코 무거워 보이니 들어주겠다고 해서 맡기고 걷다 보니 쌀을 진 청년의 걸음은 빨라지고 아이 둘을 데리고 오는 엄마는 점차 멀어지게 되었다. 종내에는 청년은 빨리 달아나 저 멀리 가는데 가다 보니 갈림길이 나왔다. 이미 청년의 종적은 사라지고 교수님은 어느 길로 따라갈까 선택해야 했다. 어린 마음에 쌀을 잃어버렸다는 꾸지람을 듣더라도 엄마와 떨어지면 안 된다는 판단으로 엄마를 기다렸다. 이를 알게 된 엄마는 큰 낙심을 하였으나 청년을 찾기 위해 엄마와 헤어지지 않은 교수님을 '똑똑한 우리 아들'이라고 오히려 칭찬해주었다. 한순간의 선택으로 엄마와 같이 집으로 돌아온 교수님은 이때의 선택과 칭찬을 가슴에 새기고 똑똑한 아들이 되겠다고 필생의 노력을 했다고 한다. 이 길이냐 저 길이냐?
자 우리도 이제 선택해야 한다.

아이없는 가족의 구성

아이가 태어나 한두 살이 되면 입안에 아랫니도 두어 개가 하얗게 돋아나고 아장아장 걸어 다니면서, 어물어물 아빠라는 소리도 내는 모습이 그렇게 귀여울 수가 없다. 특히 품 안에 안겨 잠든 모습을 볼 때는 세상을 다 얻은 것 같고 이제 정말 아빠이자 가장이 되었다고 하는 행복감과 가족을 책임져야 한다는 막중한 무게감이 가슴 한구석에 올라옴을 자식을 가져본 사람들은 다 경험했을 것이다.

지인이 보내온 카톡에서 서너 살 되어 보이는 귀여운 꼬마 여자아기가 옆에 있던 이모가 자꾸 자기보고 아기라 하여 기분이 나빴던지 "난 이제 아기가 아니야!" 한다. 옆의 이모가 "왜 아기가 아니야!" 하고 물으니 "아기는 이가 두 개인데 나는 이가 다 나왔어." 하며 손가락을 두 개 쳐들고 이가 다 나온 잇몸을 보여주며 항의하는데 세상에 이런 귀여움을 어떻게 표현해야 할지 방법이 없어 참으로 안타까운 기분이다.

인터넷에 떠도는 이야기로 누가 지었는지 모르겠으나 Family의 원뜻이 'Father and mother, I love you'의 약자라고 하는데 참으로 마음에 울림을 주는 절묘한 구성이다. 말장난같이 여겨지나 가정과 가족의 진정한 의미가 살아있으며 또한 따뜻하고 이치에 맞는 말이다.

10여 년 전 모 정부 기관에서 개최한 저출산 관련 포스터 응모전시회에 가본 적이 있다. 20여 점의 입상 작품 중에서 눈에 확 들어오는 작품이 있었다. 한 대학생 작가가 출품한 포스터인데 Family란 단어에 'I'를 빼고 그렸다. Family에서 'I'가 없어 'Famly'가 되면 단어 자체가 이루어지지 않는 것처럼, 실제 가정에서도 아이가 있어야만 부부에서 비로소 가족이 된다고 표현하여 아이가 행복한 가정의 근본임을 대변하고 있었다.

알파벳 'I'를 어린아이로 대비한 창의성에 감탄했던 기억이 있는데 참 아이디어가 신선하고 독특해 지금도 눈에 선한 작품이다. 그러나 요즈음 젊은 부부 중에서 소위 딩크족으로 무자녀로 자기 시간 가지며 자유롭게 살겠다는 사람들이 늘어가고 있어 안타까운 마음이나 작금의 우리나라의 현실에 비추어 보면 본인들의 의사는 충분히 존중해 주어야 한다고 생각한다.

그러나 아기를 낳고 싶어도 주택문제나 양육비 등 외적인 요소를 제외하고도 결혼해도 임신이 되지 않는 안타까운 난임부부도 허다하다. 정부에서도 출산율을 올리기 위해 많은 예산을 쏟아붓고 있지만 선택과 집중이라는 측면에서 이런 난임부부에 대해서도 좀 더 많은 재정적 지원을 해주면 가시적으로 성과가 아니라 생각된다.

어떤 지인의 큰 며느리가 결혼 8년이 되어도 수많은 시술과 허다한 약을 먹어도 임신이 되지 않으니 시부모를 뵐 낯이 없고 또 이미 자녀를 셋이나 낳은 아래 동서를 볼 낯이 없어 근심·걱정으로 사람 얼굴이 말이 아닌 경우를 봤다. 사실 결혼해도 부부 양자 합의로 아이를 갖지 않겠다고 공공연히 선언하고 홀가분하게(?) 자유스러운 생활을 즐기는 사람들도 있는데 이렇게 아기를 가지려고 애쓰는 사람들에게는 배전의 지원을 하라고 말해 두고 싶다. 이들에게 적절한 지원과 치료를 제공한다면 출산율 제고 효과가 바로 나타날 수 있을 것이다.

이야기가 길어지지만 위의 그 며느리는 포기하지 않고 결혼 14년 만에 수십 번의 시술을 통해 2021년 봄 드디어 첫아이를 출산해 온 집안이 웃음바다가 되는 행복을 만끽하고 있는데 며느리는 벌써 둘째 출산을 계획하고 있다고 한다. 지인은 할아버지로서 손자에게 장난감으로 무엇을 사줄까 하며 어설픈 솜씨로 인터넷을 검색하고 있다고 하며 함박웃음을 날린다.

호주의 경우 2000년부터 난임 치료를 무제한 지원해 주고 있고 프랑스는 체외수정 4회, 인공수정 6회로 횟수 제한은 두고 있지만 치료비 전액을 국가에서 부담한다. 이 같은 적극적인 지원정책으로 전체 합계 출산율이 1993년 1.65명에서 2010년 2.02명으로 늘었다는 보고도 있다.

위에서 보듯 전문가들 사이에서도 아동수당, 묻지마 출산장려금보다 아이를 낳겠다는 의지가 있는 부부에게 집중적으로 지원하는 난임 시술(시험관시술, 인공수정)이 출산장려정책에 그나마 가장 큰 효과를 보는 정책이란 인식이 있다. 2022년 보건복지부에 따르면 2021년 출생아 26만 500명의 8.1%인 2만 1219명이 정부의 난임시술비를 지원받아 출산한 것이다. 이는 신생아 12명당 한 명꼴이다.

아무래도 출산 장려하면 출산장려정책이 성공하여 출산율을 올린 프랑스를 자주 벤치마킹하게 되는데 프랑스의 경우 출산 및 육아와 관련한 보조금·세제 혜택·주택기금 등에 국내총생산(GDP)의 5% 이상을 투입하고 있다. 영아를 둔 결혼 가정, 아이가 있는 비혼 가정, 다자녀 가정 등 유형에 따라 가족수당을 지급하고, 자녀가 있는 부부에게 세금 감면 혜택도 준다. 상당수 유럽 국가에선 결혼하지 않은 동거 커플과 결혼한 부부를 동등하게 대우받고 있다.

우리에게는 생소하고 특이해서 주제에서 약간 벗어난 경우라고 생각되지만, 최근에 이슈가 된 일본인 방송인 사유리가 비혼자로서 인공수정을 통해 출산하여 주목받았다. 새로운 형태의 출산방식이라 아직은 익숙지 않으나 이러한 형식도 이제 결혼 없는 동거와 같이 사회적 인식을 바꾸어 가야 할 것이다.

현재 우리나라의 출산 지원 예산은 선진국의 4분의 1 수준 정도라 정책의 강도를 높이고 가능하다면 프랑스에서 셋째 아기를 황금 덩어리라 부를 만큼 재정적 지원을 하는 것을 벤치마킹하여 우리나라도 저출산 예산을 과감하게 올려야 한다. 앞장에서도 주장한 바와 같이 연간 100조 원 정도의 예산은 확보되어야 하겠다고 생각된다.

2021년 기준 결혼 5년 이내 신혼부부는 110만 쌍으로, 1년 만에 8만 2,000쌍, 7.0% 감소했다. 10쌍 가운데 4쌍 이상은 결혼한 지 5년 안에 아이를 낳지 않고 있다는 것으로 평균 출생아 숫자도 0.66명으로 역대 최저치이다. 결혼한 지 5년이 안 된 신혼부부 중에 자녀가 없는 비율이 54.2%로 통계작성 이후 최고치를 기록했다.

일과 육아를 병행하는 어려움과 주거 문제 등으로 지난해 신혼부부 가운데 자녀가 없는 가구의 비율은 42%로 1년 만에 0.1% 하락했다. 이렇게 출산율이 낮은 건 먼저 일과 육아를 함께 부담하는 어려움에서 비롯된 것으로 보인다. 집을 소유한 신혼부부의 평균 출생아 수는 0.79명이지만, 무주택 가구는 0.65명에 그쳤다.

결국 경제문제와 집 문제가 출산에 걸림돌이 되고 있으며, 맞벌이 부부의 육아 지원과 효과적인 주택 공급 정책이 신혼부부 저출산 대책의 핵심이다. 이런 상태가 지속되면 머지않은 미래에 돌이킬 수 없는 재앙이 국민들 앞에 돌아올 것이 불을 보듯이 확실하다.

우리나라도 출산을 장려하기 위해서 정부와 228개 지자체에서 묘기백출의 출산장려금을 내놓고 있다. 필자는 여기에서 더 나아가 출산한 가정과 산부에게 더 강력한 실제적 지원이 뒤따라야 한다고 생각한다. 출산자에게는 일시적인 출산수당보다도 세금 감면과 일자리 등 다양한 인센티브 혜택을 주는 정책이 필요하고 또 보육시설을 늘리고 초등학교 입학 전까지 아동수당을 지급하는 등 출산과 육아에 대한 인식을 바꿀 필요가 있다.

청년들이 힘든 세상

저출산 극복을 위해서 우선 해결할 문제는 한두 개가 아니겠지만 무엇보다 청년 실업 해법에 어떻게 접근하느냐에 달려 있다. 즉 청년들에게 일자리를 제공하여 일정 수입이 생기게 하여 대대로 이어지는 빈곤에서 벗어나게 해야 한다.

오래전에 어느 청춘남녀가 있어 데이트하게 되었다. 대학 커플로서 같은 단과대학의 강의를 듣다 보니 자연히 강의실과 운동장에서 만나게 되면서 상대방에게 호감을 느껴 동호회에도 같이 가입하는 등 그룹 만남에서 둘만이 따로 만나는 소위 연애라는 것을 하게 되었다. 성인 남녀가 좋아서 만날 때의 그 두근거림은 경험해 본 사람들이 잘 알겠지만, 하늘을 나는 기분이고 발걸음은 스카이콩콩 타는 듯이 가벼웠다.

몇 달간 만남을 지속하면서 서로 다투기도 하고 기분이 가라앉을 때면 등을 두드리며 격려도 해주었다. 그러던 어느 날 여자애가 데이트하다가 오늘이 만난 지 100일인데 집에 안 들어가도 된다고 하는 게 아닌가, 요샛말로 "라면 먹고 갈래?" 식이다. 순간 남자애는 가슴이 두 방망이질 쳤으나 속으로 재빨리 호주머니 사정 계산에 들어갔다.

100일이라 하니 아무리 그래도 조그마한 선물이라도 하나 사주고 저녁이나 먹고 모텔이나 가야 정해진 코스가 되겠는데 이러려면 커피값, 저녁 식비, 생일선물, 모텔비용까지 최소한 15만 원 이상은 소용이 될 터이다. 마침 호주머니에는 불행하게도 아르바이트로 번 병아리 눈물 같은 돈도 다 떨어지고 둘이 마실 커피값 정도밖에 없었다. 신용 불량자라 카드는 이미 소용이 없었다.

그래서 이 좀 한심하고 또 심각한 남자애는 쭈뼛거리며 "내일 교수님께 드릴 리포터를 작성해야 한다"라는 말도 안 되는 핑계로 그날은 커피만 마시고 헤어졌고 이후 서로 서먹서먹해져 결국은 헤어지게 되었다. 여자애는 남자가 자기를 사랑하지 않는다고 오해한 것이었다. 필자를 잘 따랐던 후배의 이야기인데 만약에 이 후배의 지갑이 빵빵했으면 무슨 달콤한 역사가 틀림없이 이루어졌을 텐데 안타깝다.

요즈음 청년들은 가난하다. 양질의 일자리는커녕 생활전선에 내몰리어 아르바이트도 구하기 힘든 세상에서 거의 실신 일보 직전 상태다. 점심은 거의 삼각김밥 하나로 대충 때우고 저녁은 라면이다. 물론 나름 대단한 능력이 있거나 부모의 후원이 든든하여 속칭 잘나가는 1%의 친구들은 최신 패션과 액세서리로 온몸을 휘감고 고급 승용차를 몰고 다니는 축도 있지만 대부분 청년은 가난하여 소비 여력은커녕 보통 수준의 생활도 꾸리기 힘든 상황이다.

그러니 연애 포기, 결혼 포기, 출산 포기의 3포세대 이야기에 이어 꿈과 희망까지 포기한다는 N포세대 이야기까지 나오는 것이다. 이런 상황이니 출산장려정책의 첫머리에 청년을 위한 투자정책을 세워 청년들의 기운을 북돋우고 창업과 성공의 길을 열어주어야 하리라 생각된다.

정부는 2006년부터 제1차 저출산·고령사회 기본계획이 시행된 이후 2020년까지 저출산 대책을 위해 중앙정부와 228개 지자체에서 모두 380조가량의 막대한 예산을 쏟아부었다. 하지만 합계출산율은 2022년 0.78명으로 세계에서 가장 낮은 수준이다. 이 예산 가운데서 70%를 보육 대책에만 쏟아부었을 뿐 청년 일자리 등 젊은 세대의 자립 기반을 마련하는 데는 별 투자를 하지 못했던 것으로 보인다.

다시 말해 정부의 저출산 대책이 효과를 거두지 못한 근본적인 이유의 하나가 청년실업이다. 청년실업은 이른바 '3포 세대'를 만들어 내는 주범이다. 대학을 졸업하고 번듯한 정규직으로 취업하는 것 자체가 어렵다. 2014년 2월 이후 2019년까지 대학 졸업한 취업자 중 비정규직은 198만 명, 대졸자 10명 중 4명은 비정규직으로 첫발을 내디딘다. 이들의 평균 월급은 147만 원밖에 안 된다.

2021년 대졸이상 비정규직이 전체 비정규직 근로자(806만 6,000명) 중 차지하는 비중도 35.2%로 지난 해(33.9%) 보다 1.3% 증가했다.

그나마 비정규직을 합쳐 우리나라 30세 미만 청년층 고용률은 거의 외환위기 때 수준이다. 이러한 상황에서 젊은 층이 취업에 성공해 결혼 비용을 마련하고 신혼 살림집을 구하는 것은 정말 쉽지 않다. 또 어느 정도 직장생활을 해서 돈을 모아도 남자는 2022년 현재 자그마한 아파트 전세 하나도 부모들의 지원이 없으면 구하기가 거의 불가능하다.

사실이 이렇다 보니 이제는 청년들에게 장가가라, 시집가라는 말을 못 하는 실정이다. 정말 무식한 꼰대가 되는 소리이니 말이다. 그러니 정부는 돈을 써서 아르바이트 형태 일자리를 만들겠다는 생각을 버리고 기업만이 양질의 일자리를 만들 수 있다는 평범한 진리를 실현해 자유시장 경제정책을 시행하여 기업에 활력을 불어넣고 기업이 앞장서서 달릴 수 있도록 규제를 풀고 뒷받침해 주어야 한다. 그리하여 청년들의 어깨춤이 저절로 나오도록 전폭적인 지원을 하여 성장할 수 있도록 해야 한다.

그리고 우리네 사고방식으로 '결혼해야 아이도 낳을 수 있다'라는 생각은 부모 세대의 고루한 관념일 뿐이다'라는 의견에 좀 더 귀를 기울여야 하겠다고 생각된다. 프랑스의 경우 비혼 출산이 전체 출산의 50%를 웃돈다는 보고가 있다. 그리고 우리나라의 현재 젊은이들도 이제는 비혼 및 동거의 형태에 대해 큰 괴리를 느끼지도 않으니 10여 년이 지나면 자연스레 하나의 형태로 자리 잡기 시작할 것 같다. 이런 상황이니 동거, 비혼, 이민 등 여러 가지 형태의 출산율 제고 방식이 있을 수 있으니 이를 수용하는 자세가 필요하고 더 나아가 결국 결혼 기피 현상을 방치할 때 저출산뿐만 아니라 경제성장, 국가재정, 노동, 금융시장, 부동산 연금 등 우리 사회 전반에 심각한 악영향을 미치게 된다는 것을 알아야 한다.

결혼과 출산을 포기하는 젊은이들이 증가하는 한 국가의 미래를 기대하기 어려울 것이다. 아직도 정부는 인구절벽 시대에 들어섰는데도 개발 시대 정책들을 유지하며 대부분 예산을 도로를 까는 데 투자하고 있는데 정책 방향을 사람에게 돌려 청년들이 양질의 직장에 다니며 연애, 결혼, 출산을 염두에 둘 수 있도록 숨통을 틔워주는 데 투자해야 한다. 다시 말해 저출산을 해결하려면 사람에게 투자해야 한다. 청년실업, 신혼부부 주택, 일과 삶의 균형, 양질의 일자리 등 문제해결에 우선 한 목소리를 내어야 한다고 생각한다.

이러한 현실을 고려해서 모 신생 정당에서는 지난해 대선에서 청년들에게 연애 자금으로 20만 원씩 지급을 공약으로 내건 정당도 있을 정도이니 세상의 인식이 조금씩 바뀌어 간다고 위안으로 삼아도 좋을지 모르겠다.

신혼부부의 주거문제

　최근 모 가수의 '아모르파티'에서도 나오듯이 연애는 필수, 결혼은 선택이라고 한다. 저출산 극복을 위해 결혼을 주장하는 필자로서 좀 듣기가 섭섭하고 난감한 가사인데 노래는 인기가 있는지 자주 들린다. 그래도 명석한 두뇌로 필수과목을 열심히 공부하면 덩달아 선택 과목도 성적이 오르지 않나 싶다.
　필자 선배 중의 한 분이 친구의 자녀 결혼식에 갔었는데 결혼식 절차가 끝나고 야외에 차려진 피로연장에서 혼주 식구들과 인사차 만나게 되었다. 신랑의 누나 되는 아가씨가 부모님과 동석하게 됐는데 이야기 중에 혼주가 '누나도 과년한데 아직 미혼'이라는 소리를 듣고 선배님이 점잖게 '누나도 이제 시집가야지'하고 한마디 했다. 그 순간 누나는 얼굴에 자못 노기를 띤 채 자리에서 일어나 나가버렸다고 한다. 물론 그 누나가 좀 예의가 없다고 타박할 수 있을지 모르겠으나 선배님은 자기가 큰 실수를 한 것을 알아차렸다고 한다. 오죽했으면 명절날 부모들이 차례 지내러 온 자식들에게 여친, 결혼과 직장에 관해 묻는 것은 금기라고 하는 소리도 있으니 말이다. 그런 질문을 받을까 아예 귀성하지 않는 더구나 귀성할 경비조차 없는 청년들이 많다고 한다.

　처음 만나 불꽃이 튀는 연애라면 우선은 가슴이 두근거리고 눈앞에 온통 장밋빛 세상이 펼쳐진다. 이러다가 '오빠, 인제 그만 만나"라는 절교 선언으로 실연이란 걸 당하게 되면 걸을 때 다리가 후들거리고 입맛이 뚝 떨어지고 세상 모든 게 귀찮아진다. 비유가 적절치 않겠지만 실연의 아픔을 잘 자제하지 못하면 데이트 폭력이나 극단적 선택으로 치닫게 되는 것이다.

　스탕달은 '연애의 가장 큰 설렘은 애인의 손목을 처음 잡을 때다'라고 했다. '자고 나니 유명해져 있더라'라는 유명한 말을 남긴 영국의 서정시인 바이런이 프랑스 사교계에 처음 데뷔했을 때 당시 여왕과 같은 존재로 사교계를 주름잡던 캐롤라인 램이란 미모의 여성은 바이런과 첫인사를 하면서 '이 창백하고 아름다운 얼굴은 나의 운명이다'라고 하며 둘은 그 자리에서 불꽃 튀는 사랑에 빠졌다.

　세상에는 이 정도로 푹 빠진 사랑의 이야기가 양쯔강의 삼협댐을 메울 정도로 많고 우리나라에도 상암동 스타디움을 가득 채워 넣을 정도로 많으니 그중 하나가 시인 백석과 기생이었던 자야 김영한의 이야기라고 생각된다. 다른 게 있다면 바이런과 캐롤라인 램은 곧 헤어져 또 다른 애인을 찾아 나섰지만, 백석과 자야는 첫 만남에서 사랑을 고백할 정도로 서로에게 푹 빠졌다. 그 이후 자야는 대원각이라는 대형 요릿집을 운영하면서 이북으로 간 백석을 일편단심 기다렸으나 결국 만나지 못하고 법정 스님에게 대원각을 시주하고 생을 마쳤다는. 애틋한 순정 러브스토리이다.

　이런 부류의 연애 스토리는 흔하지만, 현재 우리의 많은 청년은 이렇게 아름다운 연애나 불꽃 튀는 사랑은커녕 현실 생활의 각박함으로 연애와 결혼을 포기하고 그로 인하여 출산이 늦어지거나 포기되는 현실이다. 연애가 결혼으로 이어진다면 인생의 황홀한 무지개가 뜨겠지만 현실은 연애, 결혼할 수가 없다.

　결혼은 또 어떨까, 결혼에 대해 아름답고 화려한 수식어도 많지만, 경구적 격언도 많다. 먼저 '결혼은 해도 후회하고 안 해도 후회한다, 그럴 바에는 하고 후회하는 편이 낫다.', 러시아에는 '전쟁에 나갈 때는 한 번 기도하라, 바다에 나갈 때는 두 번 기도하라, 결혼할 때는 세 번 기도하라', '결혼은 여자에게는 안식이요, 남자에게는 무덤이다.' 중국에는 '처성자옥' 즉 '처는 나를 가두는 성이요, 자식은 나를 가두는 감옥이다'라고 설파한 사자성어도 있다.

결혼생활은 청춘남녀에 있어서 인생의 감옥이나 걸림돌이 아니라 서로의 디딤돌이 되어야 한다. 결혼의 걸림돌 중에 심각한 문제는 신혼부부를 위한 주택문제인데 다시 말하면 '둘이 누울 신혼 이부자리 펼 데라도 있어야 결혼이라도 꿈을 꾸지'라는 청년들의 볼멘소리가 나오는 현실이다. 주택비용이 천정부지로 올라 보통의 청년들로서는 평생에 한 채를 마련하기도 버거운 상황이 도래한 것이다.

미혼 청년들의 취업 나이는 갈수록 높아지고 있다. 신부 측은 시집 식구 전체의 예단이나 고가의 혼수를 준비해야 하고 신혼집은 신랑 부담이란 관행은 바뀌지 않아 결혼이 힘에 겹다. 이에 따라 결혼 비용을 마련하는 데도 긴 시간이 걸린다. 초혼 나이가 1990년 이후 10년마다 2세씩 올라가고 있는 건 이 때문이다. 또 결혼하여 맞벌이해도 아이를 양육하고 사교육비 대고 주택비용까지 해결하기 어려워지면서 결혼의 벽이 높아지고 있다는 얘기다.

지난해 혼인 건수가 40여 년 만에 역대 최저 수준으로 떨어졌다. 통계청의 2020년 우리나라의 혼인율이 역대 최저인 19만 2,000건으로 집계됐고 2021년은 19만 2,509건으로 2020년보다 의 21만 3,492건보다 2만 0993건(10%)이 줄어들었다. 특히 결혼 적령기라는 말이 무색할 만큼 30대 초반의 결혼이 눈에 띄게 줄어들었다. 2021년 초혼 나이가 남자 33.7세, 여자 31.3세로 매년 늦어지고 있다.

웨딩컨설팅업체 듀오웨드가 2년 이내의 신혼부부 1,000쌍을 조사하여 발표한 '2022 결혼 비용 보고서'에 따르면 신혼부부 한 쌍당 실제 총결혼자금은 주택비용을 포함하면 평균 2억 8,939만 원에 달했다.
남자가 60%, 여성은 40%를 분담했으며 주택비가 81.6%로 대부분을 차지했다.
가장 배제하고 싶은 것은 이바지, 예단, 예물이라고 밝혔으며 이에 따라 작은 결혼식은 92.4%가 긍정적이었다고 한다. 실제로 부모 세대의 수명은 과거보다 훨씬 길어져서 아들이라고 부모가 결혼 비용 대부분을 부담해 주기가 어려워지고 있으니 바람직한 문화라고 생각된다.

신혼집으로는 전세가 49.1%로 가장 일반적이며 자가는 36.5%로 전년대비 다소 증가 추세이며, 월세 5.8%, 반전세 4.4% 순이다. 특히 서울의 신혼집 자가 비중이 26.5%로 가장 낮다.

초혼 나이를 넘긴 남녀 25명이 밝힌 미혼 이유, '결혼의 걸림돌(복수 응답)'은 결혼 상대 만남 시간 부족이 76%로 가장 높았고, 신혼 주택 마련이 56%, 결혼자금 부족이 52%, 마음에 드는 직장 못 구함이 32%, 모르겠다가 24%, 학업 때문에 8%로써 나타났다. 결국 연애, 주택과 경제적 문제이다.

따라서 앞으로 저출산 대책의 초점은 보육 위주에서 벗어나 청년 일자리 확충, 교육 개혁, 신혼부부 친화형 주택공급 확대, 일·가정 양립 정책 등에 맞춰줘야 한다. '왜 결혼할 생각이 없나'에 대한 이유로는 결혼에 따른 부담과 책임감이 싫어서 41.7%, 결혼 대상자를 만나지 못해서 33.3%, 혼자 자유롭게 사는 게 좋아서 16.7%, 결혼자금이 없어서 8.3%, 안정된 직장을 못 구해서 8.3%, 모르겠다 8.3%로 나타났다.

한편으로는 고등교육을 많이 받은 여성들이 결혼을 피한다는 이야기는 잘 알려져 있는데 이러한 소위 프리랜서 골드미스 풍조가 이제 사회의 한 단면으로 굳어져 가는 느낌이다. 전문가의 말을 빌리면 "남녀가 짝을 찾을 때 여성은 일반적으로 학력을 비롯해 한 단계 높은 배우자를 고르는데 최근 여성의 고학력화와 사회 진출로 인해 여성으로서는 마땅한 배우자를 찾기 어려워졌다"라고 말했다.

2010년 한국여성정책연구원 조사도 이를 뒷받침한다. 미혼 여성 750명을 조사해 봤더니 고졸은 미혼 비율이 33.6%에 그쳤으나 대졸(전문대 포함)은 58%, 대학원 졸업자는 67.9%가 미혼이었다. 조사를 맡은 김혜영 숙명여대 산업정책대학원 교수는 "여성이 많이 배우고 사회에서 인정받으려고 하는 경향이 강해지면서 결혼이 늦어지고 결국 출산율 저하로 이어지고 있다"라고 말했다.

복직을 갈망하는 산모

　저출산을 극복하기 위해서는 아이 낳기 좋은 세상을 만들어 주는 것이 최상의 방법이다. 이를 위해 정부에서는 출산장려금, 보육원설립, 돌봄시스템, 워라밸, 경력 단절, 육아휴직 등을 위시하여 수많은 크고 작은 정책들을 쏟아내고 있다. 이러한 정책들을 관통하는 개념은 무엇보다 엄마들이 편안하게 아이를 낳고 육아할 수 있는 환경을 만들어 주는 것이다. 요는 엄마를 편하게 해주자는 것이 정책의 기본 개념이자 핵심이어야 한다.

　2015년 7월 취업포털 '사람인'이 여성 직장인 255명을 설문한 결과 80%가 "육아휴직을 쓰는 데 부담을 느낀다"고 답했다. 장시간 근로 관행 때문에 있는 제도조차 제대로 못 쓰고 있다는 얘기다. 저출산 문제해결은 기업과 가정, 사회가 톱니바퀴처럼 맞물려 돌아가는 기계장치와 같아 남성의 적극적인 육아·가사 지원 없이는 한 발짝도 나가기 어렵다.

　요즈음 "임밍아웃은 언제 해야 하나요?" 하는 질문이 맘카페에 자주 오르내린다고 한다. ? 임신과 커밍아웃을 이르는 말로 주위에 임신 사실을 알리는 일인데 회사에 알리는 일이 수월해지지를 않다고 한다. "일손도 없는데 이기적" "계속 회사 다니기가 힘들지 않겠어?" 하는 말을 듣는 경우가 많다고 한다. 출산휴가나 육아휴직을 다녀온 후 승진에서 탈락하거나 인사 평가에서 낮은 점수를 받는 등 불이익을 받는 경우도 여전히 있다. 국회 추경호 의원실의 조사에 따르면 2019년 한 해 육아휴직이나 출산휴가 기간에 해고 통지를 받는 경우가 1,300건이나 발생했다고 하니 실제로는 더 많은 여성이 그런 불이익을 받았을 것이다. 아직 여성들에게는 출산과 육아는 직장과 양립하기 어려운 현실이다.

중견기업에 다니는 이 모(34·여) 씨는 두 살배기 딸을 키우면서 늘 좌불안석이다. 아이에게 일이 생겨도 회사에 눈치가 보여 퇴근할 수 없어서다. 임신하여 배가 불러왔지만, 회사엔 임신부가 따로 쉴 만한 휴게 공간이 없었다. 출산 후 육아휴직을 쓸 때도 회사는 물론 동료 눈치까지 살펴야 한다. 이 씨는 "대학을 나와 어렵게 취업한 직장을 그만둘 순 없어 버티고 있다"라며 "직장을 계속 다니자면 둘째는 포기할 수밖에 없을 것 같다"라고 토로했다.

육아휴직 이후 성공적인 '복귀' 지원도 중요하다. 지난해 둘째를 낳고 복직한 모 부장은 "복직 전 육아 상담이 필요해 회사에서 연결해 준 외부 육아 전문가로부터 컨설팅도 받았다"라고 말했다. 임신부와 양육에 대한 배려가 부족한 한국의 직장문화는 젊은 부부의 출산과 양육을 가로막는 또 하나의 '크레바스(빙하에 생긴 거대한 틈)'다. 여성의 사회 진출이 활발해지면서 경력 단절을 우려한 여성의 출산 기피 현상이 확산하고 있기 때문이다.

하나의 예로 스타벅스커피 코리아는 취약계층 고용 부문에서 3년 연속 일자리 대상을 받았다. 자체 양성한 1만 7,000여 명의 바리스타들은 모두 정규직으로, 2013년 여성가족부와 '리턴맘 재고용' 협약을 맺고 경력이 단절된 퇴직 여직원들에게 재취업의 기회를 제공해 2020년 올해 상반기까지 160명이 정규직 부점장으로 복귀했다.

경력 단절과 미 복귀 현상의 악순환은 세계 최고 수준의 장시간 근로 관행의 영향이 크다. 한국의 근로 시간은 멕시코 다음으로 세계 2위로서 2013년 2,163시간을 기록해 경제협력개발기구(OECD) 평균인 1,770시간보다 393시간이 길다. 출산·육아 부담이 큰 30대 여성에겐 한국의 근로 관행이 구조적으로 버티기 어렵게 돼 있다는 얘기다.

이로 인한 여성의 경력 단절은 본인에게도 손해지만 국가적 노동력 낭비와 기업 경쟁력 약화를 초래할 수 있다. 여성 인력 비중은 갈수록 높아지고 있는데 기껏 훈련한 여성 인재를 잃게 되면 기업으로서도 인력난을 겪게 된다는 얘기다. 더욱이 이렇게 직장을 그만둔 여성은 전업주부가 돼서도 둘째를 선뜻 갖지 못하는 경우가 많다.

맞벌이하던 여성이 일을 그만두게 되면 가계 실소득이 줄어 자녀 한 명의 사교육비·육아비만으로도 살림이 버거워지기 때문이다. 이에 따라 전업주부조차 둘째를 안 낳는 현상이 굳어지고 있다. 여성 인재의 경력 단절을 줄이자면 유럽처럼 정규직 시간제나 유연근무제를 도입해 여성이 일과 육아를 병행할 수 있게 길을 터 줘야 한다.

가정친화적인 회사의 풍토

 가정 친화 정책은 일과 생활의 균형을 요구하는 정책으로 기업에서 가정 친화 정책이 정착되려면 무엇보다 CEO의 인식변화가 제일 중요하다. 그다음으로는 해당자의 상사가 잘 이해하고 동료 등 주위의 도움이 있어야 한다. 그러나 가정보다 변화에 더딘 게 기업이다. 외국계·대기업은 그나마 낫지만, 중소기업은 더 바꾸기 어렵다.

 일과 삶의 균형 시스템을 만들어 가면서 명심해야 할 것은,
 첫째, 저출산이라는 사회적 국가적 문제 해결의 필요성을 공론화하고 출산과 양육 친화적 사회문화를 정착시키는 데 기업의 역할이 첫걸음이 되어야 한다.
 둘째, 출산·육아 지원이 단지 여성을 위한 일이 아니라 남녀 모두의 문제이고 기업의 생산성을 높이는 데 도움이 된다는 것을 최고경영자(CEO)들이 깊이 인식해야 한다.
 우리나라도 이제 일과 삶의 균형에 대한 인식이 많이 바뀌어 대기업은 물론 중견기업까지 가정 친화 정책을 실시하는 회사가 늘고 있다. 일과 삶의 균형을 보육시설 강화와 유연근무제라는 관점에서 살펴보는 것도 나름대로 의미가 있으리라 생각된다.

 보육시설 설립
 아기가 딸린 근무자를 위하는 제일 좋은 방법은 보육시설을 강화하는 것이다. 가정 보육원이 좋고, 빌딩 안에 보육원이 생겨도 이상하지 않을 것이

다. 더 나아가 일정 인원 이상의 근로자가 있는 회사에는 반드시 보육원을 설치하는 정책을 시스템화하고 이를 복리 후생이 아닌 일정한 의무로 정하고 빌딩을 세울 때 보육원을 건물 내에 설치하면 용적률이나 대지건물비율 등의 제한을 완화하고 세금을 감면해 주는 방법을 모색해 볼 수 있다.

그리고 상대적으로 넓은 면적을 차지하고 있는 공장지대는 몇 개의 구역으로 나누어 구역마다 보육원이나 보육시설을 하나씩 설치하도록 정부가 지원을 강화해야 한다고 생각한다. 이처럼 사회 스스로 '아기'나 '어린이'가 당연히 존재할 수 있는 시스템을 만들어 나가야 한다고 생각된다.

유연근무제
선택적 근로 시간 제도를 도입해 본인의 업무 스타일과 생활 양식에 맞게 출퇴근을 자율적으로 선택하도록 하도록 하는 방법이 매우 효과가 크겠다고 생각된다. 매일 6시간 집중 근로 시간 외에는 본인이 스스로 업무량을 조절할 수 있게 하고 집중 근로 시간 역시 업무 유형이나 업무량에 따라 오전형과 오후형 중 선택할 수 있어 업무 외 시간에 가족과 함께 시간을 보내거나, 개인의 역량 계발을 위해 쓸 수 있게 하면 금상첨화일 것이다.

일과 가정의 양립을 위해서는 개인의 조건이나 역량보다 사회의 제도나 여건의 개선이 중요하다. 그동안 많은 기업이 가정 친화 정책을 펼쳐 왔다. 최근 이를 실제 실시하고 있는 기업의 제도 내부를 한번 들여다보자. (2019.07.09.)

〈선진뷰티사이언스〉
화장품 원료 제조사인 선진뷰티사이언스는 워라밸 모범기업 부문 3년 연속 대상과 함께 2020년 1월 코스닥 상장이라는 겹경사를 맞았다.
  · 복지제도를 기업문화에 정착
  · 최우수 사원을 매월 선정
    - 놀이공원, 여행 및 외식 상품권(30만 원) 지급
  · 프로젝트 근무자와 장기근속자

- 유급휴가를 주며 근속기간에 따른 유급휴가와 해외여행 지원
• 스타 제도
- 특히 성과가 있는 임직원에게 최대 매월 50만 원 상여금을 퇴사할 때까지 지급하는 제도로 현재까지 30여 명의 직원이 혜택

〈NHN엔터테인먼트〉
NHN엔터테인먼트는 젊은 개발자 사이에서 인기가 높다.
• 퍼플타임 제도
- 2017년 1월부터 자율 근무제 '퍼플타임'을 시행했다. 개인의 생활패턴에 맞춰 출퇴근 시간을 원하는 대로 조정할 수 있는 제도다. 부족한 근무 시간은 '코어 타임'(집중근무 시간)에 채운다. 즉, 월 소정 근로시간인 1일 8시간 내에서 일 근로시간을 최소 4시간에서 최대 10시간까지 자유롭게 정할 수 있다. 출근 시간은 8~11시 사이에서 30분 단위, 퇴근 시간은 16~19시 30분 사이에서 30분 단위로 선택할 수 있다.
• 오아시스 제도
- 한 달에 한 번은 본인이 정한 출근 시간보다 2시간 늦게 출근하거나, 예정 퇴근 시간보다 2시간 일찍 퇴근한다. NHN엔터는 직원들이 각자 생활패턴에 맞게 출퇴근시간을 자유롭게 정하면 일에 대한 집중력이 높아져 업무성과도 좋아 질 거라 여긴다. 연장근로 및 휴일근로는 웬만하면 권하지 않는다. 굳이 하려 면 각 부서장에게 사전 승인을 받아야 한다. '퍼플타임 내 집중해서 일하고 나머지 시간은 잘 쉬자'라는 취지다.
• 여성복지
- 여성 직원들에게 유급 보건휴가(생리휴가), 난임 휴가 등 다양한 휴가를 보장한다. 일반 여성직원은 1년간 최대 5일, 임산부는 1년간 최대 7일까지 보건휴 가를 쓸 수 있다. 현재 여성 직원의 73%가 보건휴가를 활용하고 있다. 산전후 휴가도 제공한다. 임신 중인 직원이 출산전후 90일간 사용가능하다. 쌍둥이를 임신하면 120일을 준다. 임신기간별로 차등을 두어 유사산휴가도 쓸 수 있다.
• 모자유친방 제도
- 자녀가 있거나 임신한 직원들이 쉬는 공간이다. 이곳에서 임산부 서포트 키트를 받을 수 있다. 전자파 차단 담요, 허리 받침 쿠션, 발 받침 쿠션이 들어있다. 또 회사 인근 지역에 임직원 자녀를 대상으로 어린이집을 운영한다. 직원

자녀가 초등학교에 입학하면 책가방·운동화·필기구 등 신학기 용품 세트를 자택으로 배송해 준다. 중고등학교 입학하면 교복비를 제공한다. 그리고 대학에 입학하면 입학금과 첫 학기 등록금 전액을 지원한다.

〈부산환경공단〉
부산환경공단은 하수처리장, 소각장, 매립장 등의 환경기초시설을 운영하는 시(市) 산하 지방공기업이다.
- 블라인드 채용
  - 전 인사 과정에서 양성평등의 조직문화를 구축했다.
- 인권 복지팀과 행복 일터 추진단
  - 균형 잡힌 삶을 위한 전담 조직과 노사가 공동으로 참여한 '행복 일터 추진단'도 만들었다.
- 2013년부터 시차 출·퇴근형과 근무시간 선택형 유연근무제를 도입해 현재 134명이 이용 중이다.
- 가족 사랑의 날 제도
  - 매주 수요일은 '가족 사랑의 날'로, 정시 퇴근제를 시행해 불필요한 야근과 회식을 제한한다.
- 위캔미팅(We C.A.N Meeting)
  - 최고경영자와 직원들이 직접 소통하는 조직 내 소통문화를 정착시켰다.

〈서울 동대문구〉
동대문구는 경제적인 어려움을 겪고 있는 구민 총 4287명에게 양질의 일자리를 제공하며 지역 내 고용률을 높였다.
- 일반 경비원 교육 과정을 신설·운영
  - 올해는 중장년층에게 선호도가 높은 일반 경비원 교육 과정을 신설·운영해 61명이 교육을 수료했다.
- 경력 단절 여성을 위한 일자리 양성 프로그램
  - 올해 2개 과정(역사문화체험지도사, 실버인지활동전문가)에서 43명이 교육을 수료하고 이 중 36명이 취업에 성공했다.
- 청년 취·창업 커뮤니티 플랫폼 '오랑'
  - 청년 일자리 정책의 하나로 청량리 광장에 조성되는 청년 취·창업 커뮤니티 플랫폼 '오랑'이 이달 개관을 앞두고 있다.

〈롯데〉
- 남성 육아휴직을 의무화
  - 2017년 모든 계열사에 남성 육아휴직을 의무화했다. 회사에서 정부지원금에 차액을 지원하여 휴직 첫 달은 통상임금의 100%를 보전해 주고 있다. 이 제도로 매년 남성 직원 1,500명 이상이 육아 휴직을 쓴다.

〈풀무원〉
- 탄력근무제
  - 기업 경쟁력 강화 차원에서 여성이 장기적으로 근무할 수 있는 바람직한 환경을 조성하고 있다. 서울 강남구 수서동 본사에 지난해 3월 마련된 어린이집에 자녀를 맡긴 직원은 '탄력근무제'에 따라 오전 10시에 출근해 오후 7시에 퇴근한다. 자녀와 함께 출퇴근하라는 취지다. 이러한 노력 덕분에 출산 후 현업복귀율은 96%에 달한다고 한다.

〈포스코〉
- 경력 단절 없는 육아기 재택근무제와 배우자 태아 검진 휴가제
  - 우리 사회의 초저출산 현상을 해소하고 일과 가정의 양립을 통해 직원의 삶의 질을 향상하기 위해 2020년 육아와 업무를 병행할 수 있는 제도로 '경력 단절 없는 육아기 재택근무제'는 만 8세 또는 초등학교 2학년 이하 자녀가 있는 직원이면 직무 여건에 따라 전일(8시간)또는 반일(4시간) 재택근무를 신청할 수 있는 제도다. 물론 재택근무 기간 급여, 복리후생, 승진 등을 일반 근무직원과 같게 적용해 경력 단절과 가계 소득감소로 육아휴직을 염려하는 직원들에게 많은 환영을 받고 있다.

〈한샘〉
여성이 일하기 좋은 환경조성을 신조로 직영체제의 어린이집 운영하고 있으며 여성 임직원이 행복한 일터를 만들기 위해 모성보호제도를 강화하고 있다.
- 임신 시 임신 축하선물과 산전 용품구매를 위한 복지포인트 등 30만 원 상당 지급
- 임신 전 기간 임금 차감 없이 6시간 단축 근무
- 임부 PC OFF제 시행, 산부를 팀원으로 둔 관리자에 대한 직책자 교육 등을 시행해 임산부들의 충분한 휴식 시간을 보장

- 내근직: 선택적 근로시간제 제도
  - 출퇴근 시간을 자율적으로 선택
- 매장영업직: 탄력근로 시간제
  - 휴무와 근로 시간을 사무직과 같이 보장
- 외근직: 업무의 자율성을 보장하는 간주 근로시간제를 도입
- 출산 시: 100만 원 출산 축하금을 지급
- 육아휴직: 최대 2년간 사용할 수 있으며 만 8세 이하 자녀를 둔 직원은 하루 3~7시간으로 단축 근로할 수 있다.
- 한샘 어린이집: 방배사옥과 상암사옥에서 현재 임직원 자녀 70여 명을 돌보고 있다. 근무 중인 어린이집 교사도 모두 한샘 직원이며 현재 임신기 근로자는 전 원 재택근무를 할 수 있다.

〈롯데홈쇼핑〉
여성이 일하기 좋은 일터를 조성하는 데 힘쓰고 있다.
- 유연근무제: 출퇴근 시간을 자유롭게 조정
- 홈데이, PC 오프제: 매주 수요일은 30분, 금요일은 1시간씩 일찍 퇴근. PC오프제 도입 후 정시 퇴근율은 33%에서 99%.
- 육아휴직 활성화제도: 2년의 육아휴직, 자녀의 초등학교 입학 시기에 최대 1년 휴직할 수 있는 '자녀 입학돌봄 휴직제', '남성육아휴직 의무사용제'를 시행
- 임산부 단축근무제: 근로기준법상 임신 초기부터 12주 차까지, 36주 이후부터 사용 가능한 2시간 단축 근무 제도를 임신 전(全) 기간 확대해 시행하고 있다. 급여는 같다.

〈페퍼저축은행〉
- 베이비 사랑 지원금 제도: 자녀 양육에 도움.
- 여성 고충 신고센터: 여직원들의 목소리를 더 가깝게 경청.
- 신입 직원과 부서 내 상급자를 버디로 지정해 친밀감을 쌓을 수 있도록 월 10만 원씩 3개월간 경비도 지원한다.

〈종합교육 에듀윌〉
- 주4일 근무제: 2019년 업계 최초로 실시
- 시차출퇴근제와 유연근무제: 2020년 시차출퇴근제를 도입

• 재충전 타임집중 휴식 시간: 매일 오후 제공하여 업무의 집중도를 높여주고 있다.

〈삼성전자〉
• 자율출퇴근제를 갖고 있다. 정해진 출퇴근 시간 없이 오전 6시부터 오후 6시 사이 자유롭게 출근해, 하루 4시간 이상 일주일 40시간을 채우는 제도다. 삼성전자 관계자는 "2012년 일부 연구소 직원을 대상으로 시범 도입한 뒤, 2015년 전체 임직원으로 대상을 확대했다"라고 밝혔다.
• 패밀리데이: "급여 지급일(매월 21일)에는 전 직원이 18시 이전에 퇴근. 잔·특근이 과다한 부서의 부서장에게는 인사부에서 경고하는 등 지속 관리하고 있다"라고 밝혔다.

이처럼 많은 기업에서 좋은 제도를 도입하고 있다. 그러나 국내 근로자의 90%를 채용하고 있는 중소기업의 사정은 열악하다. 직원 수가 적은 중소기업에서는 여성 직원의 출산은 곧바로 업무 공백으로 이어질 수밖에 없다. 중소기업이야말로 재능 있는 인재가 필요한데 여전히 남성 중심 직장문화가 강해 여성 인재를 피하게 된다. 여성 친화적 고용 환경을 만들어 여성 인재를 보호하고 경력 단절을 막는 것이 중소기업의 인재난을 해소하는 돌파구가 될 수 있다.

상황이 이러하니, 일과 가정의 양립을 위해서는 개인의 어떤 조건이나 역량보다 속한 사회의 제도나 여건이 중요할 것으로 생각한다. 이제 저출산을 극복하기 위해서 대한민국 워킹맘들이 출산과 육아를 겪으며 일이냐, 가정이냐를 놓고 고민하지 않도록 정부와 기업, 그리고 국민 모두 뜻을 모아 함께하기를 바란다.

출산장려금의 헛점

2006년 저출산·고령화 정책이 처음 실행되면서 지자체에서 첫아기를 낳을 때 20만 원을 주고 유아원비용까지 부담해 주겠다고 했을 때 여성들 측에서는 누가 그 알량한 돈 받고 출산을 결정하겠냐는 식의 냉소 섞인 답변이 돌아왔다. 사실 출산 비용도 그렇지만 육아의 비용이 엄청나고 그 후의 사교육비를 생각하면 정말 어림도 없는 소리였다.

그 후 10여 년의 세월이 흐르면서 저출산이 지방 도시의 존망에 초미의 관심사가 되자 출산장려금은 과연 천정부지로 올라갔다. 2021년 현재 선거에 임한 몇몇 정당 후보들은 여야를 막론하고 출산하면 1억 원 이상의 현금성 혜택을 준다는 공약을 발표하는 실정이다. 이벤트성 현금 살포로는 더 이상 출산율을 올리지 못한다는 것이 정설이기는 하지만 그래도 현실에서 최대한 많은 돈을 쏟아부어서 출산 유인책으로 이용하는 것이 맞다고 본다.

그리하여 정부의 저출산 분야 예산은 매년 늘고 있다. 2018년 26조 3,189억 원에서 2019년 32조 3,559억 원으로 늘면서 30조 원을 넘어섰고, 2021년은 37조 6,107억 원까지 늘었다. 전국 지자체의 출산 장려금 지급액도 매년 증가 추세다. 지자체 역시 2020년 저출산 극복에 각종 지원금 포함 3조 2,763억 원을 집행하였다.

보건복지부에 따르면, 2020년 전국 광역·기초 지방자치단체가 지출한 출산지원금은 약 3,822억 원. 전년(약 2,827억 원) 대비 35%가량 올랐다. 우선 정부와 지자체 포함 출산 장려 예산은 15년 전에 비해 20배나 올랐다.

*정부와 지자체가 지출한 출산장려예산(2019년 통계청)

2006년	2조 1445억원	2017년	27조 8844억
2012년	11조 754억원	2018년	28조 6955억
2015년	17조 3779억	2019년	35조 6322억
2016년	24조 7365억	2020년	40조 이상.

*첫째 아기기준 출산장려금 500만원 이상 주는 지자체(2019년 통계청)

경북 봉화군	700만원	전남 광양시	500만
경북 울릉군	680만	전남 영광군	500만
경북 영덕군	530만	전남 진도군	500만
충남 금산군	500만		

이러한 상황 속에서 실제 2019년 기준 대도시와 지방자치단체의 합계출산율의 현황은 다음과 같다.

*2019년 기준 지역별 합계출산율(2019년 통계청)

서울	0.72	경기	0.94	울산	1.08	제주	1.15
부산	0.83	인천	0.94	강원	1.08	전남	1.23
대전	0.88	전북	0.97	경북	1.09	세종	1.47
광주	0.91	경남	1.05	충남	1.11		
대구	0.93	충북	1.05	*전국통계 0.92명			

현재 전국광역 기초지자체 243군데에서 224개 지자체에서 출산장려금 제도를 운영하고 있다. 봉화군의 2019년 출산율을 예로 들자면 둘째 1000만, 셋째 1600만, 넷째 1900만을 주고 있는데 몇백, 몇천 더 준다고 애를 낳겠느냐 하는 소리가 들린다고 하니 정책수립 담당자들은 답답해하는 상황이라고 한다. 이런 와중에서 다급한 지자체에 서는 억대 단위의 출산장

려금을 내세워 해당 맘카페의 맘들 사이에 서는 화제가 되고 있다고 한다. 2021년 현재 시행되고 있는 출산장려금 및 지원정책에 대해서 알아보자.

각 지방자치단체의 출산장려정책 현황

지역	제도 명칭과 시행 연도 및 지원 정책 내용
창원시	결혼드림론 1억대출 2021년 시행
창원시	* 100만 인구 지키기 운동'의 목적으로 셋째 아이를 창원에서 낳게 되면 1억 원을 지원하는 정책 * 대출 후 상환 조건 창원에 거주 신혼부부에게 대출 * 첫째 출산에 원금 이자 면제 * 둘째 출산하면 원금 30% 삭감 * 10년 안에 셋째 출산하면 1억 원 전액을 탕감
제천시	'3쾌(三快)한 주택자금 대출' 2020년 시행
제천시	* 5,000만 원을 대출받은 사람이 아이를 출산하면 대출금을 대신 갚아주는 제도 * 첫째가 태어나면 159만 원 * 둘째 1,000만 원, * 셋째를 낳으면 4,000만 원을 지원
영광군	* 신혼부부에게 장려금 500만 원을 지급 * 첫째 아이 500만 원, * 둘째 1,200만 원, * 셋째~다섯째 3,000만 원, * 여섯째 이상에는 3,500만 원을 지급
문경시	* 첫째 360만 원, * 둘째 1,400만 원, * 셋째 1,600만 원, * 넷째 이상 3,000만 원
충남	더 행복한 주택
충남	* 결혼한 지 2년 이내 청년 부부가 공공아파트에 입주한 뒤 자녀 두 명을 낳으면 임대료를 전액 감면 * 방 규모는 기존 임대아파트보다 큰 최대 59㎡(17.8평형)으로 주거 문제를 해결해 준다.

사사실 출산장려금이 해마다 천정부지로 오르고 있지만 역시 양육비용도 만만치가 않은 것도 문제이다. 경제 상황도 녹록지 않은 요즘 시대에 자칫 아이를 낳아서 기르기에 역부족인 상황이 발생하면 그것만큼 힘든 일이 없기에 신세대 부모들은 출산과 장려금 사이에서 고민에 고민을 거듭하는 분위기가 팽배해지고 있다고 한다.

이 같은 파격적인 제도가 나오고 있음에도 불구하고 반대하는 목소리도 높은데 여성계는 '여성을 아이 낳는 기계로 치부하는 듯한 사회적 분위기와 물질 만능주의의 대표적인 예시'라고 정의하면서 불평등을 일으킨다는 태도며 '출산하고 싶어도 못 하는 불임부부들과 경제 여건상 결혼이 힘든 청년들에게 박탈감을 준다'라는 이유도 함께 불만의 목소리를 높이고 있다.

또 이 적지 않은 장려금 정책 이면에 그늘이 있으니 바로 장려금만 받고 떠나버리는 출산자들이 있어 담당자들을 허탈하게 하고 있다는 후문이다. 2012년부터 2017년까지 5년 동안 전남 지역에서 출산 장려금만 받고 떠난 '먹튀 출산자'는 1,584명. 지자체들은 이를 방지하기 위해 지원금을 2~3년에 나눠 지급하고 있지만, 지원 기간이 끝난 뒤 이사하는 것까지 막을 방법은 없다. 통계청에 따르면 2013년 해남군의 0세 인구는 797명이었지만, 6년이 지난 2019년 6세 아동 수는 426명이었다. 2013년 출생한 아이 중 371명(47%) 정도가 6년 안에 해남군을 떠난 것이다.

전문가 사이에서는 위의 지자체에서 주는 출산장려금은 출산 인구를 두고 인근 지자체와 경쟁하는 제로섬 게임에 불과해 국가 차원에선 큰 도움이 되지 않는데 이는 출산장려금 정책이 국가 전체 출산율을 높이기보다는 인근 지역 인구를 뺏어온다는 얘기다. 2019년 조사에 따르면, 전국 226개 지자체 출산 장려 정책 담당 공무원 중 81.1%가 '현금 지원사업 확대에 문제가 있다'라고 했다. 이들은 현금 위주 사업의 효과가 낮거나 없고(69.6%), 지방자치단체 간 과당 경쟁만 지속된다(66.0%)는 점을 문제로 꼽았다고 한다.

하지만 이제는 다 잘 알다시피 늘어나는 출산장려금과 반대로 지방 전국 할 것 없이 대한민국의 합계 출산율은 매년 감소 추세다. 이제는 지자체들의 과도한 현금성 지원 경쟁은 좀 자제하고 현금 지원은 중앙 정부에 맡기고, 지자체는 아이가 떠나지 않도록 지역 일자리 창출과 어린이집 신설, 산부인과, 소아청소년과 확충 등 인프라 구축에 집중하여 체감할 수 있는 '살기 좋은 환경' 조성에 힘써야 하는 것이 옳다고 생각한다. 혁신적인 변화가 없는 보여주기식의 정책으로는 단시간에 출산율을 높이기는 쉽지 않아 보인다.

100조원 정도의 예산

오래전에 신문에 게재되어 좀 씁쓸한 가십거리가 된 기사가 있었는데 어느 초등학교 여교사가 3학년 학생들에게 산수 시간에 1, 2, 3에서 제법 큰 단위인 억 단위까지를 가르치면서 '1에서 억까지를 10번을 써오라'고 숙제를 내어 주었다 한다.

그날 학생 집에서 엄마가 가만히 보니 애가 책상에 앉아 숙제하는 것 같은데 소리 죽여 작게 흐느끼는 소리가 나길래 놀라 그 이유를 물었더니 숙제로 1에서 억지로 비난하지 쓰기를 10번 해야 하는데 도저히 못 할 것 같아 내일 선생님께 혼날 거라고 울먹여 공책(노트)을 보니 1, 10, 100, 1000,~ 억지로 비난하지 쓸 것을 선생님 말씀을 오해해서 1, 2, 3, 4, ~55, 56 하고 쓰고 있었던 것이었다. 이 해프닝은 결국 선생님이 학부모들 앞에서 실수한 것을 인정하고 사과함으로 일단락되었는데 이 아동처럼 1, 2, 로 시작하여 억지로 비난하지 쓰려면 긴 여름 방학이 다 지나가도 모자라는데 하물며 100조라니, 그렇게 세는 건 나폴레옹이 두 번 살아 돌아와도 미안하지만 불가능하다.

출산 장려 예산이 고령화 정책 포함 연간 100조 원은 되어야 한다는 논리는 필자가 20여 년 출산 장려 운동을 하면서 실제 느끼며 주창한 것이다. 100조 원이면 얼마나 많은 돈인가, 옛날 1960년도 후반에 코미디언 서영춘 씨가 출연한 코미디영화의 제목이 〈만약에 100만 원이 생긴다면〉이었다. 그때 돈 100만 원이라면 엄청 큰돈이었는데 최근에는 불법도박 사이트를 운영하여 모은 불법 자금을 경찰이 압수하니 놀랍게도 230여억 원이었다.

이 정도면 일반서민의 경우에는 이미 딴 나라 세상의 돈인데 100조 원을 라면상자에 5만 원권으로 꽉꽉 욱여넣으면 20억 원이 들어간다고 한다. 대충 계산해 보면 50,000박스가 되는데 무게는 15kg 잡으면 대략 750톤이다. 옮기려면 8톤짜리 대형화물차로 95대나 와야 한다. 만약에 만 원권으로 하면 족히 500대는 와야 할 것 같다. 천 원짜리 라면 물경 5,000대의 화물차가 필요하다. 사실 엄청난 금액이라 한 번 계산해 본 것인데 영이 14개나 붙는다.

프랑스의 성공적인 출산장려정책을 보면 여러 가지로 벤치마킹할 것이 많이 있다. 프랑스는 국가 GDP 5%를 저출산 정책에 투입하는데 이 금액이 거의 100조에 가깝다. 우선 우리도 우리 GDP의 5% 정도를 예산으로 확보하여 국가의 명운을 건다는 심정으로 이 재앙을 넘어서 보자. 재삼 하는 소리지만 프랑스에서 셋째 아기는 황금 덩이라 하는 소리가 나오리만치 지원정책이 파격적이다. 그리고 동거자의 아이, 비혼자의 아이도 결혼자의 아이와 똑같은 대우로 지원한다.

정부는 저출산 문제를 극복하겠다면서 수십조 원을 쏟아붓고 있지만 효과가 미미하다는 지적이 나오는 와중에 지난 2018년 26조 3,000억 원, 2019년 32조 3,000억 원으로 막대한 예산을 투입했고 2021년에도 역시 37조 6,000억 원이라는 공전절후의 예산을 투입할 계획이다. 또 최근 5년(2016~2020년)간 저출산 대책에 투입한 예산은 150조 원. 지난달 15일 발표된 제4차 저출산·고령화 기본 계획(2021~2025년)에는 총 196조 원이 또 투입된다. 하지만 주요 정책을 살펴보면 모든 만 0~1세 영아에게 2022년부터 30만 원(2025년까지 50만 원으로 단계적 인상)을 지급하는 영아 수당 신설, 출산 시 200만 원을 바우처 형태로 지급, 임신·출산 진료비 지원 상한 확대 등 현금성 지원을 늘리는 데 그치고 있을 따름이다.

지자체들도 출산지원금을 확대하는 방식으로 출산 장려에 나서고 있다.

그러나 한 경제연구원 관계자는 아동수당, 출산장려금 등으로는 인구 감소 추세를 역전시킬 수 없다고 지적하며 "정부와 지자체의 현금 지원만으로는 부부 들이 아이를 더 낳도록 유도하기 어렵다"라고 잘라 말한다.

합계출산율 하락 속도가 통계청 전망보다 더 빠르게 진행되고 있는 것으로 나타나면서 인구감소 시기가 애초 인구추계보다 앞당겨질 수 있다는 전망이 나온다. 지난 2018년 전년 대비 0.07명 감소한 합계출산율은 지난 2019년에는 0.06명 감소했다. 이런 추세라면 2021년에 0.86명까지 떨어질 것으로 예상됐던 합산 출산율이 2020년에는 이미 0.84명에 진입했다. 2021년에는 0.81 명대에 진입했고 2022년에는 0.73 명대까지 내려앉을 수 있다는 예측이 나온다.

저출산·고령화에 대한 해법의 누가 뭐래도 가장 중요한 문제는 돈으로 매년 100조 원 이상을 퍼부어야 한다고 생각한다. 아무리 좋은 정책도 돈이 없으면 아무것도 진행할 수가 없다. 심지어 가장 가벼워 보이는 인식 제고를 위한 전국적 홍보 정책도 마찬가지이다. 정부의 급하지 않은 예산을 줄이고 출산 장려 예산확충에 힘써야 한다. 지금 여러 전문가가 말하길 정부의 방만한 예산책정과 부풀리기로 많은 돈이 낭비되고 있다는 의견이 많은바 차제에 좀 더 면밀한 예산계획을 세워 한 푼이라도 국민의 혈세가 헛되이 낭비되는 일이 없도록 해야 할 것이다.

그리고 그 예산으로 출산 장려 정책에 필요한 돌봄시스템, 난임 치료와 임산부 병원 치료비 전액 지원, 청년 일자리, 신혼부부 주택, 국 도립 유아원 건립지원, 사내보육원 건립지원 등, 적재적소에 예산을 배정하여 선택과 집중의 방법으로 효과를 이른 시일 내에 극대화해야 할 것이다. 사실 지금 이미 적기는 지났고 더 머뭇거릴 시간적 여유가 없다. 출산장려금을 많이 줘도 아기를 낳지 않는다고 한숨만 쉴 게 아니라 더 돈을 쏟아부어 강력한 출산유인책을 만들고 '엄마들이 아이 낳기 좋은 세상으로 만드는 길'을 가야 한다.

다문화와 밀접한 출산정책

　작년인가 초등학교 학생 수 감소를 토론하는 어느 포럼에서 발제자가 한 이야기를 듣고 좀 충격을 받은 것이 있었다. 그 정도로 심할 줄이야? 한 선생님이 지방의 다문화 현황을 조사하기 위해 찾아간 강원도의 어느 초등학교의 운동장에서 점심시간에 7~8명의 학생이 모여 놀고 있는데 가만히 보니 한 아이가 분명히 한 아이가 왕따당하고 있다고 직감이 와서 다가가 애들을 보는 순간 깜짝 놀라고 말았단다. 선생님은 당연히
　왕따당하는 아이가 다문화 아동인 줄 알았으나 그 반대로 우리나라 아이였고 나머지 괴롭히던 아이들은 다문화 아이들이었다. 그 발제 가는 지금 서울 영등포구 대림동의 한 초등학교는 오래전부터 전교생이 모두 중국인 아이들로 채워지고 있다는 말로 발제를 마치었다. 듣고 나서 이대로 가면 '대한민국의 국호와 이 배달민족의 존재는 영원히 지구상에서 사라짐이 필연적이지 않을까' 하고 생각되었다. 가슴 답답한 현실이다.

　정부는 저출산의 불똥이 코앞에 떨어진 마당에 충격을 완화하기 위해 핵심 방안 가운데 하나로 외국인 이외에도 사실혼·비혼, 동거 등 다양한 가족형태가 인정받을 수 있도록 가족제도 등 법적·제도적 기반을 개편하는 노력을 기울이고 있다고 알고 있다. 참고로 프랑스의 경우 성인 두 명이 공동의 삶을 위해 체결하는 계약(동거와 법률혼의 중간 형태)으로 법률혼과 같은 법적 지위를 부여하는데, 이와 같은 방안을 추진하는 것이다.
　기획재정부는 2021년 1월 다음과 같은 내용의 '제3기 인구정책 TF 주요과제 및 추진계획'을 '제28차 비상 경제 중대본 회의 겸 제1차 혁신 성장전

략 회의' 브리핑을 통해 발표했다. 인구 정책 TF의 주요 과제는,

1) 여성 경력 유지 및 단절 완화
2) 베이비붐 세대 노동시장 이탈 감속
3) 외국인력 부족 대응
4) 재정의 지속가능성 강화
5) 가족 다양화 및 구성원 수 감소 대비
6) 권역별 거점도시 육성 등이었다.

정책을 살릴 수 있도록 세부적으로는 1인 가구 관련 소득·주거· 돌봄·안전·사회적 관계망 등 분야별 지원방안도 심도 있게 마련해야 한다고 본다. 고령층 창업을 지원하고, 단순 노무 업종의 인력난 대응을 위해 외국인 입국 절차를 개선해야 한다.

이민정책과 이민청 설립

행정안전부는 2020년 현재 한국 국적을 보유하거나 보유하지 않은 외국인, 그리고 그들의 자녀는 모두 221만 6,612명(2019년 11월 1일 기준)이라고 밝혔다. 2009년 110만 6,884명으로 처음 100만 명을 넘었고 2018년에 200만 명을 돌파했다. 숫자로는 17시도 가운데 여덟 번째인 충청남도(218만 8,649명)보다 많고, 대구(242만 9,940명)에는 조금 못 미친다. 이는 우리나라 총인구의 4.9%이다. 경제협력개발기구 OECD 기준 외국인, 이민 2세, 귀화한 사람이 5%를 넘으면 다문화, 다인종 국가로 분류하는데 이제 우리나라도 그 문턱에 와있다.

증가세도 최근 들어 가팔라졌다. 2018년과 비교했을 때 외국인 주민은 1년 새 약 16만 명(7.9%)이 더 늘었다. 2017년 대비 2018년 증가율도 10.4%였다. 한국 국적을 가진 외국인 주민은 18만 5,728명으로 조사됐다.

지역별로는 경기(72만 90명), 서울(46만 5,885명), 경남(13만 4,675명)

순으로 외국인 주민이 많이 거주하고 있다. 시·군·구별로는 경기 안산시(9만 2,787명)와 경기 수원시(6만 7,073명), 경기 화성시(6만 5,040명), 경기 시흥시(5만 9,634명), 서울 영등포(5만 5,524명) 순이었다. 총인구 대비 외국인 주민 비율은 충북 음성(15%), 서울 영등포(14.1%), 서울 금천·경기 포천(13.2%), 경기 안산(13%) 순으로 높았다. 국적별로는 중국 출신이 42.6%(75만 7,037명)로 가장 많았고, 그다음으로는 베트남(11.1%), 태국(10.2%), 미국(4.4%) 순이었다.

총 인구 대비 외국인 주민 비율(2020년 행정안전부)

국내지역별		국가별	
충북 음성	15%	중국	42.6%(75만7037명)
서울 영등포	14.1%	베트남	11.1%
서울 금천, 경기 포천	13.2%	태국	10.2%
경기 안산	13%	미국	4.4%

위의 숫자들을 나열하기 전에 실제 2022년 현재 우리나라 동포들이 2022년 현재 750여만 명이 180여 국가에 나가 살고 있고 또 우리나라에는 외국인들이 250여만 명이 들어와 살고 있어 이미 다문화사회가 되었다.

이제 우리도 외국인에게 편향된 사고방식을 버리고 우리와 같이 살아가는 국민의 한 사람으로 대우해야 한다고 생각한다. 그래서 정부에서 좀 더 미래지향적으로 생각하여 국내에서는 출산장려청(가칭)을 설치하는 외에도 해외로 눈을 돌려 750만 재외교포들과 250만의 외국인들을 재외동포청(가칭) 이민청을 설립하여 저출산·고령화로 감소해 가는 생산인구 확보에 사활을 걸었으면 한다. 실제 통일이 되면 우리나라 인구 5,200만, 북한 2,600만, 재외교포 750만, 외국인 250만 하여 거의 1억에 육박하니 이 정도면 세계 5대 강국에 진입하고 최선진국이라는 소리를 들어도 당연하리라 생각된다.

혼외아 인정

프랑수아 올랑도 전 프랑스 대통령은 정부 각료 중의 환경에너지부 장관인 세골렌 루아얄과 30년 가까이 동거하면서 자녀 넷을 낳았다. 우리 방식으로 말하면 혼외아 출생이다. 만약에 우리나라 고위 관리가 이랬다면 다른 정파의 탄핵 공세에 일찌감치 손을 들었을 것이다.

2020년 우리나라의 혼외 출생아 수는 6,974명으로 혼외출산율은 2.3%였다. 2014년 1.9%에서 조금 증가했으나 OECD 평균(41%)보다 훨씬 낮다. 2017년 기준으로 프랑스는 59.9%로 OECD 평균보다 상당히 높으며 스웨덴 (54.6%), 네덜란드 (48.7%)가 그 뒤를 잇고 있다.

혼외임신율과 프랑스 합계출산율

혼외 임신률		프랑스 합계 출산률	
한국	2.3%(2020년)	1962년	2.89명
프랑스	59.9%(2017년)	1980년	1.85명
스웨덴	54.6%(2017년)	1994년	1.73명
네덜란드	48.7%(2017년)	2015년	2.01명
OECD 평균	41%		

프랑스는 1962년 출산율 2.89에서 1980년 1.85로 떨어지고 1994년 1.73으로 바닥을 찍은 후 2015년 2.01로 회복하였다. 프랑스의 저출산 극복 성공 정책으로 시라크 대통령 시대에 도입한 '시라크 3원칙'을 드는 경우가 많다. 프랑스는 약 12년 사이에 합계출산율이 1.7에서 2.0까지 상승한 성공 경험이 있는데, 이것은 '시라크 3원칙'의 정책 성과로 알려져 있다.

이 원칙은,
1) 아이를 가지는 것이 새로운 경제적 부담이 되지 않게 한다.
2) 부부가 일하는 것을 전제로 하므로 무료 위탁 장소를 확보한다.
3) 육아휴직 후 복직할 때 기업은 휴직한 기간 계속 근무를 인정한다.

세 가지 정책인데 여기에 혼외자를 차별하지 않는 'PACS(민사연대 계약)'가 포함되어 1999년에 정책 패키지로 만들어졌다. 이 계약만 있으면 조세, 육아, 교육, 사회보장 등에서 법률혼과 동등한 대우를 해주자는 것이다.

우리나라도 혼인율을 높여 출산율을 올리자는 인식에 변화해야 한다. 이제 우리도 결혼을 전제한 상태의 출산장려정책에서 한걸음 벗어나 다양한 가족 형태를 인정해 주자. 혼인하지 않아도 가족과 아기에 대한 욕구가 있는 사람들이 하는 선택이 차별받지 않는 제도가 필요하다. 비혼 가족에 대한 차별적인 인식이 개선되고 필요한 법적 제도가 뒷받침되어야만 한다.

영아 학대 및 살해 방지
유튜브에서 남쪽 더운 나라의 전통시장을 소개하는 콘텐츠가 있어 보게 되었다. 우리의 오일장 같은 시골장인데 어느 아줌마가 강아지를 팔러 나왔다. 그런데 생후 3~4개월 정도 되었음 직한 조그만 강아지의 앞발을 등 뒤로 결박하고 입은 테이프로 칭칭 감고 뒷발 역시 노끈으로 묶어 놓고 강아지를 땅바닥에서 마치 공 굴리듯 하며 흥정하는 것이었다. 필자가 개를 별로 좋아하지 않아도 강아지 앞발을 등 뒤로 결박한 모습은 정말 충격적이었다. 만약 애견가가 보았다면 그 아줌마가 비록 남루한 행색으로 빈한한 지경임을 보여주고 있었음에도 살의를 느낄 정도의 상황이었다. 말 못 하는 어린 강아지가 짖지도 못하면 얼마나 아팠을 것인가.

동물을 봐도 이렇게 마음이 아픈데 하물며 사람의 경우임에랴, 때때로 모성을 버린 비정한 엄마들의 소식이 들려올 때마다 울컥하는 심정이 된다. 지난주 지방에서 발생한 사건으로 3살 된 아기를 내버려 두고 새로 사귄 남자의 아기를 이미 임신한 상태에서 같이 살기 위해 집을 떠나 아기를 죽게 만든 사건은 정말 기가 차고 만인의 공분을 불러일으킨다.

모 지방의 한 할머니는 외출하기 위해 아파트 출입구를 나섰다. 막 현관 입구를 지나가려니 3살부터 7살 정도 되어 보이는 여자아이 셋이 추운 겨울 인데도 때가 꾀죄죄한 여름옷을 입고 떨고 있는 것을 보았다. 불쌍해서 한참을 들여다보다가 그만 가슴이 얼어붙고 말았다. 바로 자기의 손녀딸들이었다. 10대 후반부터 동거하여 딸 셋을 낳은 젊은 엄마는 이혼 후 생활고를 이기지 못해 다른 남자와 살림을 차리기 위해 세 딸을 외할머니 아파트 현관에 버려두고 도망을 한 것이었다.

신문에 영아 학대와 그로 인한 부상과 죽음에 관한 기사가 심심찮게 오르고 있는데 정말 듣기가 괴롭다. 아무런 저항도 할 수 없는 유아나 갓난아이를 여행용 가방에 넣는다든지 추운 겨울 목욕탕의 종일 가두어 저체온증에 걸려 죽음에 이르게 하는 행위를 스스럼없이 한다. 이런 인간이기를 포기한 극히 소수의 어른을 볼 때마다 이러한 사고가 재발하지 않도록 하루빨리 더 엄격한 법적 제도를 확립함과 동시에 복지국가를 지향하는 사회안전망을 좀 더 촘촘히 구성해야 한다고 생각한다.

보건복지부가 2010년 한 해 동안 전국 아동 전문 보호기관에 접수된 신고 사례를 바탕으로 발간한 전국 아동학대 현황 보고서에 나타난 사례는 다음과 같다. 철 지난 통계지만 상황 이해에 도움이 되겠다고 생각된다.

우리나라 아동들은 가정에서 친부모로부터 학대당하는 경우가 가장 많으며, 특히 3세 미만의 영아가 학대당하는 사례가 증가하고 있는 것으로 나타났다. 학대받는 아동들의 41%는 거의 매일 학대를 경험했으며 아동학대는 가정에서 대부분(87.9%) 일어났고 부모 중 친부로부터 학대당한 경우가 49.4%로 가장 많았고, 친모의 경우는 30.2%로 집계되었다.

3세 미만 영아가 학대당한 사례는 530건으로 전년 대비 16% 늘었다. 주로 방임(55.3%)을 통한 학대가 많았고 영아들을 학대한 가해자는 여성

(62.8%)이 남성(36%)보다 많았으며 무직·전업주부·단순노무직이 65%, 소득수준 100만 원 미만인 경우가 전체의 53%를 차지했다.

베이비박스 적극 지원

교회 등 민간 단체에서 운영되고 있는 베이비박스도 정부나 지자체에서 제도권 안으로 끌어들여 더 많은 지원을 해야 할 것으로 생각된다. 현재 서울에서 베이비박스를 운영하는 (사)생명사랑운동연합 공동대표 이종락 목사에 의하면 2009년 시작하여 2020년 현재 1,700여 명의 아기를 보호했다고 한다. 아기를 버린 미혼모의 30%가 아기를 도로 찾아간다고도 하니 당장 제도권 안으로 들이는 것은 현행법상 많은 문제가 있겠지만 좀 더 관심을 가져 아까운 생명들을 보호해야 할 것이다.

비혼, 미혼모 보호정책

많은 인식변화가 이루어졌다고는 하지만 아직 비혼모, 미혼모를 백안시하는 사회 인식이 팽배해 있다. 그래서 사회적 차별을 받는 비혼, 미혼모들에 대한 좀 더 과감한 지원 정책을 펼쳐야 한다고 생각된다. 우리 사회의 건강한 일부분으로서 당당하게 삶을 살아갈 수 있도록 보호하여 추후 혼외 아이들에 대한 보호까지 지원 영역을 넓히는 징검다리로 삼아야 한다.

실제 유럽에서는 다양한 형태의 가족이 인정받고 있다. 프랑스에서는 '코아비타시옹'이라는 결혼과 비혼 혹은 미혼의 중간 정도인 동거 상태가 인정돼 출산 육아 등 각종 혜택을 받을 수 있다. 몇 년 전 일본인 사유리의 경우처럼 결혼하지 않은 상태에서 정자 기증으로 아이를 낳는 비혼 출산도 영국과 스웨덴 덴마크 등 유럽연합 17개국에서는 허용되고 있다.

우리나라에서도 2021년 5월 통계청이 전국 만 13세 이상 3만 8,000명을 조사한 결과에서 응답자의 30.7%가 '결혼하지 않고도 자녀를 가질 수 있다'라고 답했고 이는 2012년 22.4%에서 매년 조금씩 늘어나고 있는 것으로 봐서 서서히 인식 전환이 일어나고 있다고 생각된다.

안타깝게도 임신중절수술은 합법

2021년 1월 1일부로 헌법재판소에서 '태아에 대한 여성의 자기 결정권을 인정'하면서 낙태죄를 전면 폐지하였다. 그리하여 모자보건법 제14조에 의해 임신중절수술은 합법적 의료행위임을 규정하고 있다. 수술은 합법적으로 진행할 수가 있지만 구체적인 허용범위는 아직 결정되지 않은 상태라고 한다. 다만 본인이나 배우자가 우생학적, 유전학적인 정신장애, 신체질환, 전염성 질환이 있는 경우 등으로 규정하고 있다.

현재 우리나라는 낙태 수술로 사라지는 아까운 생명이 하루 약 3,500명, 일 년에 거의 100만 명의 아기가 세상에 빛을 보지 못하고 생을 마감하는 비참하고 무서운 일이 일상에서 다반사로 생겨나고 있다. 말이 쉬워 100만 명이지, 이 아기들을 반만 살릴 수만 있다면 저출산 문제는 전혀 문제가 없으리니, 물론 원하지 않는 임신, 즉 피치 못할 임신을 제외하고 낙태 수술행위를 줄여 볼 방법은 없을까? 물론 이러한 아기들이 태어나면 양육은 국가가 책임질 능력과 시스템이 뒷받침되어야 하겠지만, 아기하나 하나가 아쉬운 현실에 100만 명이나 아기들 생명을 합법이라는 핑계로 손 놓고 보내야만 하니 참으로 안타깝기 그지없다.

현재 OECD 38개국 중에서 뉴질랜드, 폴란드, 칠레, 이스라엘 등이 불법으로 규정하고 있고 유럽은 어느 정도 허용하는 분위기이고 미국은 낙태에 관한 시각이 주(州)마다 극명하게 갈리고 있다. 예를 들면 텍사스주에서는 심하면 사형까지 처할 수가 있다고 한다.

뱃속의 생명을 구하느라 낙태를 불법화하면 원치 않은 임신을 한 여성의 스트레스와 절망감은 차치하고 음성적으로 낙태 시술을 하는 사회현상이 생겨날 것은 불을 보듯이 뻔한데 아직은 해답이 없어 보인다.

필요한 출산정책들

정부가 추후 연차적으로 예산 연간 100조 원을 확보해 주기를 청원하면서 우리 사단법인 한국출산장려협회는 구체적으로 다음의 정책을 입안, 수립하는 데 관심을 두기를 해당 정부 기관에 당부드리고자 한다.

구 분		사단법인 한국출산장려협회
기본 정책		*오온정책(별도참조):관혼상제의 풍속문화계승
배당	국민배당	*청년수당 및 최저임금
결혼	부처신설	*결혼부 혹은 출산청 신설, *여성가족부 폐지 후 보건복지부로 업무 이관
	연애수당	쌍쌍파티 전액지원, 공유제(정부와 지자체)
	결혼장려금	*1억 원 무이자 지원 (1자녀 2천만, 2자녀 3천만, 3자녀 5천만으로 순차적 탕감) *동성결혼 제외
	화환,결혼기	*화환:결혼부정관, *축하기:대통령
	주례사비용	*부모, 주례자, 대통령축전&영상
	생활동반자	*생활동반자법 제정(사실혼 인정)
	결혼 연령	*부부평균나이 30세 이하 인센티브제공(건강한 자녀 출산을 위한 조혼 유도)

출산	출산장려금	*1자녀 3천, 2자녀 4천, 3자녀 5천만 무상지원
	산업육성	*주력산업으로 육성 *글로벌 시장으로 취업지원(한글을 국제공용어로, IT강국) *모병제:일자리 창출 *양질의 일자리 제공
주거	주택자금	*결혼 시 2억 무이자 지원 *다출산자:중대형주택 (40평 이상) 95%까지 무이자 대출==〉자녀출가 후 국가반납, 또는 무이자자금 상환 후 영구 소유
교육	대학입학 및, 등록금	*1자녀 20%삭감 2자녀 50%삭감 3자녀 전액 무료
	사교육비	*자녀수에 따라 차등 할인
	과정 개설	*인구학과. 결혼과가족학과 , AMP과정 개설
	청소년의 날 신설	*5월 10일(가정의 달):10대인 중고등학생을 대상으로 EGO IDENTITY(정체성) 교육(필수과목:국가관 함양, 미래의 주역)
	맞춤형교육	*결혼대상자 및 임산부 대상: 결혼 임신 출산 육아 전담교육
의료	케어 앤 큐어 비용	*출산과 난임 시술전액 국가지원
	임신육아 필수용품	*SET BOX공급, *임신 시:튼살크림 제공, *출산 시:베이비크림 제공
국방	복무기간	*1)징병제:1자녀 2개월 감면, 2자녀 4개월 감면, 3자녀이상 6개월 감면 최저임금 적용. *2)모병제:취업연령 앞당김, 조혼유도 *3)징병제에서 모병제로 전환 시 특별혜택 제공 *4)신규 일자리 창출
	근무지	*기혼자 및 군 근무 시 결혼==〉관할주거지역으로 전보발령(정규&공익근무요원)
노후	노인수당	*연금제도 강화

소비		*물품구매 시 자녀수에 따라 구매금액의 카드 차등 할인
금융		*주식, 보험 의무가입
	출산지원	*1)4자녀부터 자녀숫자에 상관없이 5천만 +출산장려금지급 *2)부부나이 평균 30세 이하에서 셋째를 출산할 경우 숫자에 관계없이 1억 지원(조혼유도) *3)농어촌지역:1.5억 지급(도시집중완화) *4)3자녀이상 소득세 감면, 차량구입 시 지원
	전업주부지원	*이전 근로소득의 50%지급
	서훈정책	*훈장: 결혼 시 대통령표창, 1자녀 동탑, 2자녀 은탑, 3자녀 금탑훈장 *4자녀 이상 국가유공자 대우(다출산 사회분위기 조성)
	다출산:3자녀	*각종 소득세 감면, 차량구입 시 혜택, 국가유공자 우대, 대학입시, 국가공무원, 국영기업체, 대기업 취업 시 가산점 부여

* 각종 도서, 신문, 논문, 유튜브 등을 활용해 정책개발, 한출협회원 등을 통해서 새로운 정책 발굴을 연중 진행하고 있다.

인구문제에 관해 여는 필자는 예산 100조 원 청원 이외에도 국가가 자생력을 가지고 살아가기 위해서는 적어도 1억 정도의 인구가 필요하다고 생각한다. 그리하여 필자의 생각으로는 평화통일 되면 남북 한 7,700만, 재외교포 750만, 외국인 250만, 출산 장려로 2,000만 증가로 하여 2040년까지 총 1억 명을 달성하여 내수만으로도 경제가 활성화되는 길을 찾고자 한다.

출산장려를 반대하는 목소리

친구의 이야기로 자녀 중에 나이가 38살이 된 과년한 딸은 이 나이 되도록 결혼할 생각은 없는지 무관심 그 자체다. 의견을 물어보니 '죽어도 안 간다, 아기 키우기 싫어, 혼자 살래' 다. 그래도 이 친구는 이제나저제나 딸의 마음이 변해서 입에서 결혼 말이 나올까 기다려 봤지만 한 해가 저물고 두 해가 지나가도록 말이 없어 '아이고, 또 한 해가 속절없이 지나가는구나!' 했다. 그러던 어느 날 택배가 왔는데 상자를 보니 유모차인 거다. 속으로 '아, 우리 딸이 이제 결혼할 맘이 들었는가 보다.' 하고 속으로 환호작약하였는데 그날 저녁에 딸아이가 예쁘장한 강아지를 안고 들어오길래 순간 돌아버리는 줄 알았다고 술좌석에서 말해 모두 크게 웃은 적이 있다. 3년 전의 이야기이니 그 딸이 40을 넘기고서도 결혼하라는 아빠의 말은 아예 마이동풍으로 강아지를 유모차에 태우고 강아지 미용에 돈을 쓰고 다닌다는 거다. 가게 되면 자그마한 전세 아파트라도 하나 얻어줄 심산이었으나 그 친구도 이제는 아예 포기하고 있다고 한다.

2017년 2월 추운 어느 날 국회의사당 도로변에서 젊은 여성들이 대여섯 명이 모여 플래카드를 들고 데모하는 사진이 신문에 실렸다. 근데 그 현수막 문구가 너무 황당해서 기가 찼다. '정부야 네가 아무리 나대봐라, 우리가 시집가나, 고양이하고 살지'였다.

후에 알고 보니 불꽃페미액션이란 단체의 회원들로 한국보건사회연구원의 출산 제고 대책 규탄대회 기자회견을 하는 사진이었다. 그래서 그들이 주

장하는 바를 보니,

- 여성은 가축이 아니다.
- 여성의 몸은 생산 기구가 아니다.
- 고학력 여성들의 하향 선택을 강요하는 성차별적인 내용의 보고서는 정부가 여성을 바라보는 시선이다.

구호를 봐서 대강 분위기는 짐작이 가는데 추운 겨울날 나와서 데모할 때는 철이 없는 사람들도 아니겠고 그들 나름대로 무슨 논리가 있겠지만 오늘날 이렇게 저출산·고령화로 인구절벽에 와 있는데 왜 저럴까? 그래도 다 큰 성인 여성들이니 남 앞에서 꿀리지 않고 당당하게 말할 수 있는 정연한 논리가 있으려니 하고 말았다.

만약 필자가 국회의사당 입구를 지나다가 만났으면 차 한잔 대접하면서 장시간 의견을 듣고 이야기를 나누었을 것인데 그러지를 못해 아쉬웠다. 이런 식으로 아무리 인구절벽이 다가왔다 해도 출산 장려에 무관심 그 자체이거나 반대하는 목소리가 엄연히 존재하니 막무가내로 무시할 것이 아니고 보건복지부 등 관련기관에서 공청회를 한번 개최하여 소통의 장을 만들어 솔직한 반대 의견을 개진할 기회를 주는 것도 출산 인식 제고에 도움이 되고 방법을 찾을 수 있게 되지 않을까 하고 헛기침을 한번 해본다.

출산에 대하여 정부나 국가가 생각하는 방향과 젊은이들이 생각하는 방향이 엇각 도로 나가고 있는 것은 아닐까? 사실 출산이라는 용어는 몇 년 전부터 '여자가 아이 낳는 기계냐?' 하는 소위 알레르기 반응을 일으켜 이미 정부에서는 '출생'이라는 용어를 쓰고 있는 형편이다.

우리 사단법인 한국출산장려협회도 2021년 4월에 임원회에서 명칭을 사단법인 한국출생장려협회로 개칭하는 문제에 대해 한번 논의해 보고 전체 회원들에게 의견을 구할 예정이다.

출산 장려 그 자체를 반대하기보다 그 정책추진 방법에 대하여 불만 섞인 목소리를 내는 이들이 많은데 이는 당연하다. 어느 정책이나 모두를 만족시킬 수는 없으니까.

많은 사람이 초저출산으로 매년 태어나는 아이가 많이 감소하는 현상을 걱정한다. 시장은 사람들로 구성되는데 인구가 줄어 산부인과나 어린이집, 대학들은 내년부터 입학생이 줄어들어 일부 사교육 시장과 몇몇 산업은 이미 초토화된 지 오래다.

그런 데 다른 의견을 가진 이도 적지 않다. 출퇴근 시간 지하철은 지옥철이 되었고, 요즘에야 코로나19로 사람이 좀 적어 보이지만 백화점이든, 한강 공원이든, 놀이동산이든 어딜 가나 사람이 그득그득하니, 숨이 막힌다고 한다.

1930년대에 케인스와 뮈르달이 경고했듯이, 20세기 선진국의 경제는 인구 감소라는 문제에 직면하게 되었다. '풍요로움' 속에서 인구가 감소하기 시작한 것이다. 일본의 서양 고대사 전공인 무라카와 겐타로 교수의 「그리스의 쇠퇴에 관하여」라는 논문 중에서 기원전 2세기 중반에 살았던 폴리비오스(Polybius)가 당시 그리스에 관해 남긴 글을 인용한 부분이 있는데 그 내용은 다음과 같다.

'현재는 아이를 갖지 않은 사람이 헬라스(그리스) 전역에 많으며 전체적인 인구 감소도 엿보인다. 이에 따라 도시는 황폐해지고 토지 생산도 감퇴했다. 장기적인 전쟁이 있었다든가 역병이 돈 것도 아니었는데 말이다. 인구가 감소한 원인은 번영을 누리게 된 인간이 탐욕과 태만에 빠져 결혼을 원하지 않고 설령 결혼할지라도 태어난 아이를 양육하려 하지 않으며 아이를 유복한 환경에서 방종하게 키울 생각으로, 기껏해야 한 명이나 두 명만 낳은 데 있다. 이러한 폐해가 알게 모르게 확산한 것이다'라고 갈파하고 있다.

어째서 부유한 사람들 사이에서 출산율이 감소하는 걸까? 사회적으로 진보를 하면 젊은 사람들이 즐길 만한 물건과 서비스의 종류가 확대되며 이러한 것들을 즐기려면 시간과 돈이 필요하다. 그 결과 막대한 시간과 경제적 비용이 있어야 하는 출산 및 육아를 외면하게 된다. 결론적으로 말하면 문명이 번영하면서 인구가 감소하기 시작한 것이다. 로마제국도 이러한 식으로 쇠망의 길을 걸었다고 독일의 역사학파 경제학 리더 중 한 명으로 막스베버와 함께 활약했던 브렌타노(Lujo Brentano, 1844~1931)는 자신의 논문에서 결론을 지었다.

우리나라에서도 재개발 5개년 계획이 4차에 걸쳐서 시행되어 사회가 발전하여 물질적인 풍요를 가져오니 높은 생활 수준을 유지하고자 출산을 억제하며 한두 명의 아이들에게 더욱 나은 수준의 교육 기회를 제공하고 사회에 진출해서 안정된 생활을 영위할 수 있는 수입이 좋은 전문적인 직업을 갖기를 바라는 현상이 생겨났다. 아이는 집안의 재산이 아닌, 양육에 있어서 막대한 비용이 소요되고 자유로운 생활에 걸림돌이 될 수 있는 존재로 인식이 바뀌었다. 20여 년 만에 합계출산율이 대체출산율 2.1명 이하로 무너지게 되면서 급격하게 인구가 감소하기 시작했다. 소위 풍요 속의 빈곤이다.

인구과잉으로 인한 환경파괴

출산 장려에 반대의 목소리를 내는 사람은 인구과잉의 대표적인 폐해로 환경파괴를 꼽는다. 대기오염, 자원 부족, 식량, 에너지 등의 고갈을 초래해 이 지구가 더욱 황폐해지고 결국 세상이 사람들이 살지 못하는 곳이 되고 만다고 한다. 그리고 인구가 증가할수록 빈부격차는 심각해져 양극화가 진행되고 과연 장기적으로 100년 또는 200년 후에도 국가의 이익과 우리 아이를 위한 행복하고 건강한 환경이 담보될 수 있겠는지 의문을 제기한다. 만약 출산장려정책이 성공하여 노동력은 많은데, 향후 신산업의 파급효과로 노동수요가 적어져서 대규모 실업난이 온 나라에 만연해지면 어쩔 것이냐고 항변한다.

노동력 감소의 해결

문화일보 이신우 논설위원의 이야기도 한번 귀담아들어 볼 만하다고 느껴진다. 인구 증가론자들은 출산율이 떨어질 때 생산가능 인구가 줄어 경제성장률이 둔화하고 늘어나는 노인에 대한 사회의 부양 부담이 커진다고 우려한다. 맞는 말이다. 그러나 노동력이 감소하더라도 자본 투입이나 생산성 향상이 계속된다면 경제성장은 얼마든지 가능하다. 게다가 인구가 감소함으로써 공간의 여유 등으로 질적 풍요를 실감할 수 있는 사회로 전환도 꿈꿔 볼 수 있지 않은가. 인구 증가로 인해 더 이상의 환경파괴도 사라질 것이다.

인구가 감소하면 사회가 활력을 잃을 것이라는 주장은 근거가 희박하다. 이런 논리와 전혀 상반되는 예가 14~16세기의 이탈리아다. 이탈리아는 1340년에 930만 명에 이르렀던 인구가 160년 후인 1500년에는 550만 명이 됐다. 약 40%나 인구가 줄어든 것이다. 그러나 놀라지 말라. 바로 이 기간에 서유럽이 근대사회로 진입하는 데 결정적 토양을 제공해 준 '이탈리아 르네상스'가 활짝 꽃을 피웠다. 우선 인구가 줄어들자, 사람들이 자연히 생산성이 높은 도시나 옥토 지대로 모여들었다. 이로써 1인당 생산량이 늘어났다. 자연히 물질적 여유가 생기면서 이것이 문명과 문화의 도약으로 연결됐다는 것이다. 이런 현상이 1차산업 사회에서 가능했다면 지식산업이 주도하는 21세기에는 더 말할 나위가 없을 것이다.

어느 정도의 인구 유입이 필요하다면 북한이나 750만 재외교포와 250만 외국인 노동력도 생각해 볼 수 있다. 우리 사회가 뛰어난 생활 인프라를 갖춰 나갈수록 전 세계의 지적 노동력은 한국으로 몰려들 것이다. 이제 우리 한국인도 폐쇄적 민족 개념에서 벗어나 문화와 언어를 공유하는 한 한 국민으로 받아들일 수 있는 열린 자세를 갖춰 나가야 할 때라고 힘주어 말하고 있다.

4장 여심

제2의 구국운동인 출산장려운동 / 2018년 유네스코 인물 / 다섯가지 온(100)의 캠페인 / 여성의 마음에 달린 출산 / 출산장려부 설치의 시급성 / 국가의 원동력인 청년세대 / 유네스코 한국연맹 / 세상을 바꾸는 또라이

돈키호테가 긴 창을 휘두르며 풍차를 향해 돌진한다. 이미 산초는 기진맥진하여 따라갈 여력이 없고 비루먹고 나이 먹은 말 로시난테마저 언덕길을 오르지 못하고 힘에 겨워 푸르륵거리며 가쁜 숨을 내쉬고 있다. 둘시네아 공주를 구출하려는 환상 속의 돈키호테는 비록 현실의 풍차 바람개비의 날개에 맞아 쓰러지지만, 목표를 향하여 달리는 그를 누가 욕할 것인가? 오늘도 돈키호테는 달린다. 인구절벽이라는 거대한 괴물을 이기고 합계출산율 2.1명을 달성하고 자랑스럽게 사단법인 한국출산장려협회를 해체하는 그날까지-, 가자, 로시난테여, 달려라, 고지가 바로 저기다.

제2의 구국운동인 출산장려운동

누구나 처음 만나면 명함을 교환하면서 인사를 나누는 게 예의다. 특히 필자는 명함을 특이하게 만들다 보니 한번 명함을 받으면 쉽게 잊히지 않는다고 한다. 명함이 2단 접이식이라 우선 모양이 특이하고 한 면은 회사명함이고 다른 한 면은 사회활동 명함이다. 그리고 내용을 보면 명함만의 역할이 아니라 브로슈어 역할까지 하고 있어 명함 하나에도 융복합을 시도하였기에 시너지효과를 보고 있다고 생각된다. 상황에 따라서 앞면의 회사 명함으로 건네기도 하고 출산 장려 운동을 할 때는 뒷면의 한국출산장려협회 이사장의 명함으로 인사를 하기도 한다.

대부분 사람은 필자를 기업인보다는 사회운동가에 가깝다고 한다. 한국출산장려협회를 만들어 출산 장려 운동을 하는가 하면, 2014년 5월 청소년 희망 본부를 설립하여 청소년의 날 제정 운동을 펼치고 있기 때문이다. 누구나 필자에게 전화를 걸면 '두 자녀 기쁨 두 배, 세 자녀 행복 세 배, 출산 장려는 대한민국의 밝은 미래입니다. 다산 코리아, 행복 코리아, 아이 낳기 좋은 세상 만들기에 사단법인 한국출산장려협회가 함께합니다.'라는 통화 연결음이 먼저 들린다.

인구가 자꾸 줄어 초고령사회가 되면 저성장 장기침체에 빠진 일본의 전철을 밟을 수도 있기에 '출산 장려 운동은 제2의 구국운동'이라는 캠페인으로 최초 사용하는 표어로 지금은 거의 정착되다시피 했다. 한국출산장려협회를 만들 때 첫 목표가 인구 1억 명을 달성하는 것이었다. 우리나라가 소득

3만 달러에서 4만 달러로, 선진국으로 도약하고 지속해서 성장하기 위해서는 통일 대한민국의 인구가 최소한 1억 명은 되어야 하기 때문이다. 그래야 내수시장만으로도 자생할 수 있는 규모의 경제가 된다고 보기 때문이다.

일본이 20여 년간의 장기침체에도 버틸 수 있었던 것도 1억 2,000만이 넘는 인구 덕분인데 여기에 아베 정부가 앞장서서 출산 장려를 위한 사회적 분위기 조성에 팔을 걷어붙이고 있기 때문이다. 하지만 젊은이들은 아이를 낳지 않으려 하고 있고, 정부는 저출산·고령화에 제대로 대처하지 못하고 있으니, 인구가 줄 수밖에 없다. 필자가 출산 장려 운동에 관심을 두게 된 것은 대학을 졸업하고 첫 직장으로 들어간 게 제약회사부터 비롯됐다. 당시 영업사원으로 병원을 담당했던 나는 '임산부들이 자꾸 줄어드는데 앞으로 병원을 꾸려 나갈 수 있을까?'라는 산부인과 의사들의 걱정 소리를 자주 들었다.

예비군 훈련을 가면 훈련상 각종 특혜를 주고 또 국가가 나서서 정관수술을 권유하던 시절이 있었다. 나는 국가의 장래를 위해 출산 장려 운동에 헌신하기로 작정하고 수술도 마다했다. 그러는 가운데 첫 건축 자재 사업의 부도로 10년 만인 1997년 제약업계로 복귀하면서 본격적으로 출산 장려 운동을 하게 된 계기가 다가온 것이다. 먼저 한국출산정책협의회를 발족하고, 2001년 7월에 한국출산보육장려협회로 명칭을 바꾸면서 본격적으로 출산 장려 운동에 뛰어들었다.

나는 2013년부터 급성 담관염 수술과 연이은 2번의 암 수술로 4~5년의 공백 동안 출산 장려 운동뿐 아니라 회사의 운영과 조직에도 추진 동력을 잃은 채 표류하고 있었다. 장기간 건강을 잃다 보니 가정과 회사는 말할 것도 없거니와 사회활동까지도 모두 접어야 할 지경에 이르게 되니 솔직히 출산 장려 운동까지도 내려놓고 싶은 심정이었다.

그런데 끝까지 남은 몇 명의 임원들이 지금까지 20여 년간 출산 장려 운동을 이끌어 왔고 뒤에서 버팀목만 되어 준다면 남은 인력으로 한번 협회를 살려 보겠다는 간곡한 부탁을 뿌리칠 수가 없었기에 다시금 지휘봉을 잡고서 필사즉생의 결단을 내리고 각자 역할 분담을 통해서 그 어려웠던 난관을 극복하고 마침내 2018년 사단법인으로 허가받았다.

우선 논지를 펼치기 전에 필자가 출산 장려 운동을 시작하면서 내건 캐치 프레이저는 "출산 장려는 제2의 구국이다." "두 아이 기쁨 두 배, 세 아이 행복 세 배" "다산 코리아 행복 코리아"였다. 구국이라는 단어에서 젊은 층들이 위화감을 많이 가진 것 또한 필자도 잘 알고 있다. 뜻이 너무 거창하고 딱딱하고 전근대적이라고 말하는 사람들이 있는데 필자는 사실 다 공감하고 있다. 마치 시대에 뒤떨어진 60 넘은 꼰대들의 소리같이 느껴져 그럴 것이다. 또 출산이라는 단어가 주는 어감이 아기를 낳는다는 것이 기계로 무슨 상품을 생산하듯 느껴진다는 것인데 그래서 요즈음은 출생이라는 단어를 선호하고 있다.

우리나라 역사를 보면 외적의 침략으로 수많은 전란을 겪었다. 그러나 완전히 주권을 빼앗기고 남의 식민지가 되어 통치받은 시절은 일제강점기 때뿐이었다. 그 후 다 잘 아시다시피 빼앗긴 나라를 찾고자 1919년 3·1독립운동이 일어났고 그 후 20여 년간 처절한 광복 운동으로 조국을 찾게 되었다. 어느 시대나 외적의 침략에 항거하였지만, 이 엄혹했던 일제의 통치에서 나라를 구하기 위한 구국운동의 가치는 청사에 길이 남을 것이다. 하여 필자는 우리의 출산 장려 운동에 그때의 구국정신을 이어가고자 구국이라는 명사를 사용함에 따른 사람들의 양해를 구하며 이를 사용하고자 한다.

오늘날 우리나라가 당면한 인구절벽 문제로 나라가 소멸의 위기에 처한 만큼 이 출산 장려 운동이 구국의 운동 성격을 띠어야 함은 자명한 이치라고 생각되어 이런 캐치 프레이저를 만든 것이다.

2018년 유네스코 인물

2018년 11월 협회 사무실로 한국 유네스코 서울지부 회장단의 예방이 있었다. 2018년 한국 유네스코 연맹에서 매년 선발 시상하는 '올해의 인물'에 필자가 추천되었다는 소식을 가지고 온 것이다. 사실 우리 협회가 더 발전하여 세계적인 단체로 나가서 유엔의 산하 기구인 유네스코에 들어가는 것이 필자의 마지막 꿈인데 정말 공신력 있는 유네스코에서 추천되었다니 한순간 가슴이 벅차올랐다.

작년에 발간된 책자를 보여주시는데 그동안 23명의 수상자가 있었다. 맨 첫해 1989년 수상자가 김우중 대우그룹 회장이었다. 정말 한국의 내로라하는 유명인들이 수상하였다. 모두 해외에 나가서 국위를 선양하고 국제관계에 있어서 각고의 노력으로 많은 업적을 세운 분들인데 이분들과 함께 이름을 올리게 되었으니 자못 감격서러웠다.

출산 장려의 꿈을 세우고 지난 20여 년간 (주)씨에이팜을 통해 프라젠트라 튼살 크림을 두 자녀 50%, 세 자녀 무료라는 캠페인으로 전국 각지의 임산부들에게 제공하고 저출산 인식 제고에 헌신적인 노력한 공적과 한국출산장려협회를 세워 그동안 많은 단체를 후원하고 여러 가지 행사를 주최, 참여하여 비영리 민간단체로서 출산 장려 운동의 중심에 선 공적으로 선정되었다고 한다.

2018년 12월 19일 세종호텔 세종홀에서 열린 수상식에는 본 협회 임직원 40여 명과 지인들, 유네스코의 한국연맹 회장님을 비롯한 관계 직원 100

여 명이 참석하여 대성황을 이루었는데 이날 부상으로 큰 달항아리를 받아서 들게 되었다. 당일 열린 시상식장에서 심사위원장님에게서 들은 바에 따르면 각계각층의 인물들이 12명이 추천되었는데 필자가 압도적 찬성 의견으로 선정되었다고 한다.

〈유네스코 한국지부의 올해의 인물상을 수상하며〉

다섯가지 온(100)의 캠페인

오늘날 우리나라의 저출산·고령화 현상이 가져오는 인구절벽과 생산 및 소비 가능 인구감소에 따른 사회적 문제에 대해서는 모든 국민이 이미 알고 있는 사실입니다. 2019년 합계출산율이 0.92명에 이어서 2020년은 0.84명 2022년은 0.78명으로 지속해서 하강하고 있습니다. 더욱이 지난해에는 코로나로 작년 대비 결혼 건수 감소가 예상되느니 만치 내년의 하강 속도는 보나마나입니다. 저는 이 문제를 20여 년 전인 1997년부터 예견하고 한국출산장려대책협의회를 구성하는 등 혼자 고심하던 중 2010년 한국출산보육장려협회를 창립하여 저출산 인식 변화에 큰 노력을 기울여 왔습니다.

그러나 어제, 오늘의 우리나라 현실이 만만치 않습니다. 2020년은 예기치 못한 코로나19까지 출현함으로써 합계출산율이 급격한 하락이 예상되고 이로 인한 인구절벽으로 백척간두의 존립 위기에 맞닿게 되었습니다. 대한민국이 앞으로 '지구상에서 최초로 사라질 국가 1호'로서 실로 풍전등화의 위기가 아닐 수 없기에 국민이라면 너나없이 모두가 한마음으로 한뜻으로 분연히 떨쳐 일어서야 할 때라고 생각합니다.

돌이켜 보면 1910년 일제강점기에 민족 대표 33인이 '3·1독립선언문' 선포를 시작으로 독립운동의 도화선이 되어 조국 광복을 위한 온 나라의 구국운동 주춧돌 역할을 했듯이, 이제는 사단법인 한국출산장려협회가 '다산 코리아! 행복 코리아!'의 캐치프레이즈를 걸고 '출산·출생 장려'를 '제2의 구국운동'으로 삼아 100년 전 3·1독립운동처럼 온 국민 참여 운동을 펼치고

자 합니다.

　이것은 지난 이율곡의 10만 양병설을 흘려듣고 아무 준비 없이 1592년 임진년에 온 강토가 왜군에 유린당하고 수많은 백성이 총칼에 희생된 임진왜란, 남한산성으로 도피하였으나 결국은 치욕적인 항복으로 수많은 우리 백성이 청나라로 끌려가 참혹한 노예의 삶을 산 병자호란의 역사적 경험을 다시 한번 깨우쳐 인구절벽이 가져오는 국가 존망의 갈림길에서 나라를 구해보자는 운동입니다.

　또한 우리들의 자세가 이러할진대 저희 사단법인 한국출산장려협회는 비록 창립역사가 짧은 비영리 민간단체이지만 그 정신은 서재필 선생이 세우신 독립협회나 도산 안창호 선생이 창립하신 흥사단과 비교해도 결코 못 하지 않다고 생각되며, 더 나아가 만주의 북풍한설 매서운 바람 속에서 굶주리며 빈약한 무장을 가지고도 조국광복을 위해 일본군과 싸웠던 대한독립군의 정신에도 버금가지 않을까 합니다.

　그래서 그동안 가슴에 품었던 5가지의 운동 방향을 정하고 이를 정리한 오온 캠페인을 널리 알리기 위하여 2023년 12월 8일에 국회도서관에서 K-PEACE 교육 홍보대사 100인을 필두로 많은 내외 저명인사, 임산부들을 모시고 선포식 및 심미포지엄을 성대하게 개최합니다.

　이 행사에서 선포되는 오온캠페인이라 함은,

1) 하나 온: 3·1독립운동 100년의 구국정신을 계승하고, 100주년 기념과 함께 출산 장려 일을 선포하여 애국정신을 함양 고취하고 의식변화를 유도한다. 출산 장려 강연, 교육전문가 양성, 전문인력양성, 훈련 사업을 지원한다.

2) 두 온: 뜻있는 100명의 K-PEACE 교육 홍보대사를 위촉하고 100인

의 구국 동지위원회를 구성하여 활동 동력의 기초체력을 준비한다. 여성의 삶의 질을 한 단계 높이며 학술 세미나 및 전문 서적 출판을 시도한다. 또 일과 가정의 양립 정착 달성을 위한 캠페인과 이벤트 및 활동과 홍보사업을 전개한다.

3) 세 온: 교육 백년대계와 맞먹는 출산 보국 100년 대계의 원년을 선포하고 출산 보국 100년 대계의 기틀을 마련하여 초일류의 경제 대국을 지향하며, 합계출산율 3인 이상 달성, 인구절벽 해소 임산부 교육활동 및 자녀 양육 지원사업을 벌인다.

4) 네 온: 100가지의 저출산·고령화 해법을 100인의 구국 지사들이 중심이 되어 발굴하여 실질적 행동계획을 수립하고, 공청회와 세미나, 토론회를 수시 개최하며, 민간전문가 집단을 구성, 의견도출을 지향한다.

5) 다섯 온: 국가의 저출산·고령화 예산이 연간 100조 원에 도달할 수 있도록 향후 점진적으로 확보해 주기를 청원한다.

이상의 5가지 목표를 아우르는 다섯 개의 백이라는 의미의 오온 캠페인입니다. 그리하여 더 힘을 모은 후 세계출산장려재단을 설립하고 나아가 UN 산하의 국제기구로 정식 등록하여 출산 장려 운동의 세계화를 지향하며 인구절벽에 처한 우리나라의 저출산·고령화 문제를 극복하기 위하여 필자가 2019년 10월에 주창한 캠페인입니다.

위와 같은 오온(5개의 100)아젠다를 가지고 운동의 불을 지피는 행사를 개최하여 전국적으로 국민과 공감대를 형성하고 사회적 합의를 통해 해법을 도출하고자 합니다. 3·1독립운동으로 나라를 되찾자는 정신은 저출산으로 인구절벽에 처한 우리나라를 구하자는 취지에 맞닿아 있고, 100인 구국 지사는 이 운동을 함께 열정적으로 해 나갈 각계각층의 영향력 있는 유명 인사들 100인을 모신다는 것입니다. 인생 경험 많고 저명한 인사들뿐만 아니라 앞으로 이 운동을 이끌어 나갈 젊은 세대들도 영입하여 구태의연한 정책의 사고방식이 아닌 신선한 아이디어와 활기가 넘치는 운동으로 승화시켜 나갈 생각입니다.

처음에는 100명을 모시고 차츰 호응이 되면 2차, 3차로 계속해서 모시어 적어도 1,000명 이상의 국내 및 해외의 인사들을 모실 계획입니다. 또 교육이 국가백년대계라 하듯이 우리의 출산 장려 운동도 앞으로 100년을 바라보고, 남북한 합쳐 1억이 넘는 인구 대국으로서 국가부흥의 큰 계획을 짜보자는 의미이오니 뜻있는 많은 분께서 동참해 주시기를 바랍니다.

여성의 마음에 달린 출산

　요즈음 인구절벽으로 나라가 많은 어려움에 부닥치고 있다. 2021년도 합계출산율이 0.81명으로 세계 유래가 없는 기록을 갈아치우고 있다. 이미 많은 분이 다 잘 아시겠지만, 많은 인구학자는 이러한 초저출산율이라면, 500여 년 후에는 우리 대한민국의 존재가 없어질지도 모른다고 한다. 아직 500여 년이나 남았으니, 아무도 자기 생전에 겪을 일이 아니라고 생각하여 무관심하겠다고 생각된다. 그러니 오늘로부터 500여 년 전으로 돌아가 보자.

　온 국토가 전장이요, 온 국민이 외적의 침략에 유린당하였던 임진왜란, 병자호란은 문제로 삼지 않더라도 근세의 일제 강점기, 6.25등의 환란을 겪어오면서 나라를 구하기 위해 일어섰던 우리 선조들의 얼을 되새겨 보면 우리가 이 출산 장려 운동을 구국운동의 차원으로까지 승화시켜야 하는 이유는 자명하다.

　1910년 국권피탈(한일합방조약)이 체결되던 해 일제의 강압 통치가 시작되자 이시영 가문은 그 많던 전답과 재산을 깨끗이 정리하고 식솔들을 이끌고 남부여대(男負女戴)하여 압록강을 건너 만주로 망명하였다. 그곳에서 일본을 이길 군사력의 필요성을 절감하고 신흥무관학교를 세우고 독립군을 양성하였다.

　그 이후 조국광복을 맞아 1945년 귀국할 때까지의 고난과 어려움은 우리의 상상을 초월한다고 한다. 같이 떠난 6형제 중 나머지 형제들은 다 죽고 이시영 선생 혼자만 살아 돌아와서 대한민국 초대 부통령이 되었다. 삼한갑족(三韓甲族) 중의 하나인 이 가문이 만주를 떠돌면서 굶주림과 북풍한설(北風寒雪), 그 추위 속에서 오직 조국광복을 위해 겪어야 했던 고초와 어려움은 말로 다 형용할 수가 없으리라 추측된다. 가족과 형제들이 다 죽고 일부는 중국 땅을 유리걸식하면서 오로지 조국광복을 위해 싸운 그 애국심은 하늘이 알고 땅이 알지 않겠는가.

2021년 합계출산율이 0.81명까지 내려갔고 2022년은 0.78명으로 급전직하하였다. 세계 최초가 되는 엄청난(?) 기록이다. 좀 뒤틀린 심정으로 말하자면 세계 최고, 최대를 좋아하는 우리 민족이 세운 또 하나의 기념비적인 암울한 흑역사가 아닐 수 없다. 또 지난해 코로나라는 괴질 때문에 방역 대책으로 거리 두기를 시행하여 결혼식들이 취소되고 모임 자체가 열리지 않으니 2023년의 합계출산율은 0.6 명대로 떨어지는 것도 각오해야 할 것 같다.

1960년대 합계출산율이 5~6명 정도가 되었고 그때 대구 인구가 100만을 조금 밑돌던 시절에 매년 대구시 인구만 한 아기들이 태어났던 것을 상기해 볼 때 격세지감(隔世之感)이라는 말로는 짐작조차 가지 않는다.

2019년 2월 1일 자 조선일보를 보면 20세~44세의 미혼남녀 2,500명을 대상으로 조사한바, 요즈음의 여성들 자녀 출산에 대한 설문조사에서 자녀가 꼭 있어야 하냐는 질문에 20% 정도가 자녀가 꼭 있어야 한다고 대답했다고 한다. 반면에 미혼여성의 48%, 미혼남성의 29%는 자녀가 없어도 무관하다고 대답했다고 한다. 무자식이 상팔자인가?

2021년 한국 정책연구원이 현재 자녀가 없는 20~30대 4,715명을 대상으로 자녀 출산계획, 직업, 경력 전망 등을 조사한 결과 '일생 자녀계획이 없다'라는 이른바 무자녀 전망 층이 52.8%(2,490명)에 달했다. 이 비율은 여성(57.8%)이 남성(48.5%)이 높았다.

빠르게 변하고 있는 것은 인공지능 등의 첨단기술만이 아니다. 우리 젊은 이들의 자녀와 결혼, 가정에 대한 관념도 빠르게 변하고 있다. 비록 우리 세대와 비교하지 않더라도 충격적인 변화이다. 그러나 충분히 이해되는 부분이기도 하다. 이 책임은 청년세대를 아우르지 못한 기성세대의 무책임과 무능함으로 생긴 현상이라고 생각한다.

저출산이 가져오는 국가적 폐해는 이미 주위에서 많이 나타나고 있지만 그중에서 눈에 띄는 것이 지방 군소도시와 초, 중학교의 감소. 소멸감소 예상 지역은 영양군, 청송군, 의성군을 비롯한 삼척시, 태백시, 상주시 등등으로 나타나고 있다. 폐교 조치(학생 수 60명 미만) 수준의 초, 중학교는 강원도 48%, 전남 49%로 2019년 1월 집계되고 있다.

필자는 이미 20여 년 전에 당시 가족계획협회의 산아제한정책이 성공하여 합계출산율이 1.5명 이하로 떨어질 때 앞으로 다가올 인구절벽을 알아보았다. 그 당시의 신문 기사에 '앞으로 인구가 줄면 60만 군대는 어떻게 유지하느냐?' 하는 질문에 그때는 첨단무기로 무장하고 훈련을 통해 정예 강군으로 육성시키면 된다고 하는 것을 보았다.

당연히 최첨단 무기를 계속 개발 혹은 수입하여 국토 안보에 대비하여야 하겠지만, 2018년 통계청의 자료에 의하면 2020년 초반부터는 병역자원도 부족해지기 시작하여 2030년 초반까지는 연평균 2만 3,000명의 사병이 부족하게 된다고 하니 그 이후는 말할 것도 없다. 그래서 필자는 이 인구감소가 가져오는 폐해를 미리 알아차리고 산아제한정책이 공식적으로 폐기된 1999년부터 국회 의원회관의 국회 의원들을 찾아다니며 출산장려정책을 다시 잘 수립해 주어야 한다고 당부하였다.

오늘날 처한 인구절벽이라는 암울한 현실에 비해 우리 젊은이들의 결혼과 가족 및 자녀에 대한 인식은 정말 무관심하다는 말이 적합할 정도로 빠르게 변화하고 있다. 출산 장려 운동을 단순한 캠페인 정도가 아니라 전 국민이 나서 구국운동 차원으로까지 승화시켜야 하는 이유가 여기에 있다.

위에서 보다시피 이시영 선생 같은 독립운동가들이 편안하고 풍요로운 삶을 헌신짝처럼 던지고 목숨을 초개같이 여기며 피 흘리며 싸웠기에 오늘날 우리가 평화롭게 살아 숨 쉬고 우리의 조국이 이 지구상에 존재하는 것이다.

여기에서 필자는 비단 이시영 가문만을 말하고자 함이 아니고 너무나도 잘 알고 있는 안중근, 유관순, 윤봉길 등등 수많은 애국자가 떨쳐 일어나 오직 나라와 민족의 평화와 안녕을 위해 목숨을 걸고 싸운 선열들의 그 애국심을 한번 일깨워 보고 싶은 것이다. 우리 역사가 생기고 수많은 외적 침입에 맞서 싸운 선각자, 독립운동가들의 애국심이 우리 사단법인 한국 출산 장려 협회의 구국운동의 정신에 맞닿아 있음을 부인할 수 없다.

그리하여 오늘날 인구절벽 앞에 선 우리나라의 어두운 앞날에 대한 염려로 우리 젊은 청년들에게 구국운동 차원의 애국심으로 한번 호소해 보고 싶은 심정이 절실하다. 물론 결혼과 집은커녕 현실적으로 취업 및 연애도 할 형편이 안 되는 젊은이들의 마음을 백번 이해한다고 하더라도 한 가닥 애국심에 기대어 보려 함은 지나친 욕심일까? 젊은 청년들이 아이를 낳아 주지 않으면 과연 이 나라는 어떻게 되겠는가? 청년들에게 맞아 죽을 각오로 이 글을 쓴다.

부부간 임신 여부의 결정은 여성의 마음이 70%를 차지한다고 하는 통계가 있는데 이는 여성이 임신을 원하면 아이를 가지게 된다는 이야기인 것 같다. 육아의 어려움을 모르는 남자들의 생각이라고만 할 것이 아니라 국가를 위한 일에 여성들이 애국심을 발휘하여 출산에 더 적극적이기를 빌어본다. 물론 정부에서도 100조 원의 예산으로 출산·출생 장려 사업에 투자해야 한다는 점은 불문가지이다. 이래서 꼰대 소리를 들어도 할 수 없다.

정부 및 지자체에서 새로운 정책개발과 효과 있는 사업 시행에 노심초사하고 있겠지만 이제는 선택과 집중으로 정책 기조를 바꾸고 전 국가의 역량을 집중하여 임신과 출산, 육아하는 여성들에게 갑절의 지원이 따라야 함은 말할 필요도 없다. 그리하여 출산 장려도 국가의 전 역량을 총동원해서 과거 정권의 경제개발 5개년 계획이나 산아제한정책처럼 줄기차게 밀어붙여야 한다고 생각된다.

어느 모임에 가서 출산 장려에 대해 한마디를 했더니 그중 한 사람이 이렇게 말한다. "애를 낳는 것이 바로 애국이여, 그건 애기 하나가 안중근 의사의 총알 한 발, 윤봉길 의사의 도시락 폭탄 한 발에 맞먹는 거여."

출산장려부 설치의 시급성

인구가 많아야 경제 대국이 된다는 생각은 인구학자들이나 경제학자들에게는 오래전부터 있어 온 이야기이다. 필자도 우리나라의 인구절벽을 예견한 이후 민간인의 신분으로 출산 장려 운동에 헌신하기로 결심하였다. 인구학자들이 발표하는 미래 보고서 등을 참고해 보면 인구가 줄어들어 수많은 폐해가 생겨나고 있는 일본의 경우를 볼 때 그 패턴을 우리가 따라가게 될 거라는 생각이 들어서이다.

그리하여 2000년부터 국회의원회관의 의원사무실을 일일이 방문하면서 하다못해 비서관에게라도 다시 출산 장려의 법안을 발의해야 하는 당위성을 누누이 설파하고 그 법안을 통과시켜 줄 것을 호소하고 다녔다. 그 후 많은 세월이 흘러 2018년에는 참으로 어렵사리 사단법인을 허가받았다. 이를 계기로 전 국민에게 출산의 귀중함과 가족의 행복감을 알리기 위해 2020년 10월 10일에는 국회의원회관 대회의실에서 출산 보국 원년을 선포하기로 계획이 되어 있었다. 하지만 협회 내부의 사정과 2020년 코로나로 연기되어 2022년 가을에 개최하기로 잠정 결정되었다.

자고로 고금동서(古今東西)를 막론하고 인구 증가를 위해 애쓴 흔적을 많이 찾아볼 수 있다. 김동인의 소설 『을지문덕』 중에서도 사실 여부는 차치하고 소설 속이지만 자녀를 많이 낳은 여성들에게 다산록(多産錄)이라는 상을 주고 있다는 이야기가 나온다. 또 600만 유대인을 학살한 히틀러는 2차 세계대전으로 비록 수많은 젊은이를 전장으로 몰아넣은 희대의 독재자이지만 독일의 인구 증가를 위해서 결혼하여 첫째 아이가 태어나면 주택비용의 3분의 1을, 둘째 아이는 2분의 1일, 셋째 아이가 태어나면 전액을 지원해 주는 방식으로 인구 증가를 꾀했다.

루마니아의 독재자 차우셰스쿠 대통령은 결혼한 가족에게 무조건 5명의 자녀를 낳으라는 해괴한 정책을 펴며 낳지 않는 가족에게는 엄청난 세금을 매겼다. 이 정책으로 신생아가 많이 태어났으나 이 아기들을 위한 보육시설을 비롯한 인프라가 전혀 지원되지 않아 수많은 아기가 희생되었다. 또 출산 후 아기 양육을 감당할 수 없는 가족들은 정부가 운영하는 아동보호시설에 아기들을 맡겨 버리는 바람에 차우셰스쿠가 실각하자 이 아기들 문제는 상당한 사회적 문제를 일으켰다.

2019년 신문에 보도된 헝가리의 출산장려정책은 우리 협회로 봐서도 시사하는 바가 크다. 헝가리 빅토르 오르반 총리의 출산장려정책은 신혼부부에게는 4,000만 원을 무이자 대출해 주며 셋째 아이를 출산하면 대출금 전액을 탕감해 준다. 그리고 4명 이상 다자녀가구가 7인승 자가용 구매 시에는 1,000만 원을 지원해 준다는 파격적 정책이다. 또 중동의 석유 부국 두바이는 결혼하면 10만 달러와 빌라 한 채를 선물로 준다고 하니 과연 돈 많은 나라답다는 생각이 든다.

이렇듯 상기에서 보듯이 정책의 성패를 떠나 국가의 최고지도자라면 많은 인구가 그 나라 국력과 경제력의 기본이 된다는 생각에는 일치를 보고 있다고 여겨진다. 물론 우리나라에서도 대통령 직속 기관으로 저출산·고령사회위원회가 있어 많은 정책을 쏟아내고 있고 각 지자체도 앞다투어 수많은 정책을 입안하고 천문학적인 재정을 투입하고 있긴 하다. 정부와 각 지자체에서도 2006년부터 저출산·고령화 5개년 정책으로 매년 10조 원이 넘는 막대한 재정을 쏟아붓고 있고 2020년은 35조 원을 집행했으며 2021년은 38조 원 정도이다. 지금까지 280조를 투입했다고 하는데, 합계출산율은 오히려 떨어져만 가고 있는 암울한 현실이다.

우리나라의 저출산, 고령화 문제를 극복하기 위하여 노심초사하고 있는 정부 기관은 무엇보다 여성가족부와 보건복지부, 저출산고령사회위원회 그리고 인구보건복지협회 등일 것이다. 초창기에 한국출산보육장려협회라는 좀 긴 이름으로 협회를 운영할 때 한번은 여성 관련 업무로 여성가족부를 찾았는데 담당 주무관이 업무의 성격상 이는 보건복지부로 가라고 해서 좀 짜증이 났던 기억이 있다. 물론 확인해 보지도 않고 찾아간 본인의 실수가 전부이지만 비슷한 업무가 다른 부처에서 따로 나뉘어 있으니, 공무원들의 업무가 중복되는 것이나 아닐는지?

조금만 들여다보면 출산은 여성가족부가, 육아는 보건복지부가 맡은 형국인데 정부 내 두 부처에서 따로 비슷한 정책을 만들고 실행하다 보니 무언가 손바닥이 마주쳐지지 않는 느낌이다. 두 부처의 내부 사정은 알기가 힘들지만, 저출산과 고령화 관련 정책과 사업만을 따로 떼어서 독립기관을 신설하였으면 더 큰 시너지효과가 나지 않을까 하고 늘 생각해 왔다.

그리하여 수장이 장관급인 인구가족부 혹은 결혼출산부나 하다못해 좀 작은 규모의 인구청이라는 외청으로라도 독립시켜 저출산· 고령화 정책을 완전 총괄 진두지휘할 수 있는 전담 부처가 생겨 긴 호흡으로 100년 앞을 바라보며 정책을 밀고 나갔으면 하는 바람 간절하다.

참고로 이웃 일본은 2015년 합계출산율이 1.46명으로 1994년(1.5명) 이후 21년 만에 최고치를 기록했다. 일본은 합계출산율을 1.8명으로 끌어올리겠다며 인구정책을 국정 최우선 과제에 올려두고 있다. 그리하여 '1억 총활약 국민회의'를 열어 동일노동 동일임금, 최저 임금 인상 등을 포함한 '1억 총활약 플랜'을 채택했다. 1억 총활약 국민회의는 50년 후에도 인구 1억 명을 유지하고 일본을 활력 있는 사회로 만들겠다는 '1억 총활약 사회' 구현을 위한 회의체다.

이는 2014년 5월에 마스다 히로야(増田寛也) 전 총무 대신이 "현재 일본

출산율 수준이 지속될 경우 2040년까지 기초자치단체의 절반이 소멸한다"고 지적한 인구 예측 보고서의 영향이 컸다. 아베 총리는 보고서가 나온 지 불과 넉 달 만에 내각에 인구 대책 전담 장관인 '1억, 총활약상(總活躍相:장관급)'을 둘 정도로 기민하게 움직이고 있다. 저출산으로 다가오는 인구절벽을 맞아 일본 정부에서도 좀 더 강력한 정책을 일괄적으로 추진하기 위하여 장관급을 수장으로 하는 부처를 만들었다고 여겨진다.

그리고 당연히 출산장려정책에는 출산 뒤를 따르는 유아까지 포함하여 더 많은 재정의 확충이 꼭 필요하다. 그러한 안목에서 볼 때, 여성이 가임기에 들어서는 15세부터 출산재형저축이나 희망 가족통장이라는 것을 만들어 주고 정부가 80%, 본인이 20%를 정도를 분담하여 미래의 임신이나 출산, 결혼 때 목돈을 만들어 축하의 선물로 주는 방법도 한번 생각해 볼 만하다고 느껴진다.

또 우스갯소리가 될지 모르겠지만 이번 기회에 문화체육관광부도 같이 참여하여 로또에 버금가는 출산 장려 복권을 발행, 재정을 확보하고 이 재정은 온전히 출산장려정책 시행에만 투입하면 어떨까? 각 정부 부처 및 지자체의 시너지 창출과 관련하여 타 기관의 본보기가 되고 합계출산율도 확실하게 올라가지 않을까 하는 마음이다. 참고로 2020년 상반기 복권의 매출액은 2조 6천억가량이다. 일 년이면 5조 원은 훌쩍 넘는다는 것이다. 복권에 대한 찬반은 팽팽하나 단시간에 많은 예산을 확보할 수 있는 손쉬운(?) 방법이라 생각된다.

국가의 원동력인 청년세대

청년의 기를 살려 국가의 원동력을 만들어야 한다. 국가 예산을 잘 편성하여 청년들의 삶의 질을 끌어올려야 한다. 국가 예산의 편성은 전문가가 아니라서 잘 모르지만, 정부가 맘먹고 챙기면 급하지 않은 부분을 예산에서 절약하여 청년들을 위한 정책을 수립에 투입하라고 말하고 싶다. 이제는 정말 예산 타령하며 적기를 놓쳐서는 안 될 것이다.

신문을 보면 자주 청소년들이 저지른 끔찍한 사건들을 볼 수가 있다. 심심찮게 터져 나오는 기가 막힌 사건들 앞에서는 아예 벌어진 입이 다물어지지 않는다. 예를 들자면 학원 폭력으로 한 아이를 따돌려 자살에 이르게 하는 일도 있다. 또 PC방에서 선배들에게 인사를 하지 않는다고 여중 후배를 폭행하여 중상을 입히는 사건이 일어나는가 하면 남학생 몇 명이 약한 후배 여학생을 납치하여 여관 등지로 끌고 다니면서 성폭행하고 더 나아가 성매매까지 강요하는 기가 막히는 막장 사건들도 있었다.

또 태권도를 전공하는 모 대학의 체육학과 여대생이 전철 안에서 큰 소리로 통화를 하다가 자리에 앉아 계시던 어느 할아버지가 소리를 죽여 통화하라고 했다가 여학생의 발길질에 그만 쓰러졌다는 기사도 있다. 그 외에도 게임을 많이 한다고 모친이 꾸중하자 그만 엄마를 폭행 치사한 사건 등등 이루 헤아릴 수가 없다. 아직 미성년인 청소년들이 이런 극악한 범죄를 저지른 것도 그렇지만 동기생을 치사케 한 범죄 후에도 주위 사람들에게 자신이 아직 미성년이니 형을 가볍게 받아 소년원에서 몇 년 살고 나오면 되지 않겠느냐고 하더라는 기사는 차라리 눈을 의심할 지경이었다.

또 한편으로는 아주 드문 사례로 요즈음 고교 남학생 중에 정관수술을 받으려는 학생들이 있다고 하는데 학생의 부모들은 자기 아들이 성적으로 문란하여 여자친구와 사고를 쳐 덜컥 아기라도 들어서면 낭패라 미리 방비하는 차원에서 병원을 찾는다고 하니 기가 찰 일이다. 고대 함무라비 법전에도 '요즈음 아이들은 버릇이 없다'라는 문구가 있다고 한다. 예나 지금이나 어른들로서는 당연히 아이들에게 불만이 있을 수 있겠다.

필자는 어릴 적 지금은 구미시로 편입한 경북 칠곡군의 농촌에서 자라 봄에는 모심기하기도 했다. 힘들여 모를 심고 논두렁 올라서 보면 어른들이 심은 모나 필자가 심은 모나 솔직히 어린 마음에 보기에도 엉성하긴 마찬가지였다. 벼 포기가 좀 모자란 것도 같고 줄도 삐뚤삐뚤하고, 또 어떤 모는 옆으로 쓰러질 것도 같았다. 그러나 여름에 농약을 칠 때쯤이면 벼 포기들이 성장해 제법 굵은 줄기 묶음을 형성하고 보기에도 아주 실하게 보인다. 메뚜기 날아다니는 가을 들녘을 지나치다 보면 이제는 꽉 찬 황금 이삭들을 달고 늠름하게 서 있는 것이다.

청소년들은 바로 이런 존재들이 아닐까 싶다. 버릇이 없고 하는 일이 서툴러도, 어린 마음에 사고를 쳐도 어른들이 이해하고 잘 교육하면 성년이 되었을 때 한 가정의 가장으로서 책임을 다하는 또 국민으로서 의무를 다하는 멋진 어른이 되어있을 것이다.

물론 청소년 범죄가 어제, 오늘의 일만은 아니겠지만 이런 학생들이 태어날 때부터 성정이 악했을까 반문해 본다. 맹자의 성선설이나 순자의 성악설도 일리가 있겠지만 필자의 생각으로는 성장하면서 받은 교육의 질에 있다고 여겨진다.

계절의 여왕이라 불리는 오월은 참으로 멋지고 싱싱한 계절이다. 산과 들에는 지천으로 꽃들이 피기 시작하고 푸른 잎들은 녹색의 싱그러움을 발산한다. 당연히 이 좋은 계절에는 체육대회나 야유회 등 야외 행사가 즐비하다. 달력을 자세히 들여다보면 행사와 기념일이 많기도 하다. 우선 5월 5일 어린이날, 5월 8일은 어버이날, 15일은 스승의 날, 20일은 성년의 날, 21일은 둘이 하나가 되는 부부의 날 등이 있다.

필자는 출산 장려 운동을 시작하던 2000년대 초, 어린이도, 어버이도, 부부도, 성년도, 스승도 모두 자기들의 날이 있는데 유독 한창 자아가 완성되어 가는 고등학교나 대학생의 연령대를 커버하는 청소년의 날이 없음에 주목했고 늘 안타깝게 생각하곤 했다.

물론 성년의 날이 있는데 굳이 또 하냐는 사람들도 있겠지만 필자가 생각하기로 성년의 날은 의미 자체가 그냥 20세가 되어 이제 어른으로서 대우해 준다는 요식 행사 같은 느낌이다. 이날 스승이 제자의 발을 씻겨주는 세족식 같은 것을 하는 기사나 사진들을 보게 되면 더욱 그렇다.

필자의 생각으로는 어린이날과 성년의 날사이 5월 10일을 청소년의 날로 정해 어린이날 못지않은 기념일로 만들어 청소년들을 위한 행사를 많이 개최했으면 한다. 2019년에 9월 19일이 청년의 날로 제정되어 2020년 제1회 기념식에서 대통령이 치사를 한 바 있으니 일단 바라던 바가 이루어졌다. 겉치레의 행사에 그치지 말고 세세한 계획을 세워 미래의 국가 대들보가 될 청년들에게 더 많은 지원이 이루어지고 보다 많은 관심을 쏟아 같이 고민하고 같이 즐기는 행사를 만들어 청소년들에게 자신감을 심어주고 자신들이 만들어 가야 하는 국가와 사회에 대해 올바르게 인식할 기회를 부여하는 것이 옳다고 생각한다.

2013년 3월 을지대학교에 외래 교수로 부임하여 '결혼과 가정'이 라는 강좌를 맡아 강의하게 되었다. 강의 첫날은 필자가 대학을 졸업한 지 어언 45년이 되는 날이었다. 강의실을 꽉 채운 학생들을 볼 때 45년 전 경북대학교에 재학하면서 연구실과 강의실을 바삐 뛰어다니던 추억이 주마등처럼 지나갔고 온몸에서는 엔도르핀이 뿜어져 나오는 것 같았다. 학생 수가 40명 정도로 큰 규모의 강의는 아니었으나 그중 30여 명이 여학생이었다. 이미 성인이 되었으니 나름대로 화장도 했지만, 그 초롱초롱한 눈망울들은 어린 아이같이 정말 싱싱하게 살아있었다.

앞서 언급한 비행 청소년이나 대학의 강의실에 나온 학생들에게 중, 고교 때부터 자아실현에 관한 교과목을 확대해 자신의 정체성을 깨우쳐주는 교육 프로그램이 꼭 필요하다고 느꼈다. 이 역시 출산 장려 운동의 하나로, 청소년들의 정체성을 바로잡아 주고 올바른 인생관과 가정의 소중함과 행복감을 심어 주어 훗날 나라의 일꾼이 되었을 때 타인에 대한 배려와 국가에 대한 애국심과 충성심이 가득한 품격 있는 인성을 길러 주어야 하겠다고 생각된다.

사실 요즈음의 청소년들에게는 학교나 사회가 주는 압박감은 거의 고드름이 얼어붙는 빙하기 수준이다. 중학교, 고등학교에서는 성적 일등주의, 대학 일류주의로 살인적인 경쟁 관계가 형성되어 있고 대학을 졸업해도 취업이 안 되니 수중에 돈이 없어 출산은커녕 연애도 못 하고 결혼은 엄두도 못 내는 참으로 불쌍한 3포 세대이다. 이러한 환경 때문에 생겨나는 청소년들의 비행과 재정적 어려움, 불행한 가족사들을 보고 들으면서 이들을 위한 지원과 정체성 교육이 꼭 필요하다고 생각했다.

많은 청년이 흙수저의 서러움에 헬조선(지옥 같은 한국)의 절망감까지 맛보고 있다. 흙수저야 그 자체는 그대들의 선택이 아니었으니 누구를 원망하겠냐마는, 헬조선(지옥 같은 한국)은 기성세대가 만들었다고 할 수 있으니 요즈음 같으면 살아가는 게 헬(지옥)이라고 할 만하겠다. 일전에 기성세대가 '젊은이들이 더 노력해야 한다'라고 하니 빈정거림으로 노~오~력 이라고 하던데 그 마음은 충분히 이해되지만 어쨌든 젊은이다운 용기를 잃지 말고 최선을 다해 주길 바랄 따름이다. 왜냐하면 그대들은 아직은 젊으니까.

2014년 5월 서울시 금천구 가산동 ㈜씨에이팜 사무실에서 청소년희망본부를 발족해 초대 본부장으로 취임하고 활동을 시작했다. 이때는 물론 출산 장려 운동과 함께 교육의 효과를 높이고 국민 인식을 극대화하고 싶었다. 금천구 상공회의소 부회장으로 재임한 2014년부터는 금천구와 협력하여 금천구의 관내 청소년들을 위해 500만 원 정도의 장학금을 만들어 기증하고 그들을 격려했다.

또한 청소년들이 성장함에 따라서 종아리에 살이 트는 현상이 발생하는데 사춘기의 학생들이 이를 매우 부끄럽게 여긴다는 소리에 '화이트 마크'라는 튼살 방지 크림을 개발해 상당액의 상품을 쾌척하기도 했다. 그러나 이 역시 위암 수술, 그리고 2016년 두 번째 간암 수술로 인한 업무의 공백으로 안타깝게도 이어지지 못하고 말았다. 이제 몸도 완쾌되었으니 다시 힘을 내어 시작하기로 마음먹었다.

우선은 9월 19일이 청년의 날로 제정되었으니 만족스러우나, 청소년의 날을 법적으로 따로 제정하는 데 최선의 노력을 기울이고 청소년들이 실제로 참여하고 도출하는 신선한 아이디어로 그들의 싱싱한 기를 팡팡 살려주고 싶다. 청소년들의 사고가 건전해야 훗날 행복한 가정을 이루어 출산 장려에도 여러 가지 기여를 하게 될 것이다.

유네스코 한국연맹

　1990년대 말부터 출산 장려 운동에 뛰어들어 많은 우여곡절을 거쳐 2010년 9월 정식으로 비영리민간단체로서 한국출산장려협회를 창립하고 업무를 시작하였다. 그동안 마음속에서 차곡차곡 정립되었던 우리 한국출산장려협회의 봉사 정신과 육아, 양육시스템을 완성하여 반기문 사무총장이 현직에 있을 때 UN 산하 기구로 등록하여 세계 곳곳에서 저출산이 문제가 되는 국가들과 협력, 세계평화에 조금이나마 이바지하기를 꿈꿔왔다.

　하지만 그 꿈을 시도조차 못 한 채 2013년과 2015년에 두 번에 걸친 암 수술로 거의 4년을 허송세월하며 귀중한 기회를 놓쳐버렸다. 처음에는 위장 검사를 하다가 위에 혹이 발견되어 위의 3분의 2를 절제하였다. 그 후 치료와 요양에 전념하던 중 또 간에서 종양이 발견 되어 간도 반 이상을 잘라내었다.

　소설 『좁은 문』으로 유명한 앙드레 지이드는 병과 여행만이 자아를 돌아보게 한다고 했는데 이 기간 참으로 많은 생각을 하면서 필자의 과거를 돌아보며 오로지 우리 협회의 발전만을 위하여 소중한 시간을 보냈다.

　당연히 대표이사가 자리에 누워 있으니 조그마한 중소기업의 상황은 더욱 어려워졌다. 어쨌든 몸을 추스르고 일어나 바로 사단법인 허가에 몰입하여 2018년 6월 서울시로부터 허가받게 되어 다시 출산 장려 운동의 물꼬를 트게 되었다.

지난 2018년 12월 26일 유네스코 한국연맹 서울협회로부터 2018년 올해의 인물상을 받게 되었다. 지난 20여 년 동안 출산 장려 운동에 헌신한 공로를 인정하여 수상한 것인데, 사실 이때 필자가 유네스코라는 단체에 본격적으로 관심을 두게 된다. 참으로 뜻밖의 상에 개인으로도 영광스럽고 우리 사단법인 한국출산장려협회의 앞날에도 큰 이정표가 되어주었다.

좀 더 알아보니 유네스코에 등재되는 세계문화유산에는 기록문화 유산이 있는데, 기록이 담긴 자료, 비기록 자료, 전통적인 움직임과 현재의 영상 이미지, 오디오, 비디오 등이 포함된 것이라고 한다. 그래서 현재 우리 시스템을 확고하게 만들고 정신적인 면을 더욱 함양하여 훗날 유네스코 세계기록문화유산으로 등재하여 국위를 선양하고 세계평화에도 일조하고 싶다는 소망을 품게 되었다.

유네스코는 1972년 세계문화 및 자연 유산 보호 협약을 채택하였다. 이러한 인류 보편적인 가치들을 지닌 자연유산 및 문화유산들을 발굴하고 보호, 보존하여 인류의 유산으로 길이 전하기 위해서이다. 우리나라에서도 많은 문화유산이 등재되어 있는데 그중에는 한국 씨름(2018년)도 등재되어 있다. 좀 뜻밖이지만 참으로 자랑스럽다. '세계유산'이라는 용어의 정확한 의미는, 모든 인류에게 속하는 보편적인 가치를 지니고 있고 특정 소재지와 상관없이 후대에 물려줄 만한 가치가 있는 것을 말한다고 한다. 현재 등재된 문화유산 중에서 두어 개를 골라 여기에 올려보며 알아보고자 한다.

요르단 페트라 유적
작년 여름 친구 하나가 카톡으로 멋진 사진을 몇 장 보내왔다. 성당에서 교우들과 같이 계를 부어 성지순례 간다고 하더니만 사진으로만 보던 요르단 페트라 고대도시의 알카즈네(파라오의 보물이라는 뜻) 유적 앞에서 찍은 사진이었다.

페트라의 유적은 할리우드의 유명한 영화 〈인디애나 존스 2편-마 궁의 비밀〉을 촬영한 장소로도 유명한데 필자도 죽기 전에 꼭 한번 가보고 싶은 유적지다. 친구가 직접 여행 가서 배경으로 찍어 보내준 사진이라 더욱 간절해졌다.

사진으로 봐도 어마어마하고 정교한 모습에 놀라움을 금치 못했는데 친구에 대해 부러움도 컸지만, 막상 친구가 그 앞에서 자세를 취한 사진을 보니 그 높이도 무척이나 대단했다.

1980년에 유네스코 세계문화유산에 등재가 되었다고 하는데 붉은빛의 사암(砂巖)으로 조각된 알카즈네는 높이는 대충 봐도 50여 미터는 되어 보인다. 어떻게 돌에 그대로 조각할 생각을 했을까, 그것도 위에서 조각해 내려왔다니 그 노력과 측량 기술은 도대체 어디서 왔을꼬?

훈민정음해례본

간송 전형필은 일제강점기 시대 인물로 우리 문화유산을 전 재산을 걸고 지킨 애국자이다. 필자가 외람되지만, 짧은 소견으로 한마디 하자면 3·1독립선언 33인의 위업과 정신에 비해서도 결코 못 하지 않다고 생각된다. 그가 서화, 도자기 등 민족의 문화유산을 수집, 구매하는 데 알려진 수많은 일화가 있지만 우리나라의 문화유산이라면 값을 따지지 않고 산 이야기도 많다.

유네스코 세계기록 문화유산으로 등재된 이 훈민정음해례본(국보 70호)을 살 때는 일반사람이라면 정말 눈이 튀어나올 만한 거금을 서슴없이 던졌다고 한다. 1940년 경북 안동에서 훈민정음 원본이 출현했다는 소식을 듣고 한달음에 달려간 간송은 이 해례본이 진품임을 알아봤다. 소장자는 큰 기와집 한 채 값인 1,000원을 달라고 했으나 간송은 값을 따지지도 않고 두말없이 그 자리에서 1만 원을 주고 샀다고 한다. 지금 시세로 봐서도 아무리 적게 잡아도 5억 정도는 되지 않았을까.

간송은 민족의 정기와 전통이 살아 숨 쉬는 민족 유산을 지키기 위해 그 많은 재산을 아낌없이 뿌린 인물이다. 물론 재산도 엄청 많았겠지만, 돈만 있다고 될 일이 아니었던 것은 확실하다. 그는 그가 수 만금의 거금을 던져 보존한 유형의 민족 유산의 가치에 버금가는 정신 바로 나라를 사랑하는 무형의 일편단심(一片丹心) 애국심으로 꽉 찬 진정한 애국자였다. 이 해례본은 세종대왕의 한글 창제 원리를 해설한 책으로 이 책으로 한글학자들의 한글 창제 연구에 결정적인 도움을 주고 있는 책이며 유네스코에 세계기록 문화 유산으로 당당히 등재된 자랑스러운 우리 민족의 귀중한 유산이다.

마침 우리나라에서도 일부 단체들이 유네스코 세계 기록문화 유산 등재를 추진하는 단체가 있었으니 바로 3.1운동 유네스코 유산 등재 및 기념재단이다. 이 재단은 2017년 12월 출범하였는데 독립선언 100주년을 맞아 2019년 정식으로 등재신청을 목표로 진행하고 있다고 한다. 여기에는 남, 북, 해외에서 각각 33인씩의 저명인사를 공동대표단으로 하고 1천 명의 발기인으로 추진한다고 하는데 그 추진단의 규모가 어지간하겠다고 생각된다.

3.1운동이라면 우리 민족에게는 너무나 의미 있는 독립운동으로 국내적으로도 물론이고 인류사적으로도 빛나는 독립 정신을 널리 전파, 발전시키고자 유네스코 기록문화 유산으로 등재시키려고 하는 것으로 생각한다. 이번 3·1독립운동 기념식장에 우리 사단법인 한국 출산 장려협회도 정식으로 초청받아 참석하기로 되어 있는데 이번 기회에 이 단체를 좀 더 연구하여 우리 협회도 정식 등재를 목표로 정하고 전심전력으로 뛰고 싶다.

상기에서 기술한 바와 같이 페트라 같은 고대의 거대한 유적지와 우리나라의 훈민정음해례본 정도가 되면 당연히 인류에게 보편적 가치가 있는 문화유산임은 누가 봐도 확실하다. 3.1운동의 독립 정신과 우리 협회의 구국 운동 정신의 근본이 애국한다는 맥락에서는 같은 정신이라고 감히 생각한다. 그리하여 필자가 20여 년간 이끌어 온 우리 사단법인 한국출산장려협회를 통해서 진행하고 있는 출산 장려 운동의 이념과 사회봉사 시스템도 먼 훗날에는 당당히 유네스코 세계기록 문화 유산에 등재될 수 있다고 믿는다.

우리 사단법인 한국출산장려협회의 사업 본질은 비단 인구 증가에만 치중하는 출산 장려 운동이 아니고 앞으로 더욱 발전시켜 양육, 교육, 문화, 사회 봉사시스템을 포함한 정신운동을 추구함으로 더욱 그러하다.

우리나라가 현재 많은 후진국에 전파하여 국위를 선양하고 있는 새마을 운동처럼 인류의 행복에 일조하게 하는 것이 필자필생(筆者筆生)의 소망이며 또 못 할 것도 없다고 생각된다.

여기에 더 나아가 출산장려재단을 창립하여 많은 재정을 확보하고 이 재정으로 인구 부족과 육아 정책의 빈곤으로 고민하는 나라들에 지원할 계획을 하고 있다. 이를 위해 UN의 산하 기구로 가입하여 인구절벽으로 출산 장려 운동이 필요한 나라들에 우리의 출산 장려 운동의 봉사 정신과 시스템을 전파하는데 충분한 재정적 뒷받침이 되게 할 생각이다.

세상을 바꾸는 또라이

　옛날 중국의 우공이산(愚公移山)이라 하여 우공이라는 노인이 혼자 힘으로 거대한 산을 옮겼다는 고사가 있다. 최근엔 우리나라 남해의 한 이름 없는 농부가 바닷가 절벽 위에 조그마한 밭을 일구었다가 태풍이 몰아쳐 다 쓸려간 다음에 다시는 뺏기지 않겠다고 혼자서 돌을 지고 직접 돌성을 쌓기 시작했다 한다. 7년간의 노력 끝에 매미성이라는 성을 쌓고 현대판 성주(?)가 되었다고 하는데 옛날의 고집스러운 우공의 고집에 못지않다. 이제는 예쁜 바닷가 카페를 열고 관광객들에게는 무료로 성을 개방하여 마음 편케 산다는 기사를 보았는데 참으로 부러운 일이 아닐 수 없다.

　이런 부류의 사람들은 역사상 무수히 많지만, 공통된 점은 시쳇말로 '미친놈' 혹은 '또라이'라는 소리를 듣고 살았다는 것이다. 누가 뭐래도 자기 길을 가서 종국에는 성공이라는 영광의 의자에 앉은 것이다. 오늘날까지 성공하여 인류의 빛이 된 수많은 천재, 사업가, 예술가, 스포츠인도 시작은 미약하고 초라했고 미친놈 소리를 들었다. 그러한 비아냥거리는 소리를 들었을 때 그만두고 싶은 마음이 한두 번이었겠냐만 묵묵히 자기의 길을 운명처럼 걸어간 것이다. 사업도, 예술도 인생도 긍정적인 마음을 가지고 흔들림 없이 가면 빛을 보게 되는 것이다.

　지금부터 20여 년 전 인구절벽의 위험성을 예견하고 출산 장려의 의지를 불태우며 매진하던 중 "바보 같이 국가가 할 일을 개인이 왜 하려 하느냐?"고 할 때, "정부는 관군이고 우리는 의병"이라는 자세로 나아간다고 했고,

두 번째, 세 번째 아이를 가진 임산부들에게 프라젠트라 튼살 크림을 둘째 아기면 50%, 셋째 아기면 무료로 보내줄 때 직원들이 "우리는 뭐 먹고 살라고 이러시냐?" 하고 아우성을 칠 때도 차분하게 임직원들에게 이것이 출산장려라는 봉사를 통한 상생의 원리라는 것을 깨우쳐 주었다.

그 뒤에도 많은 자사 경비를 들여 공익광고를 시행할 때 임직원들의 반대가 컸음에도 이 경비 이상으로 회사에 수익을 가져올 거라면서 설득하였다. 사실 그 이후로 매출이 100% 이상 늘자, 임직원 대표가 사장실로 와서 대표님 말씀이 맞았다고 사과한 일화도 있었다. 그 뒤 두 번 연속하여 찾아온 암이라는 병마에 시달리면서도 출산 보국의 초지일관 집념을 아직도 포기하지 아니하고 소걸음으로 뚜벅뚜벅 걸어가고 있다.

평소 낙심을 모르는 긍정적이고 낙천적인 성격이라서 웬만한 어려운 상황이 닥쳐도 정말 눈도 하나 깜짝하지 않는다. 상황이 어려워져도 주저앉지 않고 바로 대처할 생각에 골몰하게 된다. 친구들도 별명을 '박 긍정'이라고 붙여 줄 만큼 현재 상황이 아무리 나를 핍박해도 나의 길을 갈 뿐이다.

이 출산 장려 운동은 내 여생의 마지막 꿈이기도 하지만, 인구절벽에 맞부딪친 우리나라의 현실을 개선하기 위해 필자가 할 수 있는 일로서 일제강점기 독립운동 지사들이 조국의 광복을 위해서 헌신하신 그 애국적이고도 장렬한 삶에 조금이나마 보답하는 게 아닐까 자문해 본다.

필자는 라이온즈 클럽과 로터리클럽의 회원이면서 또 회장도 맡아 많은 일을 해왔는데 평소에도 두 국제적 단체의 조직과 완벽한 시스템이 늘 부러웠고 그래서 본 협회도 그와 같이 성장시켜 앞의 두 단체와 같이 세계 3대 봉사단체로 자리매김하게 되기를 늘 소망해 왔다.

라이온즈나 로터리가 거의 100년의 역사를 가지고 오늘날의 명성과 조직을 완성한 것을 참조하면 가능하리라 믿고 앞날을 설계할 것이다. 선진국들이 출산장려정책 개발에 목말라 있는 현실에 우리 협회가 봉사를 통하여 세계적으로 출산장려정책을 집대성하여 세계 각국에 이를 홍보 공유하여 전 세계의 인구정책 및 국가 발전에 이바지하게 되면 이는 전혀 불가능한 일은 아니겠다고 생각된다.

2001년에 7월 1일 자로 씨에이팜을 설립하고, 한국출산보육장려협회가 태동하면서 국회의원회관을 방문하여 출산 장려 5개년계획 법안 발의를 요청하는 등 마중물과 불쏘시개 역할을 하면서 출산 장려 운동을 본격적으로 펼쳐 나가던 중, 2006년 6월에 제1차 저출산·고령사회 기본계획이 발표되었다. 그간의 노력이 헛되지만은 않았다는 안도감과 희열감이 교차했다. 평소 출산 장려는 국가가 책임지고 할 일이며 백년대계를 위해 중·장기 계획을 하고 추진해야 할 역점사업으로 봤기 때문이다.

2007년 8월에 기업으로서도 협업해야 한다는 취지에서 관심을 가진 개인, 기업, 언론, 유관 단체 등 250여 명이 인터컨티넨탈호텔에서 모여 출산장려(저출산·고령화) 대책 사업설명회를 개최했다. 쇼핑몰을 만들어 유아용품회사를 필두로 분만병원, 산후조리업체 등을 회원으로 삼아 필요한 물건은 공동 구매하여 좋은 가격에 임산부나 워킹맘 등에게 구매 기회를 주고, 출산 시 카드를 발급해 주어 회원사들의 물건을 구매할 때 20~30%를 할인해 주는 방식을 설명했다. 이로써 출산에 대한 호의적인 사고를 하게 되고 출산 장려에 대한 인식구조를 고쳐 국가의 출산장려정책에 일조하자는데 목적이 있었다.

성황리에 행사를 마쳤으나 참석자 중 몇몇 사람들이 "국가도 하지 않는 일을 기업이 나서서 하느냐?" 하는 반문도 상당히 많았다. 한두 푼도 아닌 수천만 원의 거금을 들여서 할 이유가 없다는 것이었다. 사실 이날 식비와 기념품 등으로 3,000여만 원의 거금이 들었다. 그럴 만한 이유도 충분했으나 누가 해도 할 일이라면 내가 먼저 한다는 것이 진정한 봉사라고 생각했었기에 과감히 실천에 옮긴 것이었다. 이를 시발점으로 해서 본격적으로 출산

장려 운동을 시행하기 시작했다.

　필자가 긍정적인 사고방식을 가지게 된 것은 물론 천성의 일부라고 생각되나 정주영 회장을 통해서도 많은 것을 배웠다. 정주영 회장에 관한 일화는 너무 많아 일일이 열거하기가 벅차지만 두어 가지만 간단히 소개한다. 한번은 미군기지 공사 때 관사 앞에 잔디를 입혀야 한다는 미군 공사담당관으로부터 부탁받았다. 때는 추운 겨울이라 잔디를 구하기도 뭣한데 새파란 잔디를 입히라고 하니-. 밤새워 고민하다 현장소장에게 지시를 내렸다.

　들에 싹이 올라오기 시작한 보리를 밭째 캐다가 심으라고 했다. 다음 날 현장에 와본 공사담당관은 파란 잔디를 보고 지극히 만족해했다고-, 또 하나는 유조선 물막이 공법을 세상에 알린 정말 기발한 아이디어. 이 모든 것이 항상 세상을 긍정적으로 바라보는 안목과 사고가 있어 오늘날 현대의 그룹이 있게 한 자질이 아니겠는가, 정말 일반 사람들은 그냥 포기하고 주저앉아 버릴 것 같은 상황에서도 새로운 해결 방법을 찾는 정 회장 사고의 유연함은 아마 신이 내린 천부의 능력이 아니었을까? 필자는 오늘도 힘에 부칠 때마다 정주영 회장의 일화를 떠올리곤 한다.

　내 고향 학하리는 칠곡과 가까워 가끔 들리는데 그 이유는 바로 6·25 때 가장 처절한 전투가 벌어진 다부동이 있기 때문이다. 지금은 기념관이 멋지게 건립되어 있고 안에는 전투체험관을 비롯하여 놀이기구도 많이 있다. 이 다부동 전투는 유엔군과 국군 8,000여 명이 북한군 20,000여 명을 상대로 한 달간의 치열한 전투 끝에 낙동강 방어선을 지키고 더 나아가 북한군을 패퇴시키므로 오히려 국군이 국토를 수복할 수 있는 승기를 잡은 전투이다.

　만약에 이 마지막 남은 목덜미 같았던 낙동강 방어선이 뚫리면 그대로 부산까지 속절없이 밀려 내려가야 하는 절체절명의 방어선이었다. 필자의 얕은 지식으로는 이 다부동 전투를 유명한 영화 〈300〉에서 스파르타 군이 크세르크세스가 이끄는 수십만의 페르시아 대군을 맞아 사흘 밤낮으로 전투를 벌이다 전원 옥쇄한 전투에 비유함도 무리는 아니라고 생각한다.

위의 두 전투에서 보다시피 다부동 전투나 테르모필레 협곡의 전투나, 패배하면 역사 속으로 사라지는 운명의 동아줄이다. 마찬가지로 지금 우리나라의 저출산고령화 현상은 인식 제고를 통하여 반등시킬 승기를 붙잡지 못하면 인구학자들의 말처럼 2500년 우리나라를 지구상에서 사라지게 하는 도화선이 되고 말리라.

그리하여 이를 방지하기 위한 출산 장려 운동에 혼신의 신념을 기울여 다시 우리나라가 선진국으로 도약할 수 있는 기틀을 만듦에 필자의 여생을 불사르고자 하는 마음 가득하다. 마지막 최후의 방어선을 지킨다는 마음으로 또라이라는 조롱을 등에 지고 오늘도 줄기차게 출산 장려 운동에 매진할 것이다.

5장 대망

9남매 중 8번째 / 큰 바위 얼굴의 큰 꿈 / 3차까지 낙방한 고교진학 / 큰 제약회사에서의 활약 / 부도난 건설자재회사 / 솔잎을 먹어야 사는 송충이 그래, 우리는 폭탄이었다.
요새 한 번 더 터져주기를 고대하는 베이비 폭탄의 세대 그것도 1년 차다. 10년 동안 무려 718만이 쏟아졌다. 그러나 전쟁이 끝나고 아무것도 남은 게 없는 이 한반도의 좁은 땅덩어리에서 헐벗고 굶주리며 어린 시절을 보냈다. 학교를 마치면 황소 고삐 잡고 풀을 먹이려 뒷산에 올랐고 재수 좋으면 큰 칡뿌리를 캐서 입술이 시커멓게 되도록 단물을 빨았지, 집에 내려와서 부엌에 들어가 보면 쌀이라고는 한 톨도 보이지 않는 시커먼 보리밥에 고추장 쓱쓱 비벼 마파람에 게 눈 감추듯 한 그릇 뚝딱했지. 그러기를 60년. 이젠 세계 강대국 소리를, 선진국 소리를 듣는다. 이 발전에 도움이 되었다고 감히 말할 수 있는 연륜이 되었다. 초저출산으로 오늘의 현실은 녹록지 않다. 10여 년 전 모 여성 국회의원은 저출산 폐해의 폭발 위력이 핵폭탄에 맞먹는다고 했다. 이왕 터질 핵폭탄이라면 베이비 핵폭탄이라도 터져주길 바라는 이 마음, 출산 장려 반대편의 여성들에 의해 멍석말이 난장에 맞아 죽을 생각이 될까.

9남매 중 8번째

　필자가 태어난 곳은 경북 칠곡군 가산면 학하리이다. 지형적으로는 금오산, 유학산, 천생산이 병풍을 두르듯 자리를 잡고 있는 산골 오지이다. 산줄기가 빼어나며 계곡 사이로 흘러내리는 물은 맑아 비록 농토는 많지 않으나 사람들이 옹기종기 마을을 이루어 평화롭게 살기에 아주 좋은 마을이었다. 지금은 구미국가산업단지 조성으로 인해 산업도로가 잘 뚫려 있지만 당시로는 교통이 아주 불편한 심산유곡이었다. 한국전쟁 때는 최후의 방어선으로 국가의 존망을 걸고 양측에서 사력을 다해 전투를 벌인 다부동 전투의 격전지이기도 했던 곳이다.

　또 칠곡군은 우리나라에서 유일하게 국무총리를 세 분이나 배출한 군이기도 하다. 지척에 있는 구미에서는 금오산 정기를 받아서인지 대통령이 두 분이나 나오셨고 또 국가의 주요한 인물들이 많이 태어난 인재의 산실이었다. 실제로 경부선 열차를 타고 구미를 지나가다 보면 신기하게도 햇살을 등진 금오산 능선의 실루엣 모양이 사람의 옆얼굴과 무척 닮아있다. 이 모양을 보고 이 지역에서 큰 인물이 난다고 하는 속설이 생겨난 게 아닐까 하는 생각을 하게 된다.

　한반도에서 동족상잔의 포성이 멎은 지 2년, 1955년에 생애 첫 힘찬 울음을 터트리며 9남매 중 8번째로 그것도 4남 5녀 중 막내아들로 태어나 이 세상에 출생신고를 하게 되었다. 우리 가족과 친척들이 이곳에 정착하게 된 내력을 거슬러 올라가 보면 200여 년 전 갑오개혁 때라고 알고 있다. 8대조

조상님들이 정변으로 인해 가문에 미칠 화를 피하고자 경북 의성에서 처가가 있는 이곳 칠곡군으로 몰래 가솔들을 이끌고 피신한 것이라고 한다.

증조할아버지는 유생으로 꽤 유명했던지 그 당시 나름 양반입네 하는 사람들도 마을 앞길을 지나갈 때면 말에서 내려 걸어갔다고 할 정도였으니 뼈대 있는 선비인 것 같다. 2남 3녀의 장남이셨던 큰아버지께서는 일제 강점기 시절에 평양 의학전문학교(현, 평양 의과대학)를 나와서 가까운 선산군 해평면에서 병원을 개원하여 의술을 펼치셨다. 그러나 필자의 아버지는 옛날에는 장남만 중요시하여 교육하는 시절이었기에 차남으로서 학교 문턱에도 못 가보셨다고 한다. 37마지기나 되는 많은 농토를 두 사람의 머슴과 함께 농사를 지었으니 그 고됨과 부지런해야 함은 이루 말로 다 할 수가 없었다.

그런데 그 꼬장꼬장한 선비의 집안에서 대형 사고가 터지고 말았다. 당시에는 부모가 혼처를 구함에 매파가 몇 번 양갓집을 왔다 갔다 하며 중매로 맺어 준 배필과 결혼하는 것이 전통적인 풍속이었다. 그런데 제일 큰누나였던 모친이 연애결혼을 하게 되었다. 이를 아신 아버지께서는 당연히 노발대발하시어 양반 집안 꼴이 말이 아니라면서 펄쩍 뛰셨다. 더 이상 험한 꼴을 보지 않겠다고 하시며 1년간을 대구로 훌쩍 떠나시어 결혼식에도 참석 안 하셨으나 그 이후 모친이 자식들을 잘 낳아 키우는 것을 보시고 화를 푸셨다. 할아버지가 돌아가시기 전에 부모님은 5마지기만을 상속(?)받아서 8남매를 이끌고 고향을 떠나 일면식도 없는 이십 리 길 떨어진 무연고 마을인 칠곡군 가산면 학하리로 이사를 하신다.

당시 학하리의 집은 필자가 태어나고 몇 년이 지날 무렵부터 마을에서 청와대로 불리었는데 왜인지 잘 알 수는 없지만, 본채가 아마 당시 오지마을의 촌구석에서 보기 힘든 큰 기와집이라 그리했을 것 같다. 사랑채는 머슴이 사용하는 초가집이었는데 비록 세월의 더께가 내려앉아 퇴락하였으나 지금까지도 그 자리에 의연하게 버티고 서있다.

필자의 모친은 그 당시에도 많은 9남매의 자식들을 낳은 탓도 있었겠지만, 아버님을 도와 농사와 살림을 하다 보니 제대로 산후조리를 하지 못해서 몸이 많이 약해지면서 농사일은 접으시고 집안일을 도맡아 하셨다. 그때의 어머니들 말씀을 들어보면 아침에 해산하고 쉴 틈도 없이 오후에 새참을 준비하여 들로 논으로 나가서 농사꾼들을 먹였다고 한다. 세대 차가 난다고 하겠지만 산후조리원에서 도우미들에 둘러싸여서 산후조리를 하는 요즈음 산부들이 들었으면 기절초풍할 소리가 아니겠냐 싶다.

요즈음 말로 라떼~~ 하면서 꼰대 소리라고 할 텐데 당시 현실이 그 했다고 말하고 싶어질 따름이다.

이때 우리 엄마들의 가사노동을 생각해 보면 산후조리는 물론 그 엄한 시월드(?)속에서 숨도 크게 쉬지 못하고 살았을 터이다. 우리나라가 아직 세계 최빈국이었을 때 어떤 풍물 사진에 사오십 대의 여자 농부 셋이서 어깨에 소의 멍에를 지고 앞장서고 농부가 뒤에서 쟁기로 밭을 가는 모습을 찍은 것이 있는데, 이 당시 삶이 얼마나 고되었을지 생각만 해도 눈시울이 뜨거워진다.

요즈음도 인구 대국이 경제 대국이 된다는 말이 있듯이 당시도 노동력을 경제력으로 생각했던 시절이었으니 자식들이 많은 게 부의 상징이기도 했다. 요새 젊은 부부들이 들으며 대경실색할 소리겠지만 "사람의 먹을 복은 하늘이 낸다"는 인식하에 다산에 대해서 별로 걱정하지 않은 시절이기도 했다. 자식 농사만이 남는 장사라는 말이 있듯이 그 당시 노동집약적 농경사회로서는 노동력이 담보되는 자식이 많아야 함은 당연한 일이 아니었던가 싶다.

필자는 태어났을 때 4~5kg 정도의 덩치로 크게 태어났다 하여 대생(大生)이라 했고 한편으로는 검은 코끼리처럼 크다고 해서 대상(大象)으로 불렸다고 한다. 어떤 사람은 피부가 좀 검은 탓에 언뜻 보면 흑인 혼혈아처럼 보인다고 하여 모친의 불륜을 의심하기도 했다는데, 당시에는 한국전쟁으로 많은 흑인 병사가 전투에 참여했고 정전협정 이후에도 각 지방의 미군 부대들이 많이 주둔하고 있었기 때문에 그런 이야기가 나온 것으로 보인다. 그러나 한편 첫돌에 뒤집기를 하고 두 돌이 다 되어서야 겨우 일어섰다 하니 발육도 여타 아이보다는 한참 느린 게 분명했다. 그 때문에 정상적인 아이로 성장할 수 있을까 걱정도 많이 했다고 한다.

후일담이긴 하지만 얼굴색이 남보다 검었던 관계로 회사를 창업하고 영업상 해외여행이 잦았는데 한번은 외국에서 입국했을 때였다. 화물을 찾아 출구로 나오는데 공항 근무 요원이 나에게 다가와 "Hey, this way, please." 하여 무슨 검사라도 할 것이 있다는 뉘앙스로 다른 통로로 데리고 가려는 듯해서 한참을 웃었던 적이 있었다. 근무 요원은 아마 필자를 필리핀 등지에서 무슨 고가품 밀수나 마약 운반(?)이나 하는 외국인으로 오해해서 그리했으리라 추측된다.

큰 바위 얼굴의 큰 꿈

부모님은 중리로 이사하시면서 할아버지로부터 달랑 5마지기의 땅뙈기를 받아왔으니, 소출이 갑자기 줄어들게 되어 아무리 열심히 한다고 해도 재산은 늘지 않았다. 거기에다가 가을 수확 철이 지나고 나면 과거와 달리 일거리가 거의 없었던 관계로 같은 마을에 사시는 분들과 동네 사랑방에 모여 앉아 노름하게 되었고 그 빈도가 잦아질수록 그나마 애써 농사지어서 모은 재산이 하나둘씩 빠져나가게 되었다. 결국 일 년 농사를 온통 말아먹는 악순환이 반복되었다.

그런 세월이 흐르면서 모아둔 돈도 바닥이 나고 생활은 겨우 끼니만 거르지 않는 정도였으니 자식들 교육은 당연히 등한시될 수밖에 없었다. 자식은 부모 곁에서 농사를 지으면서 효도나 잘하는 것이 전부라고 생각하는 특이한 분이었다. 그러다 보니 자식들은 대부분 제대로 교육을 못 받아 초등학교만 나오는 것이 전부이고 다만 장남이 큰형님만 겨우 중학교를 나올 뿐이었다. 큰아버지의 자식들은 대부분 대학을 나와 윤택한 사회생활을 하는 것과는 천양지차였다. 이러한 가운데 필자도 초등학교를 입학하게 되면서 어린 마음에도 가난의 서러움이 서서히 느껴지게 되었다.

그러나 그때도 저 멀리 낙동강 너머로 보이는 금오산의 능선을 바라보면 사람 얼굴의 라인이 확연히 드러나는데 이마와 코, 턱의 윤곽이 뚜렷했다. 그것을 보고 있으면 어쩐지 항상 필자를 지켜보면서 인자한 웃음을 보여주고 있는 것 같아 편안해지는 느낌을 지울 수 없었다. 어릴 때 읽은 미국 작가

나다니엘 호손의 단편소설 속 큰 바위 얼굴에 대한 희망과 동경심으로 금오산의 얼굴라인이 마치 큰 바위 얼굴처럼 어린 가슴 속에 각인되었다. 그 후 큰 바위 얼굴의 정기를 받아 큰 인물들이 나온다는 전설대로 주위에서 대통령과 국무총리 등이 나타나고 있음에 그나마 위안받으면서 열심히 공부했고 초등학교 시절을 올곧게 보냈던 것이 아닌가 싶다.

우리 집 논은 장마가 지면 홍수로 인해 낙동강 물이 범람해서 일 년 농사가 결딴이 나곤 했다. 그럴 때면 제대로 쌀밥 한번 못 먹어보는 건 다반사고 춘궁기 보릿고개의 배고픔을 겪는 건 당연한 일이었다. 먹을 것이 부족하면 늘 호박범벅으로 끼니를 때울 때도 많아 어머니에게 '우리도 밥 좀 먹을 수 없느냐'고 많이 보챘던 기억도 있다. 우리 가족 중에서 유일하게 필자가 윤달이 든 3월에 태어나 생일이 여러 해 만에 한 번씩 돌아왔기에 더더욱 생일상의 쌀밥 근처에는 가보질 못했다.

중학교에 진학해야 할 때가 다가왔으나 집안 형편에 갈 방법이 없었다. 그러나 외삼촌께서 손위 처남인 아버지에게 마지막 아들인 데다가 공부도 잘한다고 하니 중학교를 보내주라고 하셔서 아버지는 시골에서 보내겠다고 약속하신다. 중학교에 다니면서 혼자서 집 뒤편에 있는 천생산을 자주 오르곤 했다. 이곳은 임진왜란 때 개인재산을 털어 의병을 모집하고 왜군과 싸워서 연전연승했던 곽재우 홍의장군이 진을 쳤던 산성이 있는 곳이다. 계곡이 제법 깊고 물도 많아 혼자서 조용한 사건을 보내면서 홍의장군의 애국심을 가슴에 사기도 했다. 이때 역사 속에서 배운 애국이라는 개념이 지금의 출산장려 운동을 하는 데 큰 동기부여가 된 게 아닌가 생각한다. 아울러 정체성이 확립된 시기가 아니었나 싶다.

중학교를 졸업할 때가 되었으나 또 고등학교에 갈 수가 있을지가 의문이었다. 필자가 중학교를 입학할 때는 일류 인문계 고등학교를 거쳐서 서울의 소위 일류 대학교로 가는 것이 꿈이었다. 그러나 실제 필자가 선택할 수 있는 길 중의 하나는 실업계 고등학교 진학이고 또 하나는 삼류 인문고 장학생으로 가는 것이었다. 실업고등학교를 졸업하고 산업전선으로 바로 가는 것도 탐탁지 않았지만, 삼류 인문계 고등학교 장학생으로 가는 것도 자칫 인생의 출발점이 잘못될 수도 있다는 생각에 결정하기 쉽지 않았다. 오래 고민하다가 차라리 실업계를 가서 빨리 취직하고 돈을 벌어서 대학에 가는 것으로 진로를 정하였다.

3차까지 낙방한 고교진학

이 당시에 공부를 잘하는 친구 중에서 일부 가정형편이 어려웠던 친구는 실업고교에 장학생으로 가고 집안이 부유한 친구들은 일류 인문계 고교에 가는 것으로 대개 진로를 결정하고 있었다. 이때 필자는 상업계 고등학교로 진로를 정하고부터 걱정은커녕 그런 곳은 눈 감고도 들어갈 수 있다는 자만심에 소위 껄렁한 친구들과 휩쓸려 다니면서 여자애들을 만나고 노는 것이 일과가 되었다. 그렇게 신나게 보냈던 시간이 시험을 치르기 이틀 전까지 계속되었으니, 결과는 보나마나였다.

시험을 치르면서도 지금까지 놀던 말초적인 행위의 짜릿함이 머릿속에서 뱅뱅 돌 뿐 제대로 문제에 집중할 수가 없었다. 아무리 마음을 추슬러 봐도 정신이 이미 마음을 떠난 듯 혼란스러웠다. 시험 결과는 당연히 반들반들한 미끄럼틀에서 신나게 미끄러지듯 시원하게 불합격이었다. 결과를 받아 들고는 마약에 취한 사람처럼 단지 몽롱할 뿐이었다.
주위의 다른 친구들의 사정을 알아보니 실업고에 장학생으로 간 친구들은 100% 합격이었다. 그러나 일류 인문계 고등학교에 응시한 친구들은 모두 불합격이었다. 그때 필자 마음속엔 '남의 불행이 나의 행복'이란 말이 있듯이 묘하게도 친구들의 불합격이 오히려 위안이 되었다. 그러나 말이 위안이지 본인이 고교진학에 일차 시험에 실패했으니 창피해서 누구에게도 얼굴을 내밀 수가 없게 된 것이었다. 연이어 2차 시험을 위한 원서접수를 했으나 조금도 반성 없이 지금까지의 방종하게 놀던 습성을 버리지 못하고 아무 준비도 못했으니 2차 시험 결과도 처참한 불합격이었다.

다시 소문을 들어보니 행인지 불행인지는 몰라도 공부 잘한다는 친구들 모두가 필자처럼 2차에서 불합격하였다. 사실 깡촌과 대도시 학생들의 학력 차이였건만 이번에도 역시 친구들의 불합격이 필자에게는 구세주가 된 것처럼 그렇게도 고마울 수가 없었다. 물론 그 친구들도 필자처럼 생각했는지 모르겠으나 왠지 창피한 마음이 들어 쑥스러웠다.

이후 경제적으로 부유한 부모님들의 적극적인 후원을 받은 친구들은 재도전을 위해 우수학원에 적(籍)을 두고 재수의 길을 준비했다. 그러나 필자는 1, 2차 모두 낙방했으니, 패잔병처럼 풀이 죽어 귀향길에 올랐다.

집에 돌아와 한참 동안은 문밖으로 고개 한 번 내밀지 못하고 방구석을 굴러다녔다. 하루는 우연히 우체부 아저씨가 동장님 댁으로 배달하는 신문을 중간에서 필자가 펼쳐 보게 되었는데 이게 웬일이야, 고등학교 추가 응시 모집공고가 눈에 확 들어오지 않는가. 필자는 마지막 동아줄을 잡는 기분이었다. 바로 어머님께 책을 구매한다고 거짓말을 하고 돈을 얻어서 응시하게 되었는데 필자와 입장이 같은 응시생들이 구름처럼 몰려들었다. 비상한 각오로 최선을 다했으나 실력은 실력, 3차까지 낙방하게 되었다.

별수 없이 고교진학을 포기하고 집에서 독서에 빠져들게 되었다. 제법 많은 양의 책을 읽었고 이때 읽은 책 속 위인들의 생애를 보고 다시 용기를 얻었던 것으로 생각된다. "성공하는 사람은 항상 준비하는 사람이다." "남들과는 다른 새로운 시도와 도전을 하고, 혁신해야 한다." 등의 명구를 새기며 이때부터 긍정적인 생각과 끈질긴 자신감으로 어려움을 돌파하는 습관을 지니게 된 것이리라. 그리하여 모든 계획을 세울 때나 앞이 캄캄하여 보이지 않을 때 가슴에 새기는 격언이 있으니 "가장 높이 나는 새가 가장 멀리 보고 가장 넓게 본다." 또 "일찍 일어나는 새가 먹이를 얻는다."이다.

큰 제약회사에서의 활약

열심히 1년을 재수하여 대구에 있는 대구고등학교에 좋은 성적으로 합격하였다. 후일 알았지만, 깡촌의 시골 중학교에서의 학업 실력과 대구의 일류 중학교 같은 학년과의 학업 실력은 엄청난 차이가 났다. 대구에 유학하면서 타 고교의 학생과 사귀게 되었는데 고교 2학년 때 하루는 그 친구가 영어 시험지를 좀 봐 달라고 했다. 그 친구의 학교는 그 당시 등록금만 내면 합격하는 만년 미달의 3류 고등학교였는데 영어시험지가 적어도 필자의 눈에는 중학교 3학년 정도의 문제였으니, 창피한 소리이지만 옛날의 칠곡의 깡촌 중학교에서 '잘해 봤자'였던 실력이었다.

1982년 대학 졸업을 앞두고 몇 군데 응시한 대기업 입사 시험에서도 여러 차례 고배를 마셨다. 우여곡절 끝에 국내 굴지의 제약회사에 면접을 보게 됐는데 늘 면접에서 고배를 마셨기에 거의 포기한 심정에서 할 말이라도 좀 하자고 마음을 비웠다. 최종 면접에서 회장 내외분과 사장이 임석한 가운데 회장님이 '술을 잘하느냐'고 물어 왔다. "막걸리는 배불러서, 소주는 취해서, 양주는 돈이 없어 못 마십니다."라고 했더니 껄껄 웃으셨는데 결과는 합격이었다.

필자는 우선 앞으로의 계획으로
1. 7년 안에 '톱 세일즈맨'이 된 뒤 퇴사
2. 짬 나는 시간을 이용해 석사학위 취득
3. 영어·일어 학습 뒤 해외 영업 진출 등 3가지 목표를 세웠다.

그러기 위해서 필자는 입사 지원 시 마케팅 부서로 내근직을 지원했다. 2년여를 마케팅 부서에서 PM 직을 수행하다가 생각을 바꿔 영업부로 자리를 옮겼다. 영업사원으로서 위의 목표 달성도 염두에 두었지만, 무엇보다 최고의 세일즈맨이 되겠다는 현실적 목표가 필자에게 더 많은 추진력을 보태 주었다. 예를 들어 세일즈하면서 영업 회의 시 월간목표를 발표할 때 남들은 대개 200이라고 할 때 필자는 보통 800이라 말하여 회의실의 사람들이 수군거렸으나 전혀 개의치 않았다. 그러나 다음 달 결산 회의 때는 분위기가 전혀 달라져 있었다.

보통 다른 영업사원들이 200의 목표를 세워놓고 180을 하여 90%의 실적 달성이라고 자랑하였다. 그러나 필자는 800의 목표를 세워 70%인 560의 실적을 올렸으니 소위 달성률은 낮았으나 결과적으로는 그들의 3배 이상의 판매 실적을 올린 것이었다. 처음에는 코웃음 치던 영업부에서도 이런 실적이 몇 번 계속되자 모두 필자의 영업 능력을 인정하게 되었다.

새로운 제품이 나오면 필자는 맨 먼저 시내의 약국을 방문하여 시장조사를 철저히 하여 모든 실제적 수치를 가지고 영업에 임하였다. 실적도 덩달아 올랐다. 5년 만에 회장보다도 표면적 월급은 더 많이 받았다. 세금도 더 많이 내는 톱 외판원으로 사보에 2년 연속으로 게재되기도 했다.

한 가지 기억나는 일이 있다. PM 시절, 우리 회사에서 필자가 만든 소화제가 공전의 히트를 했다. 자연 필자의 업무도 많아졌다. 더 많은 실적을 위해 지방 출장이 잦았는데 그 당시 새마을 열차를 타고 가곤 했다. 서울을 좀 벗어난 소도시의 철로 변 전봇대에 소화제 광고가 몇십km를 가더라도 연달아 붙어있어 아주 흐뭇했던 기억이 있다. 소화 효능이 좋아 이미 국민 소화제가 되어 있었던 바로 그 대웅제약의 베아제이다.

부도난 건설자재 회사

제약회사 입사 7년 만에 애초 입사 시 자신과의 약속대로 사표를 던졌다. 젊은 혈기에 더 큰 시장에 도전하고 싶었다. 1988년 당시 노태우 정부는 대통령 공약대로 주택 200만 호 건설 정책을 밀어붙였는데, 이 건설 붐에 편승해 1989년 경남 양산에서 건축자재 제조업에 손을 댔다. 부동산 활황기에 좀 더 큰 시장을 겨냥했고 무엇보다도 평소 존경하던 현대그룹 정주영 회장의 건축업 성공담을 본 게 결정적인 계기가 되었다.

건축·건설자재 품귀현상이 빚어질 때였다. 시멘트의 경우는 품질은 묻지도 않고 중국에서 마구잡이로 들여올 정도였다. 집을 지으려니 많은 콘크리트가 필요했고 그래서 산을 깎아 자갈을 채취하여 판매하는 사업을 했다. 그 당시 동일 업종에 손을 댄 사람치고 돈을 못 번 사람은 없을 정도였다. 사업은 승승장구했고 창업한 지 3년 만에 큰 성공을 하여 연간 매출액도 60억에 달했다. 그러나 건설경기가 하락하자 어음은 늘어나고 더욱이 어음 기간도 늘어 운영자금을 구하기가 점점 더 어려워져 돌파구를 마련하기 위하여 중국합작을 시도하게 되었다.

그러나 중국과의 합작을 위해 두 차례 방문하여 합작의향서를 교환하는 데는 성공했으나 귀국하는 날 태풍의 폭우로 인한 산사태로 현장 공장이 매몰된 게 아닌가. 산을 깎아 공장을 지었는데 호우로 인해 절단면이 무너지며 사일로, 중장비창고, 컨베이어벨트 시설 등을 덮쳐버린 것이었다. 하늘이 무심하기도 했지만, 다른 한편으로는 중국에서의 사업을 못 하게 미리 막아준 것으로 생각하고 아쉬움을 달래면서 하늘에 감사하기로 마음을 고쳐먹었다.

　중국 사업은 결국 포기할 수밖에 없었고 현실적으로 간신히 이끌어가던 사업도 자재 대금에 대한 현금결제가 3개월 어음에서 6개월, 10개월 심지어는 1년으로 늦춰졌다. 1992년 초 급기야 받아 쥐고 있던 어음 53억 원이 부도가 났다. 참담했다. 시작 3년 만에 살던 주택과 현장 생산시설까지 소위 빚잔치로 전부를 넘기면서 부채를 정리했다. 남은 500만 원으로 소형주택의 방 한 칸을 얻어 보증금을 걸고 월세를 주기로 하고 이사를 하게 되었다.

　부채 정리를 하고 손에 남은 것은 단돈 500만 원 정도였으니 문자 그대로 하루아침에 알거지가 된 것이다. 억장이 무너졌지만, 가족들을 이끌고 전세방을 얻었다. 집은 좁고 겨울에는 추위에 몸을 떨어야 했다. 바깥 날씨가 영하로 떨어질 때는 아이들을 중간에 두고 양쪽에 집사람과 내가 누워 서로의 체온으로 냉기를 이겨내야만 했다.

　부도 소식을 전해 들은 건설회사 여기저기에서 임원으로 합류해 달라는 부탁도 있었지만 이미 무너진 건설경기는 쉽게 돌아올 것 같지 않았다. 더 이상의 미련과 후회는 가지지 말자고 굳게 다짐하며 필자는 "송충이가 갈잎을 먹으니, 처음에는 너무 맛있었지만 결국 배탈이 났다."고 뉘우치며 송충이는 역시 솔잎을 먹어야 산다는 것을 절실히 깨달았다.

솔잎을 먹어야 사는 송충이

하는 수 없이 다시 시작한다는 마음으로 재충전하여 퇴사 10년 만에 신생 제약회사의 영업부장으로 둥지를 틀었다. 다시 세일즈의 길로 복귀한 것이다. 현재를 기준으로 10배의 매출 성장을 달성하면 퇴직해서 창업한다는 조건으로 약속받고 입사했다. 나머지 인생은 사회와 국가를 위해 적지만 봉사하며 살기로 결심했고 또 도와주신 분들의 부채를 조금이라도 갚기 위해 재창업을 하여 성공하지 않고서는 별도리가 없기도 했다.

입사한 제약회사에서 직책은 병원 담당 부장이었고 영업직원들을 관리하면서 직접 영업도 뛰었다. 낮에는 대학병원 직원부터 원장까지 두루 만났고 야간 방문을 하기도일 수였다. 학교법인 병원 측에는 연간 매출액의 10~20%까지 장학금으로 내겠다는 조건도 걸었다.

카피 의약품의 입점이 어려운 상황이라 재단 이사장과 직접 소통을 시도했다. 여러 차례 문전박대를 받기도 했지만, 비서에게는 막무가내로 접근하여 3전 4기 만에야 면담하기도 했다. 또 원무과의 직원을 통해 원장 사모님의 생신일을 알아 미리 케이크를 준비하고 직접 댁을 방문하여 인사드리는 등 먼저 인간적으로 호감을 쌓는 방식으로 좋은 성과를 얻어 내기도 했다.

이런 철저한 승부 근성으로 신생 회사는 내가 들어간 지 1년여 만에 10배 이상의 매출을 달성하는 쾌거를 올렸다. 하루는 이를 본 회장이 필자를 불러 그동안의 노고를 위로한 뒤 보너스로 3천만 원을 주겠다고 했다. 그러나 필자는 돈 대신 부서 직원들이 품위 유지비를 올리면 무조건 결재해 줄 것과 창업 시에 무이자로 10배를 빌리는 것을 약속하고 방을 나왔다.

 2년 6개월 만에 회사를 반석 위에 올려놓은 필자는 사직하고 또다시 새로운 도전에 나섰다. 그 와중에 잠깐 제약업계 선배의 간곡한 부탁으로 부득이 1여 년 동안 건강기능식품이 주 품목인 그 회사에서 중역을 맡게 되었다.

6장 성장통

310번째의 성공 / 발을 내디딘 출산장려운동 / 회사원들의 생계염려 / 두바이에서의 결혼 25주년 추억 / (사)한국출산장려협회 허가 / 두 번의 암 수술에 대한 소회 / 사회적 공헌기업으로서 청와대 초청받아 / 인구 대통령

"사장님, 우린 뭐 먹고 살라꼬예?"
"뭐 먹긴, 언제는 굶고 살았나? 신용을 먹고 살아야지.
대중을 상대함에 신(信) 잃어버리면 모든 것을 잃는 거지. 이 신(信)이 바로 우리에게는 하늘의 신(神)이며 또한 인간사의 의(義)야, 중국 월나라 서시와 당나라 양귀비의 경국지색(傾國之色)도 채 20년을 가지 못하나 믿음은 천년을 가는 거야, 신으로써 덕을 베풀면 덕향만리지." 평생을 의를 행하며 신뢰를 쌓아 왔고 긍정의 철학으로 탑을 쌓았다. 웬만한 일은 '까딱 마이신'. 아찔한 일이었으나 두 번 정도의 암 수술은 까딱 마이신이지, 이 정도에 쓰러지진 않아, 이제 또 다시 시작이야, 이 험난한 길 30년을 묵묵히 같이 와준 아내에게 감사의 마음을 전하며 다가오는 금혼식에는 정말 멋있는 파티를 열어 줘야지.

310번째의 성공

    선배의 건강기능 식품회사에 다니며 필자만의 회사를 창업하는 방법을 이리저리 모색하던 중의 고객이었던 한 대학병원 산부인과 의사를 만나러 가게 되었다. 진료실 앞에서 우연히 새 사업에 대한 아이디어를 얻게 되었는데 임신부 2명이 대화 도중 "언니, 배만 트지 않는다면 아기를 하나 더 낳고 싶은데 말이야."라고 말하지 않는가. 배가 터서 아이를 더 이상 가지지 못한다면 산부인과는 환자 수도 계속 줄어들고 당연히 출산율도 떨어지고 말 텐데?

    그럼 '트지 않게만 해 준다면 누구라도 아기를 더 낳을 마음이 생기겠구나.' 하는 생각을 하게 되었다. 여기까지 생각이 미치자, 이 아이템을 찾으면 출산 장려 운동으로 사회와 국가에 봉사할 수 있겠다 싶었다. 이때가 아마 1995년경이었으나 당시 이미 우리나라는 초저출산의 늪에 깊이 빠지기 시작한 시기였다.

    2여 년간 건강기능 식품회사를 운영하는 선배 회사에서 중역으로 근무하면서 '튼살 제품' 개발에 심혈을 기울였다. 선배 회사의 건강기능식품 판매와 나의 제품 개발 등 두 마리 토끼를 한꺼번에 잡아야 하는 상황이었지만 새로운 아이템의 창조에 대한 열망으로 가슴속에서는 도전의 열정이 샘솟듯 올라왔다.

    그러나 막상 여기저기 조사를 해보니 배를 트지 않게 하거나 튼살을 원상으로 회복시킬 수 있는 약품이나 화장품이 전혀 없다는 사실도 알게 되었다. 아는 의사들은 임산부의 배가 트는 원인을 유전이라고만 했다. 하지만 임산부의 모친은 배가 트더라도 자식은 트지 않는 경우와 그 반대의 실례도 있었다. 그래서 왜 살이 트는지를 제대로 규명하는 것이 상품개발의 첫걸음이 되겠구나!' 하는 생각이 들었다.

많은 피부과 의사에게도 조언을 구해봤으나 어느 누구 속 시원히 그 원인을 말해주는 전문가가 없었다. 단지 유전적인 성향으로 그리된 것이라는 말만 들었다. 도서관에서 전문 서적을 보며 씨름도 했으나 원인을 규명할 수가 없었다. 그러나 참으로 우연하게도 체내에 콜라겐이 풍부하면 피부가 부드러워진다는 점에 착안하였고, 연구를 거듭하던 중에 튼살의 발생 원인을 찾아내었다. 바로 호르몬의 역할로 피하지방 층에서 콜라겐이 부족해지고 체내의 태아가 커짐에 따라, 피부가 팽창하다가 탄성의 임계점을 넘게 되면 터지게 되고, 쉽게 말해 균열이 생기는 현상, 즉 튼다는 것을 발견했다.

원인을 발견했으니, 실험실에서 그 원인과 결과를 과학적 실험 수치로 증명해야 했고 해당 물질을 구성하는 성분 비율을 찾아내어야만 했다. 실험은 실패에 실패를 거듭했다. 실험실에서 먹고 자며 데이터와 싸웠다. 비커와 기타 실험 용기들 속에서 풍겨 나오는 악취에 혀를 내두를 정도고 손과 바지는 미끈거리는 약품 소재로 마를 날이 없었다. 필자는 이 제품개발에 사활을 건 것이었다.

듣기로 매독균 치료제의 이름에 606호라는 숫자가 붙었다는 이야기가 있는데 이는 606번째의 실험에서 정확한 실험데이터를 얻어 제품 생성에 성공하였기 때문이라고 알려져 있다. 필자는 309번의 실패 후 310번째에 드디어 성공하였고 이것이 세상에 나온 임산부용 튼살 크림 '프라젠트라'이다. 이 프라젠트라 크림은 이후 폭발적 매출을 올려 우리나라 최고의 브랜드가 되었다.

그리고 또 자라나는 성장기의 중·고학생들도 사춘기에 다리 종아리의 피부가 터서 보기 흉해지니 일부 여학생들은 치마보다 바지를 선호함을 알게 되었다. 이에 새로운 성분을 탑재하여 청소년용 크림도 개발했으니 이 제품은 화이트 크림이란 이름으로 인기리에 판매되었다. 후일, 이 크림은 청소년층의 엄청난 인기를 얻어 역시 최고의 브랜드가 되었는데 이 품목을 포함하여 (주) 프라젠트라의 연 매출은 2013년 60억을 상회하게 되었다.

필자는 임산부 유·소아 전문기업 씨에이팜을 2001년 설립한 이래 임상 대체의학의 리더로 자리를 잡기까지 제품 개발에 큰 노력을 기울여 왔으며 새로운 트렌드를 이끈다는 자부심으로 의약품과 화장품의 장점을 모은 코스메슈티컬(cosmeceutical) 제품을 선보였다. 코스메슈티컬은 화장품을 뜻하는 코스메틱(cosmetic)과 의약품을 의미하는 파마슈티컬(pharmaceutical)의 합성어로 의약적으로 검증된 성분을 탑재한 고기능성 화장품을 의미한다.

또 국내 최초로 이중 피부장벽 기능을 가진 새로운 제품을 소개했고 조성물 특허를 출원하기도 했다. 그 기술력을 인정받아 씨에이팜은 2010 대한민국 세계여성발명대회에서 프라젠트라로 금상, 아토프라젠트라로 은상과 특별상 등 총 3개 부문을 수상했다. 금상을 수상한 프라젠트라의 경우 피부 튼살을 가장 효과적으로 개선할 수 있는 물질인 EGF , FGF와 코엔자임큐텐(co-enzyme Q10)과 같은 우수한 성분으로 구성돼 진피층까지 신속하게 흡수하는 뛰어난 기술력을 인정받아 수상한 것이었다.

은상을 수상한 아토프라젠트라는 아토피성 건성, 가려움 성, 건선 등에 효과적인 의약외품으로 세정과 보습의 이중 효과에 대한 식품 의약품 허가 받은 제품이다. 2012년 스위스 제네바 발명전시회 금상, 서울국제발명전시회, 세계지식재산권기구(WIPO) 대상을 받는 등 세계적인 전시회에서 제품력을 인정받았다. 한편 미국 식품의약국(FDA)을 비롯해 EU, 베트남, 일본 후생성, 중국에서 인증받았으며 2008년 중국 수출을 시작으로 싱가포르,

태국, 베트남과도 계약을 체결하는 등 전 세계 유수 바이어들과의 수출 상담이 이어졌다.

대내외적으로 이노비즈 혁신기업인증, 벤처기업 인증과 부설 연구소 설립, 경북대 식품 생물 산업연구소와의 산학협동 협약서 체결로 명실공히 코스메슈티컬 분야에서 최고의 기술력과 노하우를 갖추게 됐다. 2013년 KOTRA 보증브랜드로 선정되었고 2010년 기업은행과 함께 국가적인 저출산 문제를 해결하기 위한 출산 장려와 아토피 퇴치를 위한 캠페인 협약을 맺고 임산부 유·소아 전문기업으로서 확실히 자리매김했다.

발을 내디딘 출산장려운동

　누구나 다 아는 중국의 소설 삼국지연의에 나오는 유비, 관우, 장비가 망해가는 후한을 다시 부흥시키기 위해 도원결의하고 유비의 고향인 누상 촌을 중심으로 의거 군병을 모았다. 하여 모인 사람은 300여 명의 농투성이로 당연히 군사라고는 보기가 어려울 정도였다. 어쨌든 모병장을 보고 모인 군사이니 당연히 군용 자금, 식량, 군복, 창검들의 무기, 기치들이 필요했다. 그러나 유비라고 해야 돗자리 짜서 팔던 가내 수공 소상공인(?)이고 장비 역시 산돼지 잡아, 시중에 팔던 도축자영업자(?)이니 말할 필요가 없고 관우 역시 생업은 불확실하나 초당에서 병법서만 읽던 자였으니 돈이 있을 턱이 없었겠다.

　이나 저나 격문을 보고 사람들은 꾸역꾸역 모여드는데 이 세 형제의 고민은 날로 깊어져 갔다. 며칠이 지난 어느 날 보초를 서던 병졸이 뛰어 들어와 군영 앞으로 일단의 상인들이 말 수백 필과 상당해 보이는 양의 피륙과 재물들을 싣고 지나간다는 보고를 올리었다. 이 보고를 들은 장비는 당장 이 말과 재물들을 탈취하여 군수품으로 쓰자고 하였으나 현덕은 일단 상인들을 만나서 알아나 보자고 하였다.

　이때는 후한이 멸망하기 직전으로 전국에서 황건적이 발호하던 시대였다. 현덕은 상인들을 만난 자리에서 자기들이 '한실 부흥을 위하고 백성들을 도탄에 구하고자 군사를 일으켰는데 군대를 운영할 군비가 없어서 곤란하다'라는 말하였다. 이에 상단의 우두머리인 장세평과 쏘상이 말하기를 오히려 삼 형제를 잘 만났다고 하며 '이 어지러운 시절에 자기들도 이렇듯 유랑하다가는 언제 도적들에게 이 말과 돈을 빼앗길지 모르는데 차라리 의병들에게 줌이 오히려 든든하고 속이 편하다'라는 취지의 말을 남기고 모든 말과 피륙 등을 넘기고 떠나갔다. 그렇게 그 돈과 말로 군복과 창검기치를 나름 정비하여 일약 의용군으로서의 첫발을 내디디게 되었다.

이렇듯 필자의 현실 또한 이들 삼국지의 삼 형제처럼 재창업의 뜻은 세웠으나 당시 일 전 한 푼 없는 상황이었다. 저출산 문제가 심각하니 필자 여생의 마지막 봉사로 출산 장려 운동을 펼쳐야겠다고 인생 목표를 정했으나 수중에는 돈이 없었다. 그러나 늘 긍정적인 사고방식으로 평생을 살아온 나에게는 두려움보다는 도전하는 즐거움이 더 컸다.

우선 먼저 전직 회사의 대표에게 프라젠트라 제품의 판매를 제안했지만, '마케팅도 어렵고 수익률이 낮을 것'이라는 이유로 거절당했다. 국내 최초로 튼살 크림을 개발했으나 누구 한 사람 알아주는 이가 없었다. 마케팅이 문제였다. 자금도, 사무실도, 직원도, 고객도 없던 문자 그대로 사막에서 오아시스를 찾는 힘한 여정이었다. 당연히 '튼살'이란 용어도 직접 만들어 처음으로 사용한지라 아는 고객도 없었다.

돈이 없으니 자본을 어디선가 구해야 했다. 일단은 일을 저질러 보자고 다짐하면서 사업자등록부터 신청하게 되었다. 그렇게 자본금 없이 2001년 7월 회사를 설립했다. 사업설명회를 통해 투자받기로 결심하고 전국적으로 대리점 개설을 위해 사업설명회를 열어서 제품을 알리고, 사업 가능성을 설득해 투자 유치를 받아내기로 했다.

이전에 근무했던 제약회사 동료를 비롯해 지인들에게 편지를 보냈다. '제품 홍보를 위해 부스 사용료 200만 원과 숙박·교통비 등을 위해 총 300만 원이 필요한데, 관심 있는 분들은 30만 원을 내고 사업 설명회에 참가해 달라'는 내용이었다. 전국에서 10여 명이 돈을 내고 서울로 올라왔다.

지인에게서 사무실을 무료로 빌려 설명회가 끝난 뒤 한 후배는 "제품은 괜찮은 것 같은데 사무실, 자본금, 시장 등 3무(無) CEO가 어떻게 하겠느냐"고 안타까워했다. 그러나 필자는 조금도 개의치 않고 다음 날 모 대학병원에서 열리는 산부인과학회 회의장 모서리에 나름 아담한 부스를 마련하여 홍보 작전에 돌입하였다. 필자는 자신이 있었고 그 후 후배의 안타까움을 무시하기라도 하는 듯이 반전이 일어났다.

필자가 사업설명회, 학회 홍보 등을 끝낸 다음 날 투자예정자들은 각자의 지역으로 내려가기 위해 고속버스터미널에 모였는데 필자의 열정과 이력을 알고 난 뒤 '3유(有) CEO'로 불렀다고 한다. 제약회사 재직시절 '부지런함'과 '신용'이 최고였고 무슨 일이든 '하려고 하면 하는 사람'이라는 데 모두 고개를 끄덕였다. 거기에다가 당시 국내 1위 소화제 베아제의 PM 경력을 알고서 제품의 품질까지도 인정하게 되었다. 이후 이들 10명으로부터 300만 원에서 2천만 원까지 모두 5천 800만 원의 투자 유치에 성공했다. 이리하여 우여곡절 끝에 일단 10평의 사무실을 얻고 집사람과 창업에는 성공한 것이었다.

회사의 명칭은 (주)씨에이팜으로 정하였는데 임상(Clinic), 대체(Alternative), 의약품(Pharmaceuticals)의 앞 글자를 따서 만들었다. 이는 한방과 양방의 처방에 융합기술을 접목해서 의약품, 화장품과 건강식품의 개발을 추진한다는 기업가 정신을 구현한 것이다. 그 후 인터넷 홈페이지를 구축하면서 병원과 약국 그리고 유아용품 판매점에 제품을 비치했다. 더 나아가 홍보의 필요성을 절감하고 육아 잡지사에 6개월 뒤 돈을 벌어서 갚아 나가겠다며 대표를 설득했고 희한하게도 이례적으로 외상으로 광고까지 시작하게 됐다.

맨주먹으로 창업했으니 준비할 일이 좀 많았겠는가, 우선 홈페이지부터 만들어 임산부들에게 알려야 했으니 밤늦게까지 컴퓨터 앞에 매달려 임산부의 의견에 댓글을 다느라 밤을 지새우기가 일쑤였다. 참으로 힘이 들었으나 점차 주문이 늘어나는 재미에 빠져 피로를 느낄 틈이 없었다. 영업은 필자가 맡았으나 상품배송이나 운반 기타 업무는 몽땅 집사람 몫이었으니 말이 좋아 부사장이지 잡역부도 그런 잡역부가 따로 없었다.

사무실은 조그만 빌딩의 4층에 위치했는데 엘리베이터가 없어 공장에서 올라오는 그 무거운 상품 박스를 4층까지 여린 몸으로 올리고 포장해서 다시 내려보내야 했으니 그 힘이 오죽 들었을까, 하여튼 그 여파로 집사람은 허리통증을 달고 살았고 지금도 척추협착증으로 고생하고 있다. 이것을 생각하면 늘 죄를 지은 듯 미안하다.

회사원들의 생계염려

이렇듯 회사 운영이 정상적으로 이루어지고 점차 안정되어 갈 무렵, 회사의 이미지 제고를 위하여 상징을 만들기로 결심하였다. 그전부터 벌써 본사 제품으로 출산 장려 이벤트를 시행하여 둘째 아이면 50% 할인, 셋째 아이면 100% 무료로 상품을 배송해 주던 때라 당연히 모성이나 아이 쪽으로 곰곰이 생각하게 되었다.

어느 날 모성을 상징하는 말에 '고슴도치도 자기 새끼는 함함하다'라는 것이 떠올랐다. 캐릭터로 고슴도치를 결정하고 스스로 어설프나마 고슴도치 어미와 새끼를 조합, 디자인하여 전문회사에 의뢰했다. 그리하여 지금의 귀여운 맘비 캐릭터가 탄생했다. 이 캐릭터 제작에 당시 4,000만 원이라는 큰돈이 들었으나 필자가 지금 봐도 아주 귀엽고 깔끔하여 돈이 전혀 아깝지 않을 정도로 만족스럽다. 이 고슴도치 모녀는 우리 회사의 상징으로서 회사의 현관문 앞에 붙여져 오고 가는 손님들을 맞이하고 또 배웅하고 있다.

〈씨에이팜의 캐릭터 맘비 고슴도치 모녀〉

이 고슴도치 캐릭터가 완성된 후에 더욱 적극적인 홍보 방법을 찾았다. 먼저 광고를 통한 출산 장려 운동을 펼치면서 공익과 사익의 가치를 공유하고자 TV 공중파 광고를 하기로 했다. 그러나 광고비가 많이 들어서 일단 잠시 보류하고 다른 방법을 찾던 중에 중기청에서 중소기업을 대상으로 방송광고 공사를 통해 광고 지원 정책을 펼친다는 내용을 듣고 신청하여 바로 선정이 되었다.

2008년부터 3년 가까이 KBS2, MBC, SBS 공중파를 통해서 '다산 코리아, 행복 코리아, 프라젠트라가 응원합니다'로 해서 광고했다. 그 와중에 IBK기업은행 행장이 우연히 TV에서 우리 출산 장려 광고를 보고 연락이 오고 얼마 안 있어서 기업은행과 당사가 제휴협약서를 체결하게 되었다. 은행 측에서 프라젠트라 임산부 튼살 크림과 베이비 제품을 약 2억 원어치 구매해서 임산부 대상의 우대금리 적금상품을 파는 이벤트에 경품으로 내걸어 신청자 6,000명에게 무료로 제공했다고 한다. 당사는 감사의 뜻으로 자막에다가 'IBK기업은행과 주식회사 씨에이팜이 출산 장려 운동에 함께 하고 있다'라고 띄워 고마움을 표시하기도 했다.

〈IBK 출산장려 선포식에 맘비스쿨이 함께 하고〉

광고 이야기가 나왔으니 그냥 지나갈 수 없는 사건이 두 가지가 있다. 첫 번째는 회사 임직원들이 출산 장려 운동도 좋지만 셋째 아이 출산에 무료로 제품을 보내주게 되면 막대한 제품비용과 배송비를 부담하게 되는데 '우리는 뭐 먹고 살라꼬예' 하며 왜 정부의 공익사업에 우리가 참여해야 하는지 도저히 이해가 가지 않는다며 불만 섞인 항의를 쏟아 낸 것이다. 하지만 좀 있어 기업은행의 구매 내용을 보고서는 다들 찬성하는 분위기로 돌아섰다.

두 번째로는 IBK기업은행 측에서 자막 홍보가 큰 도움이 되었다면서 전국노래자랑 사회자 송해 씨를 모델로 한 은행 상품광고가 대박이 났다는 후일담이 나오기도 한 것이었다.

두바이에서의 결혼 25주년 추억

2008년 5월 필자는 국제전시회에 프리젠트라 튼살 크림을 전시하고 상담하기 위해 두바이로 날아가게 되었다. 마침 집사람도 부사장의 위치로 사업 일부분을 맡아 하던 터라 동행하게 되었다. 중동 출장은 처음이었고 새로운 나라의 풍물을 접한다고 생각하니 흥겨웠다. 집사람도 수학여행 가는 여고생처럼 기뻐하였다. 이때 두바이는 세이크 모하메드 왕세자의 독특한 창의력과 지도력으로 중동교역의 중심지로서 나날이 발전을 거듭하고 있었는데 특히 국토확장을 염두에 둔 인공도시인 팜 아일랜드 건설은 아이디어 차원에서도 세상의 이목을 집중시킨 것으로 유명했다.

마침 우리나라 삼성물산이 세계 최고 높이인 828미터의 부르즈 칼리파 빌딩을 짓고 있었는데 필자가 갔을 때는 맨 꼭대기까지 건물 뼈대는 다 올라가 있었으나 60층 이상은 아직 실내 공사가 완공되지 않은 상태였다. 그러나 그 이하의 밑부분에서는 이미 상가들이 입주해 영업하고 있었다.

마침 2008년이 결혼 25주년으로 보통 외국에서는 나름대로 비중 있게 은혼식이라 하여 부부간의 사랑을 확인하고 기념하는 해였다. 필자도 이날 집사람을 위해 깜짝 행사로 은혼식 파티를 하리라 작정하고 서울에서 출발할 때 집사람에게는 알려주지 않고 제법 큼지막한 현수막을 만들었다. 내용은 '희준과 성애의 결혼 25주년 은혼식'이라 하여 배경에 하트 마크와 예쁜 꽃 디자인도 넣고 하여 제법 화사하게 제작하였다.

그런데 상담도 성공리에 마무리 짓고 조촐하게나마 결혼 25주년 깜짝 쇼 하려고 호텔 방 안에서 백 안의 준비한 현수막을 꺼내다가 실수로 떨어뜨린 것을 집사람이 보고 말았다. 들키고 많이 좀 멋쩍게 되었으나 저녁을 먹기 위해 현수막을 들고 60층의 식당으로 올라갔다. 그러나 가는 날이 장날이라고 통역의 예약 실수로 레스토랑에서 내국인 행사가 열려 외국인 고객들은 출입이 허가되지 않았다. 할 수 없이 현수막 행사는 포기하고 바깥으로 나와 인근의 식당에서 식사하게 되었다.

사업상 외국에 한두 번 나가본 게 아니었으나 아내와 같이 이국의 야경을, 특히 독특한 중동의 야경을 함께 구경하는 즐거움도 컸다. 집사람과 이국의 식당에서 갖는 식사 한 끼가 너무나도 소중하게 생각되었고 필자를 따라와 갖은 고생을 하면서도 불평 한마디 없이 내조해 준 집사람의 헌신과 사랑에 더욱 가슴에 아려왔다.

두바이를 봄철에 가보신 분들은 잘 아시겠지만, 낮에는 무려 40도까지 기온이 올라 가만히 있어도 등짝이 흥건히 젖을 정도로 무척 더우나 밤이 되면 25도 정도의 제법 선선한 기온이 된다. 앞서 말했듯이 이 시절 이미 두바이 중심가는 우리 서울을 훨씬 능가하는 현대화가 진행되어 마천루가 키 자랑을 하고 있었다. 거리는 가로등이 휘황하게 빛나며 잘 닦인 도로의 중앙분리대 잔디밭에는 시원한 대추 야자나무가 줄지어 서 있었고 어딜 가나 실내에는 에어컨 바람이 팡팡 나오고 있었다. 바다에는 국토를 넓히는 작업으로 팜 아일랜드를 비롯하여 야자수 모양과 세계지도 모양의 인공 섬들이 만들어지고 있었다.

저녁 식사를 하기 위해 통역이 타던 일제 SUV를 타고 나섰는데 인근에 중식, 태국, 한국, 일본식 등의 화려한 식당도 많았지만 좀 외곽으로 나가 지방의 전통음식을 먹고 싶었다. 20여 분을 외곽으로 나가 어느 소박한 아라빅 레스토랑에 들어가서 메뉴를 골랐다. 통역에게 물어보며 이것저것 손짓·발짓하다가 메뉴판을 보고 어린 양갈비구이와 시시케밥을 시켰다. 손가락만 한 갈비를 실내에 설치된 화덕에서 구워주는데 아주 맛이 있었다. 케밥과 함께 소위 걸레빵이라고 하는 인도의 난 비슷한 밀가루빵이 나오고 이를 병아리콩으로 만든 소스에 찍어 먹는데 세상 사람들의 입맛은 똑같은지 이것 역시 아주 맛있었다. 필자는 이날 식욕이 동했는지 양갈비 다섯 대와 두툼한 걸레빵을 두 장이나 먹었다. 하여튼 이날은 아내와 나 단둘이서 조촐하게 이국의 야경을 보며 아쉽지만, 멋진 추억을 만든 날이었다.

(사)한국출산장려협회 허가

 2007년 4월 발기 준비모임을 개최하고, 2010년 7월에는 백두산 천지에서 환인, 환웅 할아버지께, 8월에는 중국 태산 옥황정에서 옥황상제께, 9월에는 강화도 마니산 참성단 바로 옆에 간단한 제단을 설치하고 단군 할아버지께 출범식을 앞두고 출산 장려 운동의 성공을 기원하는 발원 기도까지 올렸다. 1주일 후인 2010년 9월 16일 한국프레스센터 국제회의장에서 '한국출산보육장려협회' 출범식을 갖고 본격적으로 운동에 뛰어들었다.
 이날 출범식에는 임산부와 전직 장관, 국회의원 그리고 해외 한인회장을 포함하여 300여 명의 내외빈 인사들로 대성황을 이뤘다. 격려사는 전 보사부 장관을 역임하셨던 김종인 씨가 했고, 축사로는 문희 마약퇴치운동본부장과 런던 한인회장과 임산부대표가 맡아 해주셨다. 미국, 영국과 말레이시아 한인회장과 중국 연변지역대표가 해외지부장을 맡아서 해당 국가의 출산장려정책을 공유하는 것으로 지부의 업무를 시작하기로 협의가 되었다.

〈임산부들과 발기인대회를 함께 하고〉

〈2010년 9월 출범식을 마치고 기념 촬영〉

그 후 2010년엔 홈페이지를 오픈하여 인터넷 홍보를 시작했고, 이후 다자녀 할인 카드 특허출원, 국회 헌정기념관에서 신년 자선 음악회 주관, 2011년에는 3·1정신 구국운동 범국민 연합과의 협약체결, 제11회 여성 마라톤대회 후원, 위시맘 캠페인 및 선포식 참가를, 2012년에는 지금의 한국출산장려협회로 개칭하고 매월 전국에서 10회 이상의 맘비스쿨 진행, "아이 낳기 좋은 세상" 태교 음악회 후원, 출산장려구국운동포럼 개최했으며 18대 대통령 후보자 초청 출산장려정책 발표회 개최 등의 행사를 통해 협회를 충실하게 정립해 나갔다.

2013년에는 맘비이야기 콘서트, 빨간코데이 선포식, 동아일보 주최 춘천마라톤에서 홍보 행사, 서울시 장애 여성 인력개발센터 협약체결을, 2014년에는 제1회 난임의 날 공식 협찬, 이주여성지원센터 개소식 참가와 후원, 인구보건복지협회 지원을, 2015~2016년에는 다둥이 마라톤대회 지원 및 부스 참가 운영, 지자체 행사 지원, '유모차는 가고 싶다.' 지원 및 부스 참가 등을 거쳐 2017년에는 1월에는 출산 장려 리더스 포럼을 만들고 정기총회를 개최하는 등 차곡차곡 실적을 쌓아가며 사단법인 허가에 대비해 큰 노력을 기울였다.

20여 개국을 돌면서 한인회장을 만나 각국의 결혼, 임신, 출산, 육아와 관련한 정책들을 정리하여 협회로 보내 줄 것을 요청했는데 이러한 외국 정책들을 한국 실정에 맞게 잘 조정하여 '한국적 민주주의'처럼 우리의 출산장려정책으로 만들기 위해서였다. 해외지부를 설립하고 각국의 출산장려정책을 공유하기 위해 외국으로 공무출장을 갈 때도 항상 업무가 끝나면 시간을 내어 해당국의 한인회를 방문하여 출산장려정책 공유의 필요성을 이야기하고 협조를 구하곤 했다.

〈인천 오스틴룸에서 열린 맘비스쿨에서 박미경 실장의 강의〉

〈한인회장 대회 때 말레이지아 회장단을 맞아 기념 촬영〉

가장 기억에 남는 일화 몇 가지를 소개한다. 영국의 버밍햄에서 개최된 유아 전시회에 참가했을 때였다. 런던 한인회장에게 전화했더니 마침 런던에서 유럽 각국에 있는 한인 유학생들이 모여 체육대회를 한다는 것이었다. 버밍햄에서 기차를 타고 런던으로 갔더니 주영대사와 각국의 한인회장들이 모두 참석해 있었다. 그 자리에서 시간을 좀 얻어 한국의 저출산 현황을 설명하고 국가마다 출산장려정책을 한국출산장려협회로 보내 달라고 요청했다.

두 번째로 미국 라스베이거스에서 개최되는 유아 전시회인 ABC키즈 엑스포에 참가했을 때의 일이다. 한인회장에게 전화를 걸어 한국출산장려협회 회장이라면서 만나기를 요청했는데 한마디로 거절당했다. 그렇다고 멀리 해외까지 왔는데 포기할 필자가 아니었기에 한인 식당 사장을 통해 함께 자리를 마련해 달라고 부탁해 저녁 식사 자리에서 만나게 되었다.

〈2017년 11월 리더스 포럼을 개최하고 회원들과〉

식사 자리에서 이유를 알아보니 출산장려협회에서 연락하니까 혹시나 후원금이나 기부금이라도 부탁할까 봐 지레 겁을 먹고서 그것을 했던 것이었다. 여기서도 한인회장으로부터 적극적으로 협조를 하겠다는 약속을 받아내는 데 성공했다.

이러한 일련의 국내외 출산 장려 운동을 통해서 착실히 실적을 쌓아 2018년 4월 역삼동에 30여 평의 사무실을 마련하고 서울시에 사단법인 서류를 제출하게 되었다. 그리고 얼마 지나지 않아 사무실 존재 여부 확인과 업무 현황을 파악하기 위하여 담당 주무관들이 사무실로 직접 실사를 하러 나왔다.

그리하여 드디어 2018년 6월 29일 자로 여성가족부 소관으로 해서 서울시로부터 사단법인 한국출산장려협회로 허가받았다. 처음 출산장려운동을 펼친 지 실로 20여 년 만에 드디어 기대했던 소기의 목적을 달성했다. 참으로 감격스러운 순간이었다.

〈제11회 여성 마라톤대회를 지원하고〉

〈2015년 10월 서울시서 주최한 '유모차는 가고 싶다' 부스〉

6장. 성장통 **223**

두 번의 암 수술에 대한 소회

    그러나 어찌 알았으랴, 잠깐 앞으로 돌아가서 아직 사단법인 허가를 받지 못했으나 한창 협회의 활동이 왕성해지던 2013년 9월 초 어느 날 저녁, 뜻하지 않게 복부에 적지 않은 통증이 느껴졌다. 저녁으로 먹었던 칼국수에 청양고추 양념을 많이 넣어 그런 줄만 알고 그냥 지나치려는데 통증이 3일간이나 지속되는 게 아닌가.

    물론 그 이전에도 2~3차례 유사한 복부 통증이 있긴 했으나 간단한 위장약으로도 바로 통증이 사라지곤 했다. 워낙 참는 데는 이골이 난 터라 이번에도 쉽게 지나가겠거니 하고 버티어 보았지만, 도저히 잠을 청할 수가 없었다. 옆에서 지켜보던 아내가 용단을 내린 듯 응급실로 가자고 주섬주섬 옷을 입혔다.

    자정에 종합병원 응급실을 찾았으나 통증이 너무 심하여 진통제 주사를 맞아도 전혀 반응이 없을 정도였다. 어느 정도 시간이 흐르자, 통증은 조금씩 가라앉기 시작했다. X-ray와 CT를 찍어 본 결과 급성 담관염이었다. 췌장과 십이지장 사이의 담관에 돌이 박혀 있었다. 이에 따라 담관이 막혀 고여있는 담즙에 세균감염으로 염증이 발생하고 이것이 역류하면 패혈증으로 빠르게 진행이 되어 생명도 위험하다고 하니 간단한 병은 아니었다.

    급성 담관염은 초음파 파쇄 시술로 간단히 처리되었으나 위내시경 검사에서 가벼운 위염이 두세 군데 발견되었는데 이 부위에서 암 소견이 보인다면서 조직검사를 하게 되었고 그 결과는 예측했던 대로 암이었다.

불행 중 다행스럽게도 급성 담관염이 암을 초기에 발견하게 된 동기가 된 셈이다. 세계적으로 암이 수술로 유명하다는 국내 종합병원을 소개받아 수술했는데 암 위치가 위장의 중간부위 위쪽이라 복강경 수술 대신 개복수술로 위의 3분의 2를 절제하게 되었다. 필자의 집안이 대부분 단명한 DNA를 가지고 있어 염려하는 분위기가 팽배했다 한다. 수술은 성공적으로 끝났으나 문제는 음식을 먹으면 대부분 토해버려 체중 또한 급속도로 빠지면서 몰골이 말이 아니었다. 조금만 먹어도 걷지 않으면 허리가 아파서 견딜 수가 없었다.

그러한 가운데 장이 꼬이면 통증을 수반하는데 이때는 바로 응급실로 가야 하고 꼬인 것이 풀리지 않으면 또 수술하는 식이었다. 몸무게는 눈에 띄게 줄고 허벅지는 앙상하게 뼈만 드러나고 있었다. 상태가 이러니 회사업무는 고사하고 건강관리에 집중해야만 했다.

그 후 위장의 상태가 좋아져서 퇴원하게 되었고 회사가 걱정되어 다시 출근하게 되었다.

나름으로 열심히 회사업무에 복귀하여 사업을 진행하던 중 2015년 위암 사후 검사차 들러 종합검진을 받다가 이번에는 간에 암 소견이 보인다는 청천벽력 같은 소리를 듣게 되었다. 이게 무슨 소리인가, 위를 3분의 2 정도 잘라낸 지가 언제인데 이번에는 또 간이란 말인가? 위암 수술 후 2년여 만에 또 간암 소견이라니 긍정적인 나도 이번에는 정말 아찔하였고 집사람은 완전 사색이 되었다.

그러나 이미 벌어진 일. 의사와 상의하여 입원일을 잡고 수술대에 누웠다. 오만가지 생각이 꼬리를 무는 중에 간호사가 씌어주는 마스크를 보면서 그대로 정신을 잃었다. 그렇게 수술을 거치고 검진에 많은 신경을 쓰면서 그런대로 건강을 유지해 오고 있다. 필자가 생각하기로 그동안 회사업무에 또 출산 장려 운동에 너무 몰입하다 보니 건강을 잃게 되어 그동안 혹사했던 몸이 이제 좀 쉬라는 신호를 보낸 것으로 치부한다.

시련이란 단어를 생각하면 늘 필자가 가장 존경하는 현대그룹의 고 정주영 회장의 자서전『시련은 있어도 실패는 없다』가 떠오른다. 정주영 회장의 일화야 수도 없이 많지만, 필자가 보기에도 그의 시련을 이겨내는 의지는 일반 사람들은 도저히 흉내도 못 낼 정도로 대단하고 일이 벽에 부딪히면 해결해 나가는 방법을 비상하게 찾아내는 긍정적인 사고방식과 아이디어에서도 참으로 놀라운 기를 느끼게 된다.

하여튼 암 수술을 이겨낸 뒤에는 이러한 긍정적인 사고방식이 든든히 버티고 있어 다시 회사를 일으키고 협회 발전의 기틀을 만들게 되었다.

사회사업공헌가로서의 청와대 초청

    2019년 코로나라는 괴질이 나라를 뒤덮기 전 6월 20일 사회에 공헌한 공이 큰 기업들과 사회단체가 청와대 오찬에 부부 동반 초청 받았다. 이날 행사는 여성가족부가 주관한 행사로 김정숙 여사와 여가부 김희경 차관이 참석하였고 초청된 인사들은

    1) 조용병 신한금융그룹 회장
    2) 윤부근 삼성전자 부회장
    3) 이형희 SK수펙스추구협의회 SV위원장
    4) 오성엽 롯데지주 커뮤니케이션실장
    5) KB국민은행
    6) 샘표
    7) 한샘
    8) P&G
    9) 씨에이팜대표 (한국출산장려협회 이사장)

등으로 고위 임원들이 참석했다.

    이 초청행사에 박희준 이사장은 과거 ㈜씨에이팜의 운영을 통해서 튼살크림을 둘째 아기면 50%, 셋째 아기면 무료로 봉사한 노력과 사단법인 한국출산장려협회를 통해서 출산 장려 운동에 매진해 왔다는 것이 사회적 공헌으로 그 공이 인정되어 초청받은 것이다. 이는 한편으로 말하면 (사)한국출산장려협회의 존재감을 인정받은 것이며 2018년 6월 사단법인을 허가받은

것이 대내외적으로 공신력이 있는 명실상부한 비영리 민간단체로 자리매김 했다는 증거랄 수 있다.

이날 오찬과 더불어 소개 시간에 박희준 이사장은 시간을 얻어 저출산·고령화에 대한 현실을 갈파하고 그 해결책을 조목조목 그러나 간결하게 설명하여 좌중의 박수를 받았으며 이는 개인적으로는 저출산·고령화 문제에 대한 민간인 전문가로서의 위치를 각인시킨 계기가 되었다.

〈〈행사를 마치고 일행 기념 촬영〉〉

인구 대통령

사람은 누구나 꿈을 꾼다. 수면 중에서도 꿈을 꾸지만, 생활 속에서 항상 희망을 품고 미래에 대한 꿈을 꾼다. 필자는 어릴 적 구미 근처의 생가에서 고개만 들면 바라다보이는 금오산의 정기를 받으며 살아왔고 또한 큰 바위 얼굴의 전설을 가슴이 간직하며 어린 시절을 보냈다.

지나친 비약인지 상상인지는 모르겠으나 필자가 태어나고 몇 년이 지나지 않아 우리 집이 실제 청와대로 불리고 있음을 알게 되었다. 아마 근동에 집이 제일 크고 할아버지 때부터 내려오는 가부장적 꼬장꼬장한 유교 집안이라서 그러했으리라. 필자가 태어났을 때 몸무게가 4kg이 넘어 크게 태어났다고 대생(大生), 피부가 검어 큰 코끼리라는 의미로 대상(大象)이라는 아명으로 불리기도 했다고 한다. 또 한편으로는 자라서는 스스로 대생이란 대통령이 생겨난다는 의미로도 생각해 보게 되었다.

구미 금오산의 얼굴을 보며 필자는 어린 마음에도 훗날 남을 위해 큰일을 한번 해보리라 입술을 깨물곤 했었는데 젊은 시절 사업의 부도와 두 번의 암수술 이라는 평지풍파를 겪었다. 26년 전에 인구절벽을 예견하고 홀로 출산 장려 운동을 펼쳐왔는데 그 예견이 헛되지 않아 오늘날 인구감소 문제는 정말 우리나라의 존망이 걸린 핵폭탄급의 위기를 초래했다. 호미로 막을 것을 가래로도 막지 못하게 된 형국이다

우리나라의 합계출산율이 2021년은 0.81명으로 OECD 평균 1.63명에

비하면 절반 수준에도 못 미친다. 사태가 이러할진대 정부에서도 아직 다급해하는 신호가 보이지 않으니 답답한 심경이다. 당장 관계 기관에 쳐들어가 한바탕 야료(惹鬧)라도 부리고 싶은 마음이다.

이러한 시점에 우리 (사)한국출산장려협회가 이제 진용을 갖추고 본격적인 계획을 수립하고 있다. 작년부터 K-PEACE 구국 지사(교육·홍보대사) 제도를 만들어 3·1독립운동 33인의 위대한 업적에 필적할 만한 명망 있는 인사들을 모셔서 협회 운영의 원동력으로 삼아 출산 장려 운동을 전국적인 캠페인 단위로 확장하여 조직을 갖추려 한다. 이제 20분이 추대되었으니, 숫자로 보면 갈 길이 머나 우보만리로 뚜벅뚜벅 흔들림 없이 걸어 나가고자 한다.

자고로 많은 지도자가 자국의 인구감소 문제에 큰 관심을 두고 정책을 세워 온 것이 사실이다. 그래서 필자도 우리 협회의 출산 장려 운동을 국가 정책과 더불어 가자는 의미에서 큰 바위 얼굴의 믿음과 의미를 (사)한국출산장려협회의 조직을 정부 조직에 맞춰 조직하였다. 물론 아직 도표상의 조직이지만 마음먹으면 못 할 것 없다고 생각한다.

우공이산이라는 중국 고사에서 알 수 있듯이 우공의 산을 옮기겠다는 소리에 주위에서 어리석다고 비웃었으나 우공은 '자기 당대에 이루지 못할지라도 자식과 손자들이 대를 이어 일을 할 것이고 산은 더 커지지 않을 것이니 이일은 반드시 이루어진다.' 라고 하였다. 이 말은 들은 상제(上帝)는 그 기개에 감동하여 다음 날 산신령에게 명하여 하루 만에 산을 옮겨주었다고 한다.

필자는 이 고사에 즈음하여 홀로 펼쳐온 26년의 공든 탑이 무너지지 않게 출산 장려에 대통령이 상제처럼 정부 관계 기관들이 산신령처럼 적극적으로 이 문제해결에 나섰으면 마음 간절하다. 그리하여 필자는 우리나라 인구문제에 대해서만은 우공의 그 기개를 본받아 전문가로서 대통령이 된 마음으로 출산장려정책을 세워 정부 요로나 국회 등에 나가 육성으로라도 인구문제의 시급성을 홍보할 계획이다.

    그리하여 앞으로 우리나라 인구문제 해결에 목숨을 거는 인구 대통령으로서의 행보를 보여 주고자 한다. 5년 후 차기 대통령과 같이 기념사진을 찍는 인구 대통령으로서 상상하며 끊임없이 앞으로 나아가고자 한다.

부록

K-PEACE 교육·홍보대사(구국지사)
100인 추대 현황

> ****편집자 주**
>
> K-PEACE 100인 구국지사(교육·홍보대사)의 항목은 지난 2021년 3월부터 2023년 8월까지 협회 홍보자문위원장이자 경기 데일리 인터넷신문의 발행인인 박익희 대기자가 박희준 회장과 동행하여 23명의 구국지사 추대식에 참석하여 따온 생생한 인터뷰 기사를 전문 그대로 정리하여 올린 것이다.
>
> 16년간 민완기자로서의 날카로운 필봉이 봄날의 호랑나비가 춤추듯 일필휘지, 또는 평사낙안의 부드럽고 간결한 문장이 돋보이는 듯하다. 편집자로서는 박익희 대기자의 노고와 필력을 존중하여 본 책의 상당 부분을 차지하는 분량을 할애하여 수록하였음을 밝힌다.

(사)한국출산장려협회

박희준 회장
(사)한국출산장려협회 창설자
추대일 2021년 1월 4일

약력
극동연방대학교 대학원 인구학 박사
숭실대학교 대학원 국제통상학 박사 졸업
대구한의대학교 한방산업대학원박사 수료
경북대학교 경영대학원 경영학 석사 졸업
경북대학교 농생명과학대 학사 졸업
대구고등학교 졸업
인동중학교 졸업
장곡초등학교 졸업

현 미국세인트미션대학교 석좌교수
현 (사)한국출산장려협회 창설자 및 회장
현 청소년희망본부 본부장
현 서울 금천구상공회 부회장
현 서울 삼청로터리 클럽 이사
현 (주)씨에이팜 대표이사
전 한국출산유아사업 협동조합 이사
전 을지대학교 겸임교수
전 서울 금천구상공회 GNC 총동문회 회장
전 서울 영동라이온스클럽 회장
전 서울시 수출상단 중소기업 대표
전 인동중학교 총동창회 회장
전 과학정보기술협의회 위원

수상
2019. 09 조선일보 행복한 대한민국 만들기 대상(출산장려공로상 부문) 수상
2018. 12 유네스코 서울협회 올해의 인물상 수상
2018. 06 한국 신지식인 협회 신지식인 인증(임산부 튼살그림 개발)
2012. 10 보건복지부 장관상 수상(제 7회 임산부의 날 출산장려부문 공로상)

2011. 08   국무총리상 수상(제12회 중소기업기술혁신대전, 기술혁신부문)
2011. 04   여성가족부 장관상 수상(여성을 위한 사회공헌 기업상)

논문
2016(박사) 한국 코스메슈티컬 기업의 동남아 진출 전략에 관한 연구(숭실대학교)
2012   도화 및 도화악 추출물의 미백활성 비교(한국식품저장유통학회)
2009(석사) TV광고의 배경음악과 메시지와의 적합성이 감정적 반응 및 브랜드
              태도에 미치는 영향(경북대학교)

저서
2019 글로 쓰면 이루어지는 나만의 드림리스트(공저: 다산코리아 행복코리아를 꿈꾸며)
2020 지구별에서 내 인생의 첫사랑 가족(공저: 가족의 사랑이 오늘의 나를 만들었다)
2021 출산장려 성공시크릿
2023 출산출생장려 나라의 미래

　　1955년 베이비부머 1세대로 경북 칠곡의 오지에서 태어나 운영하던 건설자재 회사의 부도로 인한 몰락과 제약회사의 창업 그리고 두 번의 암수술이라는 풍파를 겪으면서도 긍정적인 사고방식과 끈질긴 인내력으로 살아남았고 더욱이 61세의 만학도로 숭실대학교에서 국제통상학 박사학위를 받았다. 그 후 극동연방대학교 대학원에서 인구학박사를 취득하고 바로 미국세인트미션대학교에서 석좌교수로 임명되었다.
　　그리고 25년 전 예리한 통찰력으로 이미 우리나라에 저출산의 인구절벽이 올줄을 예견하고 민간에서 나홀로 출산장려운동을 펼쳤다. 제약회사 근무의 경험을 살려 튼살크림을 발명하고 (주)씨에이팜을 창업하여 출산장려를 위하여 임산부를 대상으로 둘째출산이면 50% 셋째이면 무료로 제품을 아낌없이 베풀었다. 그후 (사)한국출산장려협회를 창립하여 출산장려운동에 본격적으로 매진했다. 출산장려운동에 헌신한 공로로 2018년 유네스코 서울협회의 "올해의 인물상"을 수상했다. 을지대학교 겸임교수로 출강했으며 서울영동라이온스클럽 회장을 역임하였다.

오웅진 신부
꽃동네 설립자
추대일 2021년 3월 20일

약력

꽃동네는 비영리 재단법인 '예수의꽃동네유지재단'과 재단이 운영하는 한국 천주교의 복지, 교육 기관들을 말한다.
1976년 11월 충청북도 음성군의 무극천주교회 성당에 새로 부임한 오웅진 신부가 노인 최귀동을 만나면서 시작되었다.
대표적 장소인 충청북도 음성군의 '음성 꽃동네'는 부지가 2만 2,500㎡이며 수용 인원은 3,000명이다.
시설 현황은 정신요양원·부랑인요양원(1983년 9월 준공),
애덕의 집(1986년 10월 준공), 환희의 집(1985년 10월 준공),
서울시 중랑구의 신내노인요양원(1987년 10월 준공),
충청북도 옥천군의 옥천꽃동네성모노인요양원,
알코올중독요양원·인곡자애병원(1988년 10월 준공),
결핵 요양원·심신장애인요양원(1990년 5월 준공),
성빈첸시오 천사의 집(1994년 5월 준공),
사랑의 연수원(1997년 5월 개원)이 있다.

수상

1996년 필리핀 막사이사이상
1996년 자랑스런 충북도민상
1987년 동아일보 인촌기념회 인촌상

꽃동네 오웅진 신부, 한국출산장려협회 구국지사로 동참 1천 만원 기부

(사)한국출산장려협회(이하 한출협) 박희준 이사장이 지난 23일 꽃동네 오웅진 신부를 100인의 구국지사 중 2호로 선임하고 추대식을 가졌다.
꽃동네 오웅진 신부님은 45년 전부터 한국의 저출산문제를 고민해왔다. 하느님의 사랑을 실천한 신부님은 생명존중 운동으로 낙태반대와 자살예방 활동을 펼쳐왔다.

한출협 박희준 이사장이 지난 3월 13일 꽃동네 오 신부님를 찾았었다. 오 신부님은 구국지사 선임에 흔쾌하게 동의했다.

이날 박희준 이사장이 최근 발간한 책 '출산장려 성공시크릿'을 증정했으며, 오 신부님은 한국의 초저출산문제에 대하여 해법을 제시했다.

오웅진 신부님은 일본의 인구학자가 "한국의 세계 최저출산율이 지속되면 200년 이후면 한국이 지구상에서 제일 먼저 사라지는 나라가 될 것이다"고 말한 책을 읽었다며 "저출산 문제를 가장 시급하게 해결해야 된다"고 말했다.

오 신부는 "신혼부부가 결혼하여 3명의 자녀를 출산만하면 국가가 육아, 교육, 취업, 결혼, 주택문제도 해결해주어야 한다. 1~2명 낳을 경우보다 3명을 낳으면 획기적인 정부의 우선적인 지원과 대책으로 어린아이를 낳도록 해야 한다. 그래야 저출산 문제를 해결할 수 있다"고 강조했다.

신부님은 독일의 사례로 들면서 설명을 했다. (유튜브 영상 참조)

아울러 OECD국가 중에 한국이 자살률 1위, 낙태율 1위라며 이 문제도 중요하게 다루어야 한다고 강조했다.

오 신부님은 한출협 박희준 이사장의 1997년부터 출산장려운동을 펴온 이야기를 듣고 큰 격려와 함께 출산장려운동에 1천만원 기부금을 내겠다고 약속했다. 이에 한출협 박희준 이사장은 "꽃동네 신부님이 주신 귀한 돈을 오롯이 출산장려운동에 쓰겠다고 다짐하여 오 신부님께 감사의 인사"를 드렸다. 그동안 박희준 이사장은 위암 수술에 간암 수술로 5년간 제대로 활동을 못했다고 고백하며 "이제 건강이 회복된 만큼 저출산율 극복에 매진하겠다"고 각오를 밝혔다.

오 신부님은 중국도 지난 5월 인구문제의 심각성을 인식하고 3명의 출산을 권장하고 있다고 말했다. 인도의 인구가 앞으로 중국의 인구를 능가하는 나라가 될 것이라고 예측했다.

그렇다. 아무리 아이를 낳으라고 강조해도 아이를 낳고 기를 수 있는 조건과 환경, 즉 육아, 교육, 취업, 결혼, 주택 마련이 안 되면 요즘 신세대들은 개인주의 성향과 비혼주의로 1인 가족이 많다. 아이 대신에 반려동물을 키우는 젊은 층이 많이 늘어나고 있다. 청년실업 문제 해결과 아이 낳고 키울 수 있는 좋은 세상을 만들어야 한다.

우리나라는 지난해 0.81명의 출산율이고, 올해는 0.7명대로 줄어들 것으로 예상한다. 심각한 저출산로 인구감소가 급격하게 진행되고 있다. 정부는 최우선 대책을 세워서 이 문제를 해결해야 한다. 여기에는 여야가 없고, 정파가 없다.

[기사 원문] 2021/06/24 경기데일리 박익희 기자

최성해 전 동양대 총장
추대일 2021년 6월 11일

약력

대구고등학교 (졸업)
워싱턴침례신학대학교 신학과 학사
워싱턴침례신학대학교 종교교육학 석사

2006.04~ 제2대 한국교회언론회 이사장
한국대학교육협의회 부회장
2015.01 한국사립대학총장협의회 회장
학교법인 현암학원 이사
전 동양대학교 총장

저서

* 대학개혁은 어떻게 이루어지는가
* 교수평가와 연봉제

(사) 한국출산장려협회, 동양대 '최성해' 전 총장 100인의 구국지사로 선임

봄기운이 온누리에 퍼진 지난 10일 (사)한국출산장려협회(이하 한출협) 박희준 이사장은 동양대 최성해 전 총장을 구국지사 100인 중 1명으로 선임했다.

지난해 출산율 0.84명이라는 세계 최저의 출산율을 맞은 대한민국은 인구절벽으로 2500년 경이면 지구상에서 사라지는 위기에 봉착하게 된다.

동양대 최성해 전 총장도 인구문제의 심각성을 인식하고 이 문제의 해결에 남다른 관심과 실질적인 지원을 펼쳐왔다.

그는 총장 재임 시에 9명의 다둥이를 둔 부모에게 대학교 학비무료 혜택으로 2명을 졸업시켰고, 1960년대 지독한 가난에 시달린 '저 하늘에 슬픔이'라는 주인공 이윤복 학생을 경구중학교에 무료로 입학시켜 졸업을 시켰다. 선친인 최형우 교장의 유지를 받들어 이를 실천해왔다.

동양대 최성해 전 총장은 "중국이 값싼 노동력으로 국가경쟁력을 높혀 경제성장을 이루고 국부를 쌓듯이 현재의 0.84명이라는 저출산율로는 국가의 존립자체가 불가하다. 생산, 소비, 소득의 선순환이 이루어지려면 국가에는 인구 1억명 정도가 유지되어야 한다. 일본도 인구 1억명 유지에 온갖 노력을 다하고 있다"고 강조했다.

이어서 "옛말에 어린이 1명을 키우기 위해서는 온동네 사람이 모두 나서야 한다는 말이 있다. 이렇듯이 저출산·고령화 문제를 심각하게 생각하고 국가와 지방자치단체는 실효성 있는 대안을 제시하고 대처해야 한다"고 말하며 적극적인 동참을 약속했다.

한출협 박희준 이사장은 "최 총장님이 출산장려운동에 동참해주셔서 힘이 납니다. 코로나로 인하여 지난해 국회에서 10월 3일 개최하지 못했으나 올해는 출산장려운동에 참여하신 구국지사 100인을 모시고 '오온 선포식'을 반드시 열겠다"고 말했다.

현재 당면한 저출산을 극복하지 못하면 없어지는 일을 겪는다. 이제 국가에서 적극적으로 나서 출산율 제고와 육아, 보육, 교육, 취업, 결혼, 주택문제 등을 해결해야 한다"고 강조했다.

[기사 원문] 2021/04/12 경기데일리 박익희 기자

이종락 목사
생명사랑운동연합 공동대표
추대일 2021년 6월 1일

약력
"베이비박스를 찾았다가 상담을 받고 아이를 데려가는 부모도 30% 정도 됩니다. 상담을 하다 보면 경제적 이유 때문에 아이를 키울 수 없다는 경우가 많아요. 쌀이나 기저귀, 분유, 옷, 장난감 등 물품과 생활비 명목으로 한 달에 20만원씩 지원하는 데 최장기간은 3년입니다. 한 달에 62~63가정을 돕고 있어요."

출처: 투데이신문(http://www.ntoday.co.kr

수상
2019년   LG복지재단 LG의인상
2018년   제10회 장로교의 날 자랑스러운 장로교인상 복지부문

저서:
*아가야, 어서와 많이 힘들었지 고마워, 내게 와줘서

주사랑공동체교회 이종락 목사, 한국출산장려운동에 적극 동참 약속, 100인의 교육·홍보대사(구국지사)로 추대

(사)한국출산장려협회(이사장 박희준, 이하 한출협)는 1일 오후 '베이비박스'로 유명한 주사랑공동체교회 이종락 목사를 한출협의 100인의 교육·홍보대사(구국지사)로 선임하여 추대했다.

이종락 목사(67)는 11년 전부터 부모에 의해 버려지는 어린 생명을 베이

비박스를 통해 거두고 돌보는 생명운동을 실천해온 분이다.

이날 한출협 박희준 이사장은 주사랑공동체교회의 이종락 담임목사(생명사랑국민연합 공동대표) 구국지사로 선임 추대하고 양 단체의 협력방안과 그동안의 경험을 공유하고 정책을 발굴하여 정부에 건의하는 일을 함께하자고 제안했다.

이종락 목사는 "베이비박스로 어린 생명을 구하고 지키는 일은 하나님이 함께하는 일"이라고 강조하며 "25년 전부터 출산장려운동을 해온 한출협 박희준 이사장에게 깊은 감사의 인사"를 전하고 고마워했다.

이 목사님에 따르면 "11년 동안 약 2000명의 위기상황에 놓은 어린 생명을 구했다."고 말했다. 지금은 480명의 어린이와 산모가 서로 연락하는 관계로 부모의 역할과 사랑으로 생명을 보듬고 양육하는 기회를 제공하고 있다고 밝혔다.

한출협 박희준 이사장은 "가정이 행복하면 사회가 행복하다며 저출산율 극복에 서로 지혜와 힘을 모아서 함께 나라를 구하자"고 말했다. 이에 이종락 목사는 "적극적으로 함께하여 저출산 극복에 원천이 되자"고 화답했다.

이 목사는 "지금의 초저출산율로는 OECD 국가 중 대한민국이 제일 빨리 지구상에서 없어지는 일을 겪는다. 이제 국가에서 적극적으로 나서 출산율 제고와 육아, 보육, 교육, 취업, 결혼, 주택문제 등을 해결해야 한다"고 강조했다.

이어서 이종락 목사는 "우리나라는 하루에 약 3000~3500명의 소중한 생명이 낙태로 태어나지도 못하고 죽음을 맞이하는 문제를 시급하게 해결해야 한다. 이제 낙태반대가 국민운동으로 일어나 생명사랑, 나라살리기 운동으로 발전해야 한다. 양심없는 쾌락 위주의 생명경시 풍조를 없애야 한다"고 강조했다.

묵묵히 생명사랑 운동을 펼치고 있는 이종락 목사의 간절한 기도를 들으니 너무나 큰 감동과 하늘의 위로와 생명에 대한 존엄성이 밀려왔다. 살아있는 성자의 모습으로 거룩한 종교인으로 존경심이 저절로 생겼다.

[기사 원문] 2021/06/01 경기데일리 박익희 기자

차흥봉 장관
전 보건복지부 장관
추대일 2021년 6월 14일

약력

1942년, 경상북도 의성군 의성면 출생.
경북대학교 사범대학 부설고등학교,
서울대학교 문리과대학 사회학과,
서울대학교 대학원 사회학 석사,
중앙대학교 대학원 사회복지학 박사 과정을 졸업.

1983년-1997년까지 한림대학교에서 사회복지학과 교수, 부총장역임..
1999년 2월부터 같은 해 5월까지 국민연금공단 이사장.
1999년 5월부터 2000년 8월까지 보건복지부장관 약임.
현 초록우산 어린이재단 대표이사,
현 대한노인회 고문.

수상

2003년　　청조근정훈장
1998년　　국민훈장 동백장

저서

의약분업 정책과정

차흥봉 전 보건복지부 장관 100인 구국지사로 동참

　(사)한국출산장려협회(이사장 박희준, 이하 한출협)는 14일 차흥봉 전 보건복지부 장관(현 초록우산 어린이재단 대표이사)을 100인의 구국지사로 선임하고 추대식을 가졌다.
　이날 추대식은 분당의 중식당 블루 상하이에서 한출협 박희준 이사장, 황드보라 건강가정바로세우기운동본부 회장 및 한출협 강남지회장, 최은상 한출협 서울특별시지부 회장 겸 서초지회장, 윤종대 사무국장, 박익희 홍보자문이 참여하고, (사)보사동우회 유영진 사무총장이 참가하여 조촐하지만 알차게 가졌다.

　구국지사로 선임된 차흥봉 전 장관은 박희준 이사장이 최근 발간한 저서 〈출산장려 성공 시크릿〉에 추천사를 써주신 분으로 인간이면 피할 수 없는 생노병사(生老病死)에 관하여 연구한 전문가로 알려진 분이다. 또한 문재인 정부의 저출산·고령화위원회에도 활동을 하고 있는 분이다.

　차흥봉 전 장관은 "오는 10월 한출협 100인의 구국지사 발대식에 중요 정책을 제안할 것과 그동안 연구한 모든 내용을 축약하여 대통령선거와 지방선거를 앞두고 정책으로 건의하여 25년간 노력한 결실이 있기를 바란다"고 말했다.
　이어서 해외의 출산율 증가의 구체적 성공사례를 제시할 것을 요청했다.
　이에 한출협 박희준 이사장은 "출산장려는 제2의 구국운동이자 대한민국의 밝은 미래이다" 라고 말하며 "차 장관님의 지도편달에 감사를 표하고 반드시 그렇게 하겠다"고 화답했다.

　인터뷰의 끝에 "저서는 내용에서 볼때 우리나라가 직면한 저출산·고령화의 시원한 해결방법을 잘 정리하였고, 저자의 투철한 애국심을 느낄 수 있었습니다." 라고 덕담을 건네었다.

[기사 원문] 2021/06/14 경기데일리 박익희 기자

김호일 회장
대한노인회 회장
추대일 2021년 6월 16일

약력

1958.03 ~ 1960.02 마산고등학교 졸업
1963.03 ~ 1967.02 고려대학교 정경대학 정치외교학과 학사 졸업
2006 ~ 2008 센트럴 대학교 석사과정수료 목회학 석사과정 수료
2008 센트럴 대학교 문학 명예박사
2021 성산효대학원대학교 명예효학박사

경남 합포 3선의원
사단법인 한국응용통계연구소 소장
한국재외동포정책연구회 이사장
한나라당 원내수석부총무
한나라당 사무부총장
한나라당 당무위원
사단법인 한국다문화가정교육정책연구원 이사장
2019 ~ 사단법인 국민안전교육중앙회 총재
2019.04 ~ 대한민국헌정회 노인복지정책위원회 위원장
2020.01 ~ 2020.12 한국복지당 총재
2020.10 ~ 제18대 대한노인회 회장

대한노인회 김호일 회장, 구국지사 100인에 동참
"출산·출생 장려는 제2의 구국운동이다" 100인의 구국 지사로 대한노인회 회장 선임, 추대식 가져

올해 한국의 출산율이 0.7명대로 추락이 예상되는 가운데 16일 (사)한국출산장려협회 (이사장 박희준, 이하 한출협)는 대한노인회 김호일 회장을 100인의 구국지사로 선임하여 추대식을 가졌다.

대한노인회 김호일 회장은 3선의 국회의원 출신으로 지난해 10월 대한노인회 회장 선거에 당선되어 제18대 회장으로 전국 850만 노인의 정책과 복지 증진을 위해 "노인이 행복한 세상" 만들기에 노력 중이다.

이날 100인의 구국지사 추대식은 대한노인회 중앙회 회의실에서 박희준 이사장이 김호일 회장에게 최근 발간한 저서 〈출산장려 성공시크릿〉전달식과 한출협 배지 부착에 이어 한출협 관계자 5명이 참가한 가운데 조촐하게 열렸다.

김호일 회장은 수락 인사말에서 "우리나라의 저출산율은 가장 시급하게 해결해야 할 문제"라고 강조하고 "향후 고령화문제와 저출산율 극복에 함께 노력하겠다"고 다짐했다.

한출협 박희준 이사장은 추대 인사말에서 "능력 있는 대한노인회 김호일 회장님을 나라를 구하는 100인의 구국지사로 추대하게 되어 기쁘다"고 말하며 "앞으로 초저출산율로 우리나라가 사라진다. 이 문제 해결에 앞장서 줄 것"을 부탁했다.

이에 김호일 회장은 박희준 이사장을 대한노인회 정책자문위원으로 위촉하고, 향후 양 단체가 긴밀한 협조할 것을 약속했다.

현재 우리나라는 65세 이상 노인이 올해 1월 기준으로 852만명이나 된다. 대한노인회는 인구고령화 사회에 노인이 건강하고 행복한 세상 구현을 위해 전국의 경로당의 환경개선책과 대한노인회를 재향군인회나 경우회처럼 법정단체로 추진할 계획을 밝혔다.

한편, 한출협은 초저출산율 극복을 위해 전국의 명망가를 교육 홍보대사로 100인의 구국지사로 선임 추대하여 이를 중심으로 효과적인 출산율 제고에 관하여 정책개발과 다양한 활동을 할 계획이다.

[기사 원문] 2021/06/16 경기데일리 박익희 기자

고학찬 회장
전 예술극장 회장
추대일 2021년 7월 13일

*약력
  전 동양방송 PD
  전 뉴욕 한인방송 편성국장
  전 삼성영상사업단 방송본부 총괄국장
  전 예술의 전당 사장
  현 윤당아트홀 관장
  현재 유튜버와 쇼핑몰 피팅 모델, 행사기획자로 활발히 활동

저서:
  구르는 돌

영원한 예술인 고학찬 관장,
한국출산장려협회 구국지사로 동참
"애완견 대신에 어린이를 낳아 기르는 세상이 되길"

(사)한국출산장려협회(이사장 박희준, 이하 한출협)는 13일 한국문화예술회관연합회 회장이자 예술의전당 사장이었던 고학찬 윤당아트홀 관장을 13일 구국지사로 선임하고 추대장을 수여했다.
이날 한출협 구국지사 추대식은 윤당아트홀이 있는 서울 강남구 언주로 844 윤당빌딩에서 가졌다.

고학찬 관장은 영원한 예술인으로 알려져 있는 분으로 왕성한 예술활동을 펴고 있었다. 그는 1970년대에 TBC동양방송 프로듀서, 제일기획 Q채널, 서울예술대학교 겸임교수, 삼성영상사업단 국장, 추계예술대학교 문창과 교수, 상명대학교 방송예술대학원 영상컨텐츠 교수 등 화려한 이력을 거쳐 예술의전당 사장을 역임했으며, 지금도 음악방송 유튜브 '고학찬의 비긴어게인'을 운영하고 있다.
 이날 고학찬 관장은 아침 동네에서 목격한 대한민국의 초저출산율에 대한 심각한 상황을 들려주었다.

 유모차에 강아지를 태우고 가는 신혼부부를 보면서 느낀 것은 강아지는 어떤 생각을 할까? 강아지는 "어린아이가 타야할 자리에 제가 타서 미안합니다."라고 말하는 것 같았다며 "젊은 부부가 애완견 대신 아린아이를 낳아서 기르는 모습을 보고 싶다"고 말했다. 이런 문구를 담은 켐페인을 한다면 효과가 있을 것 다. 이런 문구를 담은 켐페인을 한다면 효과가 있을 것이라는 아이디어를 밝혔다.

 고학찬 관장은 "애를 낳을 수 있는 환경과 여건을 정부가 만들어주어야 한다. 또한 출산율 극복에 젊은 층에서 많이 참여하면 출산율 제고에 효과가 좋겠다"는 의견도 제시했다.

 이에 박희준 이사장은 "출산장려운동에는 정파와 종파, 남녀의 연령 구분 없다. 젊은 층은 교육·홍보대사로, 시니어는 구국지사로 참여하여 출산율 제고에 나서고 있다"고 밝혔다.
 이어서 그는 "출산율 제고 없이는 100년 후에는 대한민국이 지구상에서 제일 먼저 사라지는 나라가 될 것이다. 지난해 0.84명의 출산율에 이어 올해 출산율은 0.7명대의 출산율이 예상된다"고 말했다.

 또한 박 이사장은 최근에 발간한 저서 '다산코리아 행복코리아를 꿈꾸며 〈출산장려 성공시크릿〉'은 25년간 한국의 저출산율 극복에 대한 연구 자료를 망라한 책이라며 전 국민이 일독할 것을 권하며 정부에 제안한 정책 내용을 설명했다.
 박희준 이사장은 출산.출생장려부를 부총리급으로 만들어 초저출산과 고령화 사회의 암울한 미래에 통합적으로 적극 대비해야 한다고 강조했다.

[기사 원문] 2021/07/13 경기데일리 박익희 기자

양승조 지사
충청남도 도지사
추대일 2021년 8월 4일

*약력

단국대학교 정책경영대학원 특수법무학과 졸업, 성균관대학교 법학과 졸업
중동고등학교 졸업

2018. 07-	제 38대 충청남도 도지사
2016. 06-	대한민국 국회 보건복지위원회 위원장
2016. 05-2018. 05	제 20대 국회의원
2015. 02-2015. 06	새정치민주연합 사무총장
2014. 03-2014. 07	새정치민주연합 최고위원
2012. 05-2016. 05	제 19대 국회의원, 국회보건복지위원회 위원
2008. -	민주당 원내기획부 대표
2008. 05-2012. 05	제 18대 국회의원

수상

2019 맑은 하늘상(미세먼지센터) 대한민국 희망문화복지 10인 대상 문화복지부문
　　　대한민국 대 한국인 지자체부문 대상
2018 대한민국 무궁화대상 행정부문
2018 글로벌 기부문화공헌 대상 지방자치발전공헌 부문
2018 한국을 빛낸 대한민국평화대상,　　　　소상공인연합회 초정 대상
2017 한국언론연합회 대한민국나눔봉사대상 보건복지부문 종합대상
　　　제3회 글로벌 리더십 대상, 글로벌 신한국인 대상, 제20대 국회 헌정대상
2016 유권자시민행동 대한민국 유권자 대상,
　　　법률소비자연맹 제19대 국회 종합헌정대상
　　　한국을 빛낸 자랑스런 한국인 대상 행정혁신 공로대상
　　　제4회 국회의원 아름다운 말 선플상, 한국언론사협회 세계평화언론대상
　　　대한민국 모범 국회의원 대상 최고대상
2015 한국언론사협회 대한민국우수국회의원 대상, 법률소비자연맹 국회의원 헌정대상
2014 국정감사 NGO모니터단 국정감사 우수의원
2013 제2회 초정대상 최우수 국회의원상, 소상공인 초청대상 최우수 국회의원 상
　　　전국시민단체총연합 및 독도수호국민연합 선정 모범국회의원 상

2012 국회사무처 선정 입법·정책 우수의원 (12년 연속5회 수상)
　　국회를 빛낸 바른언어상 품격언어상
2011 국회사무처 선정 입법·정책 우수의원 (08, 09, 10, 11년 연속 4회 수상)
2009 NGO모니터단 평가 국정감사 우수의원(2008,09,11년)
　　(사)한국여성유권자연맹 선정 자랑스러운 국회의원상
2006 바른사회 밝은정치 시민연합 선정 최우수 국회의원상
　　법률소비자연맹 등 NGO단체 선정 헌정우수상
　　담당부서 운영지원과 담당자 유진영 문의전화 041-635-2008

양승조 충남도지사, '100인 구국지사'에 동참
"초저출산율 극복에 정부가 적극 나서야 한다"

　(사)한국출산장려협회(이사장 박희준, 이하 한출협)는 4일 오후 충남도청을 방문하여 양승조 충남도지사를 100인의 구국지사로 선임하고 추대장을 전달했다.

　양승조 충남도지사(62)는 천안에서 4선의 국회의원을 역임하고, 2018년에 민선 7기 충남지사로 당선되어 전국 광역자치단체 중에는 가장 활발한 저출산율 극복에 다양한 정책을 펴왔다. 그는 20대 국회의원 시절 보건복지위원회 위원장으로서 한국의 저출산율의 심각성을 인지했다. 올해부터 출산율 제고를 위해 〈저출산 극복 릴레이 챌린지〉운동을 펴며 더불어민주당 소속의 자치단체장 및 각계의 리더들과 함께하고 있다. 저출산율·고령화 문제, 사회양극화 3대 위기 문제를 다룬 〈위기 속의 대한민국, 미래를 말하다〉라는 책을 발간했다.

　양승조 지사는 "도정의 핵심과제를 저출산율 극복에 두고 있다. 결혼을 하지 않는 원인으로 취업과 주거문제가 가장 크다. 세계 최저출산율 국가로는 한국이 지구상에 최초로 사라지는 나라가 된다. 올해는 0.7명대의 출산율을 기록할 것을 예고하며, 세계 198개 나라 중 꼴찌의 최저출산율은 국가의 존망이 달려있다. 출산율 극복에 나라가 적극 나서야 한다"고 강조했다.

　이어서 충청남도 만의 저출산율 극복의 다양한 정책을 소개했다. 예를 들면 "신혼부부의 주거문제를 해결하기 위해 충남도는 정부의 기본적인 출산정책 외에 아이 2명을 키울 수 있는 약 25평의 아파트를 보증금 5000만원에 월세 15만원의 획기적인 주거비 지원 정책을 도입하고 있다. 1명일 경우는 월세의 반을 내고, 2명의 자녀를 낳으면 월세를 탕감해준다. 아울러 무상교육과 무상급식, 무상교복을 전국 최초로 선도했다"고 소개했다.

[기사 원문] 2021/08/05 경기데일리 박익희 기자

김성윤 학장

전 단국대학교 법정대학장
추대일 2021년 8월 4일

약력

단국대학교 법정대학장
런던대학교 연구교수
단국대 정책과학 연구소장
서울사이버대학교 설립위원장 및 이사
한국 정치학회 부회장
한국 정책과학학회 회장
전국시도의장협의회 자문교수단장
민주평화통일자문회의 상임위원
전국대학통일문제연구소장·협의회 회장
통일부 자문교수
충청남도 도정자문위원
경기데일리 주필
충남포럼 이사장

충남포럼 김성윤 이사장, '100인의 구국지사'에 동참
"실효적인 저출산율 대책으로 나라의 위기인 인구절벽 문제 해결해야"

대한민국은 세계 꼴찌의 저출산율 나라이다. 2020년 0.84명의 합계출산율을 기록했지만 올해는 0.7명대의 초저출산율을 예상하고 있다.

사단법인 한국출산장려협회 박희준 이사장은 4일 충남 천안 소재의 사단법인 충남포럼을 방문하여 김성윤 이사장을 100인의 구국지사로 선임하고 추대장을 수여했다.

김성윤 이사장은 단국대 전 법정대학장으로 정년퇴직하고 현재는 명예교수로 언론인으로서 왕성한 활동을 하고 계신다. 김 이사장은 한국에서 포럼이란 용어를 처음 사용하고 4차산업에도 전문가이다.

다양한 활동으로 1998년 충청남도 문화상(학술부문), 1999년 대통령상 수상, 2004년 국민훈장석류장, 2007년 통일부장관상, 2011년 통일부 장관상을 수상했다.

그는 단국대학교 법정대학을 졸업하고 독일로 유학을 가서 튀빙겐대학교와 트리어 대학에서 정치학·사회학을 전공하고, 자유베를린대학에서 정치학 박사학위를 받았다. 귀국후 단국대 정책과학연구소 소장, 한국정치학회 부회장, 전국대학통일문제연구소장·협의회 회장, 통일부 자문교수 등을 역임했으며 저서는 〈현대사회론(반도출판사)〉,〈한반도 분단 극복을 위한 정치 리더쉽(백산서당)〉, 미학이란 무엇인가? 하트르만 동서문화사)〉, 김성윤 에세이1집 '세상을 보다'를 펴내 독자로부터 많은 독자로부터 공감과 감동을 선사하고 있다. 곧 〈세상을 알다〉라는 책을 발간한다고 귀띔했다.

그는 지식인으로서 엄청난 독서량과 함께 조국을 위해 언론인으로서 아낌없는 역할을 하며 노후를 보내고 계신다.

김 교수는 경기데일리 주필로서 1주일에 한편 이상을 칼럼으로 쓰고, 대한민국의 사회상과 시대상에 대하여 비판과 충언을 하며 언론인으로 사명을 다하고 있다.

이날 김성윤 교수는 짧은 인터뷰에서 독일의 출산율 정책을 소개했다.

"결혼을 하면 주거문제와 교육문제에서 국가가 해결해준다"고 강조했다. "신혼부부가 독일은 자녀수에 따라 주택을 제공한다. 자녀가 1명일 때는 방이 3개, 자녀가 2명일 때는 방이 4개인 집에서 생활하도록 하고, 자녀의 나이가 20세 될 때까지 국가가 교육비를 지원한다" 고 말했다. 독일은 대학진학률이 24% 밖에 되지 않는다고 말했다.

이어서 김성윤 이사장은 "실효적인 저출산율 대책으로 나라의 존망 위기인 인구절벽 문제를 해결해야 한다"고 강조했다. 우리나라는 대학진학율이 80%를 상회하니 선진국 독일과 엄청난 사회구조적인 차이가 있다.

박희준 이사장은 "김성윤 이사장님의 대한민국의 인구절벽 문제 해결을 위한 언론 활동을 기대합니다. 출산·출생장려는 제2의 구국운동이자 대한민국의 밝은 미래입니다. 이는 꿈이 아닌 새로운 나라살리기의 시작입니다. 다산코리아! 행복코리아!"를 강조하며 동참을 축하했다.

[기사 원문] 2021/08/05 경기데일리 박익희 기자

홍인정 박사

보건학 박사

추대일 2021년 12월 20일

약력

서울대학교 대학원 보건학 박사
청와대 정무수석실 행정관(전)
국무총리실 복지여성정책실 여성가족정책과장(전)
2018 지방선거 자유한국당 은평구청장 후보(전)
한국보건사회연구원 저출산·고령사회연구실 초빙연구위원(전)
건국대학교 행정대학원 초빙교수(전)
(사)한국장애인단체총연맹 위원(전)
국민의힘 서울특별시 은평구갑 당협위원장(현)
자유한국당 중앙당 부대변인(전)

홍인정 박사는 은평구 사랑에 올인하는 여성이다. 그녀는 왼손에 'I ♡ Eun Pyeung'을 새길 정도로 은평구 사랑에 열심이다. 그녀는 서울대 대학원에서 보건학 석·박사 학위를 받은 학구파로 인구문제 출산문제의 전문가이다.

(사)한국출산장려협회(이사장 박희준, 이하 한출협)는 세계 최저 출산율로 나라가 사라질 위기에 처해 있다는 절박한 심정으로 나라 구하기에 나선 사회단체이다. 그래서 저출산 문제를 고민하고 함께 해결 할 명망가를 찾았는데 그중에 발탁한 사람이 홍인정 박사이다.

지난 8월에 구국지사를 선임 추대하려고 했는데 코로나19 확진자와의 접촉으로 연기해오다가 20일 오후 그녀가 활동하고 있는 국민의힘 서울 은평구갑 당협사무실을 찾아서 홍인정 박사를 만날 수 있었다.

이날 한출협의 구국지사 추대식은 '출산장려 성공시크릿' 책 증정과 출산

장려 구국지사 추대장 수여, 출산장려 구국지사 참여 피켓 사진촬영 등으로 진행되었다.

추대식 후에 한국의 출산문제를 주제로 대화를 나누었다. 홍 박사는 현재의 출산율이 예산을 많이 투입되고 있는데도 불구하고 성과가 나지 않은 여러 가지 문제점을 잘 알고 있었다. 그것은 청와대 정무수석실 행정관, 국무총리실 복지여성정책관실 여성가족정책과장으로 근무한 경력을 갖고 있는 전문가이다.

박희준 한출협 이사장은 "인구출산정책의 최고 전문가를 이제야 만나서 구국지사로 선임하여 함께할 수 있게 되어 기쁘다"는 환영인사와 함께 "정치인에게 저출산 문제 해결에 정책공약으로 제안을 당부하고 이를 위한 정책제안을 하겠다. 제 책에는 외국의 성공 사례와 실효성 있는 정책제안을 담았다"고 강조했다.

홍인정 박사도 "결혼적령기의 남녀도 출산만을 강요해서도 안 되고 일자리와 주거문제가 해결되어야 결혼하고 아이를 낳는다"고 강조하고 "저출산율 극복을 위해 나라를 구한다는 신념으로 한출협과 함께 하겠다'는 각오를 밝혔다.

박희준 이사장은 올해 저출산예산이 46조원, 성인지예산이 32조원이나 되지만 제대로 저출산 문제에 투입되지 않는다는 지적을 하여 공감을 끌어냈다. 엄청난 예산이 온전하게 집행되어 저출산율 극복에 기여하길 촉구했다. 이를 위해서는 출산과 관련한 부서가 여러 곳으로 흩어져 있으므로 예산의 낭비를 방지하려면 '출산장려부'로 독립부서 신설을 제안했다.

이재후 변호사
김앤장 법무법인 대표
추대일 2021년 8월 13일

약력

서울대학교 법과대학 법학 학사(1962년)
1961년 제13회 사법시험 합격, 변호사 취득(1963)
대전지방법원, 서울민사지방법원, 서울형사지방법원 및 서울고등법원 판사(1965년~1976년)
미국 조지타운 대학교 법학센터 국제거래법연구소(1976년)
대법원 재판연구관(1977년~1979년)
변호사, 김앤장 법률사무소(1979년~현재)

한일·일한변호사협의회 회장(2004년~2007년)
한국법학원 원장(2005년~2012년 1월)
엄홍길휴먼재단 이사장(2008년~현재)
대한변협인권재단 이사(2010년~현재)
사회복지 공동모금회 부회장(2010년~현재)
대한변협법률구조재단 이사장(2011년)

이재후 김앤장법률사무소 대표변호사를 구국지사로 추대

8월의 불볕더위가 도로를 뜨겁게 달구는 여름 한낮, (사)한국출산장려협회 박희준 총회장과 김앤장법률사무소를 찾았다. 대표변호사이신 이재후 변호사를 100인 구국지사로 추대하고 추대식을 거행하기 위해서였다.

약속한 후라 노타이 차림으로 편안하게 맞아주신다. 차 한 잔을 앞에 두고 몇 마디의 덕담이 오고 간 후 추대식을 간소하게 치르고 말문을 여신다.
"최근 몇 년 사이에 출산율이 너무 가파르게 떨어져 국가적 위기가 닥치니 국민의 한 사람으로서 정말 걱정이 앞섭니다. 인구가 줄면 먼저 국가의 경쟁력이 떨어져 이제 선진국의 진입에 막 성공한 우리나라의 장래가 어두워져 우리 다음 세대가 힘들 것이 아니겠습니까?"

법을 전공한 원로법학자로서 조리 있게 현재의 저출산 문제에 대하여 설명하시면서 본인의 의견도 피력하신다.

"저출산 문제는 결국 여성분들이 아이를 낳지 않는다는 점인데 무엇보다 여성분들이 아이를 가질 사회적 분위기를 조성하는 게 출산장려정책의 최우선 명제로 두어야 한다고 생각합니다. 직장을 다니는 여성이 출산 후 회사에 복직하는 게 정말 어렵습니다. 경력 단절이라는 문제를 해결해야 하는데 그래서 아이 돌봄이라는 사회적 시스템이 하루빨리 정착되어야 한다고 생각합니다."

뜨거운 차 한 잔을 다 마실 시간 동안, 마치 옆집 할아버지처럼 조곤조곤 말씀하시는 모습이 한국 최대 최고의 법률사무소의 대표변호사라고는 생각이 들지 않을 정도였다.

"물론 요즈음 청년들이 경제적 이유로 결혼하기를 꺼리고 이 분위기가 더 나아가 비혼 현상으로 고착이 될까 봐 저도 안타깝습니다. 미디어상에서도 우리나라 청년의 반 정도가 결혼할 꼭 해야 할 필요를 느끼지 못한다는 조사가 나오느니만큼 출산장려협회도 큰 노력을 해주시고 저도 오늘 추대된 구국 지사의 부끄럽지 않게 한국출산장려협회의 행사에 참석하고 지원을 아끼지 않겠습니다."

원상스님
연꽃마을 이사장
추대일 2021년 8월 17일

약력

속리산 법주사에서 덕산당 각현 스님을 은사로 출가(1986)
법주사 승가대학 사교과를 졸업(1990)
해인사, 화엄사, 법주사, 정혜사, 봉암사, 대승사 등 선원에서 33안거를 성만.
천안 은석사, 대구 정법사, 단양 미륵대흥사 주지를 역임.
사회복지법인 연꽃마을 4대 이사장에 취임(2019년 3월).

*저서

에세이 '토굴가'

한출협 저출산율 극복에 '구국지사' 로 동참
사회복지법인 연꽃마을의 대표이사 원상스님
한국의 인구절벽 해결에 적극 나선다

사단법인 한국출산장려협회(이하 한출협) 박희준 이사장은 31일 수원의 한 음식점에서 사회복지법인 연꽃마을 대표이사인 원상스님을 한국의 초저출산 극복을 위한 구국지사로 선임하고 추대식을 가졌다.

사회복지법인 연꽃마을은 각현 큰스님이 31년 전에 한국불교의 자존심으로 한국사회복지를 위해 만든 '노인을 모셔지는 사회, 노인이 공경 받는 사회'를 위해 현재 전국 68개의 복지시설을 운영하고 있다. 요양원, 장애인복지시설과 아동복지시설 12곳, 베트남에 1곳을 운영하는 대형 사회복지법인으로 성장했다.

박 이사장은 지난 일요일 용인 연꽃마을을 방문하여 미리 인사를 나눈 바 있다. 한출협 박희준 이사장은 나라가 "어려울 때마다 한국의 불교는 나라를 지키기 위해 스님들이 나섰다"며 한국의 초저출산율 극복에 원상스님이 구국지사로 동참해주셔서 감사하다"고 말하고 앞으로 불교계를 대표하여 한국의 저출산율 해결하는 데 적극 나서줄 것"을 당부했다.

이에 원상스님은 "출가한 스님으로 결혼을 하지 않기에 처음에는 망설였지만 추천한 연채숙 문화예술위원장의 설명을 듣고 나라를 위하는 마음과 미래를 위해서 저출산율 극복 구국운동에 동참하기로 했다" 며 한출협에 감사의 인사를 전했다.

이어서 "연꽃마을은 '효의 사회화'를 몸소 실천하며 사회 곳곳에 효 사상을 심어온 각현 스님의 사상과 직원, 후원자, 자원봉사자들에게 있다"고 설명하며 "마을마다 연꽃마을, 마음마다 연꽃마음'이라는 캐치프레이즈 아래 효도대행자라는 생각을 가지고 사회복지 확산을 위해 정진해 나갈 것"이라고 말했다.

원상 스님은 1986년 법주사에서 각현 스님을 은사로 출가했다. 송광사 동안거를 시작으로 해인사, 통도사, 법주사 등지에서 33안거를 성만했으며 천안 은석사, 대구 정법사, 북한산 부황사, 단양 미륵대흥사 주지를 역임했다. 원상스님은 한출협의 14번째 구국지사가 되었으며, 한출협은 오는 10월에 구국지사 33인을 모시고 국회에서 대규모 저출산율 극복 행사를 개최할 예정이다.

[기사 원문] 2021/08/31 경기데일리 박익희 기자

허경영 명예대표

국가혁명당 명예대표
추대일 2021년 8월 23일

약력
  지수보통학교 39기 졸업
  서울협성고등공민학교(야간중학교) 졸업
  서울협성상업전수학교(상업고등학교) 졸업
  한국방송통신대학교 법학과 학사 (1989년)
  동국대학교 행정대학원 행정학 석사 (1995년)

  경제공화당 총재
  국가혁명당 총재
  국가혁명당 명예대표

*저서
  《무궁화 꽃은 지지 않았다》
  《2000년대의 한국대통령은?》
  《난세의 영웅, 허경영을 아십니까?》

한국의 저출산율 극복에 '앞장'
허경영 후보 결혼·출산정책에 획기적인 방안
제시로 주목

(사)한국출산장려협회(이사장 박희준, 이하 한출협)는 국가혁명당 허경영 대표를 저출산율 극복 구국지사로 선임 추대식을 가졌다.

한출협은 경기도 양주시 장흥면 권율로 소재 하늘궁에서 국가혁명당 허경영 대선후보를 저출산 극복 교육홍보대사인 13번째 구국대사로 선임했다.
 허경영 대표는 지난 8월 18일 행주산성에서 3번째로 대통령 출마선언을 호국의 성지에서 출정식 기자회견을 가졌다.
 허경영 대선후보는 "한출협 박희준 이사장에게 저출산 극복은 애국운동"이라며 격려했다.
 허경영 대선후보의 30년전 33개 정책공약은 시대를 앞선 대선후보 공약으로 평가를 받고 있으며 국가정체성이 혼란한 난세에 허 후보의 정책공약은 국민으로부터 많은 관심과 주목을 받고있다.

 특히 허경영 대선후보는 "결혼.출산정책에서 결혼하면 1억, 주택자금 2억, 출산하면 1인당 5천만 원씩을 주어서 쓰러져가는 가정들을 살려낼 것"이라고 강조했다.

 한출협 박희준 이사장은 "출산 · 출생장려는 제2의 구국운동이자 대한민국의 밝은 미래입니다. 이는 꿈이 아닌 새로운 나라살리기의 시작입니다. 다산코리아! 행복코리아!" 앞으로도 변함없이 구국운동에 많은 격려와 지도편달을 부탁드린다"고 말했다.

 이날도 비가 오는 가운데에서도 하늘궁 허경영 대표를 만나러 오는 사람들이 전국에서 몰려오고 있었다. 대한민국은 지난해 출산율이 0.84명에서 올해는 출산율이 0.7명대로 세계 최저 출산율을 예상하고 있다. 영국 옥스퍼드대 데이비드 콜먼교수는 지난 2006년 "한국은 저 출산이 심각해 인구가 소멸되는 지구상의 첫 번째 국가가 될 것"이라고 예측했다.

[기사 원문] 2021/08/23 경기데일리 박익희 기자

김승국 이사장
(사)노원문화재단 이사장
추대일 2021년 8월 26일

약력

문화기획자, 국악전문가.
국제대 영어영문학과 졸업,
동국대 문화예술대학원 졸업.
서울국악예술고 교감,
전통공연예술연구소 소장 등을 역임

1970년대 건축 종합잡지 '공간' 편집부 기자로 문화예술계에 입문
문학세계'와 '자유문학'을 통해 등단.
1985년 첫 시집 '주위 둘, 스케치 셋' 출간.
2021년 5번째 시집 '들꽃' 출간.

노원문화재단 김승국 이사장을
저출산율 극복 '구국지사' 로 선임

(사)한국출산장려협회(이사장 박희준, 이하 한출협)는 26일 오후 노원문화재단 김승국이사장을 저출산율 극복 구국지사로 선임하고 추대식을 가졌다.

이날 한출협 박희준 이사장은 "한국문화예술계의 거목인 김승국 이사장을 인구절벽인 한국의 저출산율 극복에 함께 해주셔서 감사하다"며 "문화예술계의 젊은 후배들이 동참해야 초저출산율을 극복할 수 있다"며 젊은 예술인들의 천거를 부탁했다.

김승국 이사장은 "25년 전에 한국의 저출산율을 걱정하며 민간에서 나섰다면 선견지명이 있는 애국운동이라며 기꺼이 동참하겠다"고 약속했다. 이어 김 이사장은 "민관이 함께 적극적인 정책을 펴야 저출산율 극복을 할 수 있을 것"이라고 강조했다.

이날 한출협은 김 이사장에게 박희준 이사장의 저서 〈출산장려 성공시크릿〉을 증정하고, 한출협의 배지(badge)와 구국지사 추대장과 피켓을 전달하며 한국의 저출산 문제에 극복에 대하여 대화를 나누었다.

저출산 문제 극복에는 정파와 종파, 남녀노소, 계층을 불문하고 거국적으로 나서야 한다며 절박한 심정을 나타냈다. 다행히 내년 대선과 지방선거를 앞두고 정치권에서 큰 관심을 가지고 있어 희망이 보인다.

코로나19 팬데믹으로 국민이 불안하고 지쳐있는 가운데도 노원문화재단은 다양한 공연, 전시,축제, 교육 등 찾아가는 문화예술적인 진행으로 시민들에게 적극 다가서며 감동과 위안을 주고 있어 모범이 되고있다.

김승국 이사장은 대한민국 문화예술상, 자유문학 문학상, 문학세계문학상, 서울문화투데이 예술대상 등을 수상했다.

1970년대 예술·건축 종합잡지 〈공간(空間)〉편집부 기자로 문화예술계에 입문하여 서울국악예술고등학교 교감, (사)전통공연예술연구소 소장, 한국문화예술회관연합회 상임부회장, 수원문화재단 대표이사, 노원문화예술회관 관장을 거쳐 현재 노원문화재단 이사장으로 재직 중이다. 김 이사장은 시인이며 칼럼니스트로도 왕성한 활동을 하고 있다.

[기사 원문] 2021/08/26 경기데일리 박익희 기자

박인복 회장
(사)한국소기업소상공인연합회 회장
추대일 2021년 10월 1일

경력
- 1975 한양대학교 전기공학과 학사
- 1990 한국조명공업(주) 대표이사
- 1996 (사)한국NT전국연합회 초대, 제 2,3대 회장
- 1997 한국전등기구공업협동조합 제 9대 이사장
- 1999 (사)한국조명기술연구소 초대 이사장
- 2001 새천년민주당 21세기 국정자문위원회 산업자원분과위원
- 2001 강원도 삼척시 세계동물박람회 조직위원회 홍보대사
- 2004 (사)세계중소기업연맹(WASME, 외교부 소관) 한국연합회 회장
- 2006 (사)세계중소기업연맹(WASME) 제13, 14대 총재
- 2011 제6회 한국소기업소상공인대회 공동위원장 겸 대회장

현임
- 2000- (사)한국소기업소상공인연합회 중앙회(중소기업벤처부 소관) 중앙회장
- 2003- ㈜한국산업경제신문 대표이사 회장/발행인
- 2008- KBS다우리(주) 대표이사 회장
- 2008- (사)한국신체장애인복지회 상임고문
- 2012- (사)한국서비스산업총연합회(기획재정부소관) 초대, 1, 2대 회장
- 2016- 서울대학교 총동창회 제 24, 25, 26대 이사
- 2016- (사)한국쌀소비촉진국민운동본부(농림축산식품부 소관)
  이사장 겸 회장
- 2019- (사)세계중소기업연맹(WASME, 외교부 소관) 총재
- 2018- 철원글로벌 평화산업단지조성추진위원회 위원
  (강원도/철원군/한국중견기업연합회/한국소기업소상공인연합회)
- 2019- 국민권익위원회 제 4기 국민편익 자문위원
- 2021- (재)경기도민회 장학회 이사

(사) 한국소기업소상공인연합회
'박인복 회장' 저출산율 극복 위해 구국지사로 추대

(사)한국출산장려협회(이하 한출협)는 700만 소기업·소상공인의 대변자이자 권익보호에 앞서고 있는 (사)한국소기업소상공인연합회 박인복 회장을 저출산율 극복하기 위해 15번째 구국지사로 선임하고 추대식을 가졌다.

추대식은 1일 오후 5시 서울 마포구 백범로 136 소재의 (사)한국소기업소상공인연합회 사무실에서 가졌다. 박인복 회장은 중소기업을 운영한 분으로 25년 전에 사단법인 (사)한국소기업소상공인연합회를 설립하여 700만 소기업 소상공인의 권익보호를 위해 매진해 온 산증인이다.

박 회장은 한출협 박희준 이사장을 보고 "나만 바보인줄 알았는데 또 한명이 있다"고 사회단체를 운영하며 어려운 과정을 먼저 경험한 분으로 조언을 아끼지 않았다. 그는 민간이 직접적인 원인해결을 바로 하려하지 말고, 간접적인 방법으로 결혼과 출산을 할 수 있는 여건을 만들어 주는 방법을 택하라고 넌지시 알려주었다.

박인복 회장은 "지난해부터 코로나로 소상공인과 영세상인들이 사회적 거리두기로 너무나 큰 어려움을 겪고 있으니 가만히 두고만 볼 수 없다"며 "'낮에는 4명, 밤에는 2명만 허용하는 정부의 공정하지 않는 사회적 거리두기 4단계 방역정책을 비판했다. 이러다간 영세상공인이 다 망하게 된다"고 안타까움을 토로했다.

이에 한출협 박희준 이사장도 "소기업 영세상공인들이 경영이 잘 되어야 하며, 청년들이 취업을 해야만 결혼도 가능하고 출산도 한다"며 "취업률 제고와 결혼과 출산율 제고에 서로 같이 노력하자며 구국지사로 선임하여 추대했다"고 밝혔다.

박인복 회장은 기업가로서 뿐만 아니라 다른 나라와 민간차원에서 경제적, 사회적 활동 경험이 많은 분으로 향후 두 사회단체의 다양한 협업을 통해 서로가 상생할 수 있는 일이 많아지기를 기대한다.

그는 역대 정부와 소상공인을 위한 민간차원에서 많은 일을 해왔다. 박 회장은 철원글로벌평화산업단지조성추진위원장을 역임하며 철원이 통일을 대비한 교통의 요충지로 북한과의 평화산업단지 조성을 추진했지만 정권과 자치단체장이 바뀌어 중단된 상태이다.

[기사 원문] 2021/10/02 경기데일리 박익희 기자

이보석 이사장

(사)세계문화예술가협회 이사장

추대일 2021년 11월 1일

약력

비주얼 아티스트, 설치미술가
국제아트프로젝트기획 및 국제큐레이팅
공익법인 세계문화예술가협회 (WCAA) 이사장
21세기 국제창작예술가협회(21C,ICAA) 회장
이보석아트수튜디오/갤러리 대표
G-Art 그룹 고문
중국 ArtBank 전속작가
㈜리앤블락 Adviser 한국미협회원
노원미협 이사

그리스 AtensArt 한국대표 역임
중국 NEWA비엔날레 자문위원/커미셔너역임
한국미협국제교류위원회 위원장/이사역임
인천여성비엔날레 이사역임

여성 구국지사로 '이보석 이사장 추대
(사)세계문화예술가협회 이보석 이사장 선임

(사)한국출산장려협회(이사장 박희준, 이하 한출협)는 지난 30일 오후 충남 예산 윤봉길의사 기념관에서 저출산율 극복을 위해 (사)세계문화예술가협회 이보석 이사장을 구국지사로 선임하고 추대식을 가졌다.

한출협 박희준 이사장은 추대식 인사말에서 "3.1독립운동의 제1구국운동과 출산장려운동의 제2구국운동이 일맥상통하는 애국운동으로 그 의미가 남다르다"며 "대한민국이 지금 세계 최저 출산율로 나라가 사라지는 첫번째 나라가 된다."며 "이사장님께서 앞으로 저출산율 극복에 적극 나서줄 것"을 당부하고 윤봉길 의사 기념관에서 구국지사 추대의 의미를 더했다.

이어서 WCAA 이보석 이사장은 "미력하나마 한국의 저출산 극복에 적극 동참하겠다"는 의지를 밝혔다. 이보석 이사장은 "시간과 공간, 이념의 경계를 넘어온 세계작가가 한자리에"란 슬로건으로 98개국 600여명의 예술가들이 국제교류를 하는 단체의 대표로 활동하고 있다고 밝혔다.

WCAA(www.wcaa.kr)는 2021년 코로나19 이후 New World를 희망하는 환경메시지 주제로 "녹녹녹 - 錄錄錄 -Knock Knock Knock"을 개최를 준비하며, 제28회 서울국제미술제(2021년 12월15일~12월29일)를 개최한다. 이 대회는 세계 59개국 260여 명이 참가할 예정이다.

한출협 박희준 이사장은 국보로 지정된 대웅전에서 부처님께 참배를 하며 한국의 저출산 극복에 부처님의 가호를 기원하는 기도를 드리고, 법안 큰스님을 찾아 훌륭한 법문을 듣고 격려를 받았다.

필자는 덕숭산 수덕사가 배출한 고승대덕과 파란만장한 삶을 살았던 일엽스님, 신여성 나혜석, 이응로 화백과 '수덕사의 여승'이란 노래를 떠올리며 사찰을 나와 귀경길을 서둘렀다.

[기사 원문] 2021/10/31 경기데일리 박익희 기자

최정애 부총재

(사)한글세계화문화재단

추대일 2021년 11월 1일

약력

대한민국 한식조리명인
대한민국 요리 국가대표
대한민국 한식 홍보대사
다선 문학협회 수석부회장
한글 세계화 문화재단 부총재
영종카지노협동조합 전 대표이사
자연과 식품 전 대표이사

수상

2018 룩셈부르크 월드컵 요리대회 수상
유럽 요리연맹 챌린지컵 상 다수
국제 상하이 세계 요리대회 수상 등 다수
서울 국제 한식요리대회 약선요리 부문 금상 수상
서울 국제 요리대회 전통주 부문 금상
아시아를 빛낸 사람 공헌상, *한국을 빛낸 사람 공헌상
베스트 무궁화인 공헌상
대한민국 기업 경영인 대상

최정애 전 한국전통음식협회 회장을 구국지사로 선임

출발하기 전에 알아본 최정애 회장의 이력과 수상경력은 정말 화려했다. 이날 충남 예산의 사무실에서 추대식을 거행한 주인공은 한국전통음식 전 회장인 최정애 구국지사는 충남 예산에서 한국전통음식을 연구한 분으로 또한 (사)한글세계화문화재단 부총재로서도 사회봉사 활동에 열심인, 가히

여걸이리고 봐도 전혀 손색이 없으신 분이다.

자그마한 키에 그냥 수수한 동네아주머니 스타일이신데 어디서 그런 열정이 솟아나는 것인지 아마 천부의 장인 DNA 받은 것은 아닐까, 한식조리명인으로 한때 문학에도 심취하셨고 여성의 신분으로 영종도 카지노도 경영해보셨다 하니 할말을 잊을 정도였다.

특히 블로거의 회원이 200만명을 넘어섰다하니 아마 한국최고의 인플루언서가 아닐까, 박희준총회장이 이런 점을 들어 추대를 결정하겠다고 배경을 설명하자 최정애명인도 저출산문제에 대하여서 본인도 많은 관심을 갖고있던 차에 25년을 오로지 출산장려운동에 매진해온 박희준 총회장과의 만남에 크게 고무되었다고 소회를 밝힌다.

"무엇보다 출산율이 떨어져 지방도시와 대학들이 피폐해 가는 현상을 보며 안타까운 마음입니다. 오로지 서울로만 몰리니 정말f 큰일입니다."

전공이신 음식문화에 대해서 이야기를 꺼내자 역시 음식명인답게 해박하게 재미있는 에피소드와 일반상식을 들여주시는데 그중 백미는 지금 저술중인 책으로 음식재료에 대해서 백과사전적인 저서를 쓰고 있는데 내년 말경에 출판을 계획하고 있다고 하신다,

인터뷰의 말미에 한국전통음식협회 회장을 역임하시고 (사)한글세계화문화재단 부총재이신 최정애 명인은 "저출산 극복이 제2의 구국운동임을 명심하고 적극 동참 하겠다고 하며 우선 200만 블로거회원들에게 저출산문제의 심각성을 홍보하는데 최선을 다하겠다는 결심을 표명했다.

박강수 총장
전 배재대학교 총장
추대일 2021년 11월 10일

약력
건국대학교 대학원 경영학박사
연세대학교 경영대학원
고려대학교 문학학사
배재고등학교
배재중학교

이력
2006-2009   제 8대 바르게살기운동 중앙협의회 회장
2006   좋은 사회모임 공동대표
2003-2004   서울평양문화교류 협회 회장
2000-2002   제2건국 범국민추진위원회 공동위원장
2000   민족화해협력국민협의회 공동의장
1999-2001   제 6대 바르게살기운동 중앙협의회 회장
1999-2002   4.19 포럼공동대표
1998-1999   국제라이온스협회 309-K지구총재
1996-1999   한국상품학회 회장
1995-2003   배재대학교 총장
1994   한국맹인교육연구회 이사장
1993   한국마켓팅연구원 이사

수상
2001 국민훈장 모란장
1998 무궁화 봉사대상
1997 대통령표창

박강수 전 라이온스클럽 총재를 '구국지사' 로 선임

전 라이온스클럽 총재이자 배제대 총장 출신의 박강수 박사를 18번째 구국지사로 선임 추대

(사)한국출산장려협회(이사장 박희준, 이하 한출협)는 지난 9일 오전 서울 리베라호텔에서 저출산율 극복을 위해 (사)글로벌이미지포럼 박강수이사장을 구국지사로 선임하고 추대식을 가졌다.

주인공인 박강수이사장은 배재대학교 총장과 국제라이온스협회 총재 등을 역임하였고 (사)글로벌이미지포럼 이사장으로 사회봉사 활동에 열심인 분이다.

신지식으로 세계를 여는 아침대학인 (사)글로벌이미지포럼의 식전행사로 진행된 이번 구국지사 추대식에서 한출협 박희준 이사장은 인사말을 통해 "3.1독립운동이 주권회복을 위한 제1의 구국운동이었다면 지금의 출산장려운동은 대한민국이 인구절벽에 직면한 풍전등화의 위기에서 나라를 구하는 제2의 구국운동"이라며 "33명의 구국지사를 추대하여 내년 4월 국회에서 구국을 위한 출산장려 선포식을 진행하겠다"고 포부를 밝히고 박강수이사장님과 아침대학 참석자분들의 참여를 당부했다.

이에 (사)글로벌이미지포럼 박강수 이사장도 "한국 경제발전과 출산장려에 노력해오신 박희준이사장의 공로를 격려하며 한출협의 발전과 저출산 극복에 일조하겠다"는 뜻을 밝혔다.

이날 서울 리베라호텔에서 (사)글로벌이미지포럼에서 주최하는 조찬모임이 있던 날로 박강수 박사가 〈AI플렛폼 시대와 시민사회운동〉이란 주제로 강연을 하는 날인데 사전행사로 한출협의 저출산 극복 18번째 구국지사 추대식을 가진 뜻 깊은 날이다.

[기사 원문] 2021/11/11 경기데일리 강희갑 객원기자

정덕환 이사장

(사)행복일자리 운동본부

추대일 2022년 4월 29일

학력사항

2011 나사렛대학교 재활복지대학원 석사
1966~2004 연세대학교 명예졸업
1966 성남고등학교

*수상내역
2018 국민훈장 모란장
2013 우봉봉사상
2012 2011년을 빛낸 도전한국인상
2010 MBC 사회봉사대상 본상
2009 제3회 자랑스러운 한국장애인상
2009 연세대학교 사회봉사상

경력사항

2020.2~   사단법인 행복일자리운동본부 이사장
2013.7~   2015.6 유네스코 한국위원회 장애인 평화인권 홍보대사
2011.1~   한국사회복지협의회 이사
2009.7~   2015.3 사단법인 한국장애인직업재활시설협회 회장
2007.10~   사단법인 한국척수장애인협회 이사
1996.4~   2016.12 사회복지법인 에덴복지재단 이사장

장애인의 대부 정덕환 이사장,
저출산 극복 '구국지사'에 동참

정덕환 이사장은 중증장애를 극복한 위대한 인물이다. 장애인의 수혜적 복지에서 생산적 복지로 바꾼 일자리를 만들어 자립하게 만든 장본인이다.

(사)한국출산장려협회(이하 한출협) 박희준 이사장은 29일 오전 서울 발산동

(사)행복일자리운동본부 사무실을 방문하여 정덕환 이사장을 저출산 극복에 앞장설 19번째 구국지사로 선임 추대했다.

그는 불굴의 의지로 중증장애의 신체적 고통과 숱한 고난을 극복하고 기업을 일으켜 성공시킨 장본인이다. 사회복지법인 에덴복지재단 설립자이며, (사)행복일자리운동본부를 창립하여 중증장애인에게 일자리를 제공하여 장애인과 비장애인이 함께 편견 없이 살아가도록 노력하고 있다. 정 이사장은 한출협의 "출산율 제고는 제2의 구국운동이다."이라는 슬로건과 "한출협 박희준 이사장의 두 번의 암극복 이야기에 감동을 받았다"고 말했다.

한출협 박희준 이사장은 "그동안 여러분을 구국지사로 선임 추대했지만 오늘은 불굴의 의지로 장애인들에게 희망의 일자리를 제공하고 결혼을 주선한 정덕환 이사장을 구국지사로 모셔서 감동적이고 뜻이 깊다"고 소감을 말했다.

어쩌면 국가 대표의 최고 유도선수였던 그가 1972년 7월 훈련도중 한 순간에 중증장애인으로 전락하여 살아온 이력이 두번의 암을 극복한 박희준 이사장과 서로 공감한 것이 아닐까 싶었다.

이날 정덕환 이사장의 추대식은 추대 인사말과 함께 추대장 수여, 한출협 배지 겸 넥타이핀 달아주기, 추대 피켓과 함께 사진촬영 순으로 진행됐으며 한출협 최정애 회장(한국전통음식 전 회장), 이달수 사무총장, 행복일자리운동본부 김태곤 사무총장, 박대성 실장 등이 참가했다.

정덕환 이사장은 장애인들의 대부이며 등대로 큰 신망을 받고 있는 분이다. 그는 고교시절부터 국가대표 유도선수로 연세대 재학 중 1972년 8월 유도연습 도중에 경추 4~5번을 다쳐 하루아침에 중증장애인이 된 분이지만 이를 숙명으로 받아들이고 꾸준한 재활운동과 장애인들과 함께 살아야겠다는 목표를 세우고 장애인과 함께 일자리를 만들어 하여 소득을 통하여 장애인들에게 자립심을 심어주고 당당하게 사는 법을 실천한 장애인의 대통령이다.

(사)행복일자리운동본부 사무실에는 여러 종류의 식물들이 싱싱하게 자라고 있었고, 인중유화(忍中有和, 인내하는 가운데 화목이 있다는 뜻)라는 붓글씨가 걸려 있었다. 정덕환 이사장의 인생철학을 느끼게 하는 글귀였다.

정덕환 이사장의 자서전 '행복공장 이야기'(서강출판사 발행)는 신체적인 고통과 장애와 멸시와 숱한 난관을 극복해 가는 과정을 엮은 책이 어떤 영화보다 감동적이고 정상인들의 편견과 오만한 삶을 반성하게 만든 책이었다.

[기사 원문] 2022/04/29 경기데일리 박익희 기자

노주현 국민배우
추대일 2022년 8월 10일

학력 한양대학교 연극영화학
데뷔 1968년 TBC 5기 공채 탤런트

수상 2005년 KBS 연예대상 베스트엔터테이너상
　　　　1989년 KBS 연기대상 남자최우수연기상

경력 한세대학교 미디어영상학부 공연영상학과 교수

작품 공연, 방송, 영화, 기타

한국출산장려협회 저출산 극복운동에 '동참'

　노주현 배우는 지난 10일 (사)한국출산장려협회 저출산극복 구국운동에 적극 동참하기로 했다. 이날 비가 오는 가운데 안성 미리내성지 근처 로스가든키친(Rohs Garden Kitchen)에서 열린 (사)글로벌이미지포럼(이사장 박강수)의 제201차 신지식인 아침대학 강의 시작 전에 국민배우 노주현(77)씨를 저출산 극복 구국지사로 추대했다.

　노주현 배우는 구국지사인 박강수 라이온스 전 총제의 추천으로 한국의 세계 최저출산율 0.81명으로 심각한 인구절벽 위기에 처해있음을 잘 알고 있었다.

노주현 배우는 "아직도 본업인 배우와 부업도 있다"며 "하지만 한국에서 꼭 필요한 것은 저출산율 극복에 실질적인 봉사활동이 되도록 적극 나서겠다"는 의지를 피력하여 아침대학 참가자들로부터 큰 박수를 받았다.

(사)한국출산장려협회 박희준 총회장은 "노주현 구국지사가 20번째 구국지사로 추대했다"며 "올해 10월에 국회에서 33인의 구국지사를 모시고 대한민국이 처한 인구문제에 대한 해법을 함께 제시하여 국가와 단체에도 동참을 촉구하여 저출산 극복 운동을 펼칠 계획"을 밝혔다.

현재 선임된 구국지사는 아래와 같다.

꽃동네 오웅진 신부, 최성해 전 동양대총장, 베이비박스 이종락목사, 차흥봉 전 보사부장관, 김호일 노인회회장, 고학찬 전 예술의전당 대표, 양승조 전 충남지사, 김성윤 충남포럼 이사장, 홍인정 보건학박사, 이재후 김&장 대표변호사, 연꽃마을 원상스님, 허경영 국가혁명당 총재, 김승국 노원문화재단이사장, 박인복 한국소기업소상공인연합회 회장, 이보석 세계문화예술가협회 이사장, 최정애 한국전통음식협회 회장, 박강수 글로벌이미지포럼 이사장, 정덕환 에덴복지재단 이사장 등이다.

[기사 원문] 2022/04/29 경기데일리 박익희 기자

이영석 이사장
(사)한국지정학연구원
추대일 2022년 8월 17일

약 력

　　2015 고려대학교 일반대학원 정치외교학과 정치학박사
　　　　　고려대학교 정책대학원 CRO 과정 1기 수료
　　2004 서울대학교 자연대학교 과학 및 정책 최고위과정 수료(SPARC 4기)
　　1984 고려대학교 정치외교학과 졸업
　　1975 경동고등학교 졸업

경 력

　　　　(사)한국지정학연구원 설립자, 후원회장
　　　　(사)도산아카데미 운영이사
　　　　서울한강로타리클럽 회장
　　　　아너소사이어티 회원(156호)
　　　　조부님 (고)이기준 독립유공자 후손

"이제 출산장려운동도 '통합리더십' 에서 '모성애(母性愛) 리더' 으로 나가야 한다"

(사)한국지정학연구원 이사장이 지난 8월 17일 사단법린 한국출산장려협회의 21번째 구국지사에 추대되었다.

이날 추대식 전에 CSA 윤태정 대표의 '완벽한 리더의 하루(Perfect Leader의 하루)'라는 소통과 대화의 방법과 기술에 대한 강의를 들었다. 아나운서 출신인 윤태정 대표는 PPT자료와 영상으로 본질에 대한 질문을 던져주고 실제 사례로 해결방법과 기술을 가르쳐주어 효과있는 강의였다.

이 강의를 들은 후 한출협은 이영석ERA코리아 회장에게 구국지사 추대식과 피켓, 배지(badge)수여 순으로 진행했다.

이날 참석자는 한출협 박희준 회장과 장인숙 청소년회장, 윤태정 CSA 대표, 제이디경영연구원 이경록 이사, 김태균 예술감독, 성영미 봄온아나운서 아카데미 대표, 김지혜 연세대 동문회보 기자, 한출협 홍보자문역인 경기데일리 박익희 대표 등이 참석하여 이영석 회장의 구국지사 추대식을 축하했다.

이날 오후 5시부터 만나 정담을 나누고 식사를 하면서 대화를 나누었기에 서로가 공감하는 분야가 많아 분위기가 좋았다. 이영석 회장은 진정한 리더로 경청할 줄 알았고, 상대방의 마음을 얻고 서로가 친해지는 법을 몸으로 체득한 푸근함과 인간미가 있었다.

이 회장은 "저도 어제 모처럼 유쾌한 자리였습니다. 앞으로 좋은 인연이 되길 바랍니다."라는 문자가 카톡에 와 있었다.

그는 1994년 '복덕방'이 대부분이던 시절 미국 ERA와 기술도입계약을 체결해 남북한 독점 마스터 프랜차이즈 권한을 갖게 되었다. ERA Korea는 선진 고객관리 시스템으로 '부동산 사관학교'라는 별명을 들으며 한국 부동산 산업의 선진화에 기여했다. 한때 IMF의 어려움을 겪기도 했으나 시련을 극복하고 최고의 부동산 서비스를 제공하는 직원 150여 명의 회사로 키웠고, 2011년에는 세계 80여 개국에 진출한 미국 Century21도 한국에 도입했다.

그는 2012년에 아너소사이티(사랑의 열매 1억 원 고액기부자) 156번째 회원(2022년 현재 2,931 명)이 되었으며, 사후 유산기부와 사후 시신기부 약정도 함으로써 살신성인의 애국정신으로 순국하신 조부님의 유지를 이어가고 있다. 최근에는 국제로타리 2024-25년도 총재에 지명되는 등 사회봉사에 헌신적으로 활동하고 있다.

이영석 회장이 한국의 저출산 극복운동에 합류함으로써 그의 정치학 박사학위논문 주제인 도산 안창호 선생의 무실역행(務實力行)정신을 이어받아 출산장려운동도 실효적 결과를 낼것 같아 든든했으며 신뢰가 갔다.

[기사 원문] 2022/08/18 경기데일리 박익희 기자

김명신 회장
세계평화여성포럼
추대일 2022년 11월 7일

약 력

    부산대학교 약학대학 약학과 학사
    부산대학교 행정복지대학원 사회복지(영유아복지) 석사
    약사 겸 사회복지사

경 력

    부산문화여성포럼 대표
    세계평화여성 포럼 중앙회 회장
    백양문화원 원장
    민화협 부울경 상임고문

한출협, 김명신 전 세계평화여성포럼 중앙회 회장을 저출산 극복 'K-PEACE 100인 구국지사'로 추대

(사)한국출산장려협회(이사장: 박희준, 이하 한출협)은 7일 오후 서울 서초구 서초3동 주민자치관 3층에서 김명신 전 세계평화여성포럼 중앙회 회장을 저출산 극복 구국지사로 추대했다.

김명신 구국지사는 한국의 세계 최저 출산율을 걱정하며 실제로 교육과 홍보에 직접 참가하고 있는 분이다. 김명신 구국지사는 3선 국회의원 출신인 문정수 전 부산시장의 부인이다.

김명신 구국지사는 부산대학교 약학대학을 나온 약사출신으로 탁아소와 어린이집을 무료로 운영했으며 부산대 대학원에서 영유아복지를 전공했다. 보육과 육아에 관심을 가져온 분으로 결혼 주례사에서 항상 행복한 가정을 바란다면 "서로 배려, 건강, 출산"을 강조했다고 말했다.

이날 한출협 박희준 이사장은 "귀한 인연으로 보육과 육아문제의 전문가인 김명신 구국지사를 모시게 되었다"며 앞으로 "실질적인 저출산 극복에 함께 노력하자"고 당부했다.

이날 추대식 후에는 문정수 전 부산시장이 참석하여 대한민국이 당면한 최대 현안인 저출산 문제에 대하여 의견을 교환하는 정담회를 가졌다.

이 자리에서 문정수 전 부산시장은 "정부와 지방자치단체는 일자리, 주택문제를 해결하고, 민간에서는 출산율을 높이는 다양한 운동을 전개해야 한다"며 "언론과 방송 드라마에서 가족간의 갈등을 부각시킬 게 아니라 다복한 가정을 소재로 드라마를 만들고 다둥이 가정의 행복한 모습을 보여줘야 한다"고 강조했다.

이어서 문정수 전 시장은 "한출협은 저출산 극복을 위해 결혼생활의 행복함과 출산으로 느낄 수 있는 점을 강조하고 홍보를 할 필요가 있다"고 말했다.

이날 구국지사 추대식에는 한출협 박주선 부회장, 이강성 정책위원, 박익희 홍보자문역이 참석하였으며 정담회에는 안병태회장, 문정수 전 부산시장이 참가하여 다양한 의견을 교환했다.

[기사 원문] 2022/11/07 경기데일리 박익희 기자

박상원 총회장

세계한인재단
추대일 2023년 8월 31일

이 력

세인트미션대학교 총장
세계한인재단 상임대표 총회장
미주한인총연합회 상임이사
대뉴욕지구한인상공회의사 이사장
미국국가방위군(USNDC)사령부참모/명예장군
(사)대한노인회 고문
(재)선플재단 선플운동본부 고문
한국성씨총연합회 미국총회장/부총재
(사)신라오릉보존회(박씨대종친회)미국본부회장/상임부총재
헐리웃서울영화사 회장
대한민국 서초포럼 미국회장
흥사단 통상단우
민주평화통일자문회의 위원(14,15,16,21기)

한출협, 한국의 세계 최저 출산율 극복 구국지사로 '세계한인재단 박상원 총회장' 선임 추대

(사)한국출산장려협회(이하 한출협) 박희준 총회장은 지난 8월 31일 오전 성남산업진흥원에서 미국 세인트미션대학교 총장이며, 세계한인재단 총회장 박상원 박사를 한국의 저출산율 극복을 위한 K-PEACE 100인 교육 및 홍보 구국지사로 선임하고 추대식을 가졌다.

한출협 박희준 총회장은 23번째 한국의 인구절벽으로 국가소멸의 위기를 맞고 있는 대한민국의 세계 최저출산율 극복을 위하여 서로 손을 맞잡아 함께 활동할 것을 약속했다.

　세계한인재단 박상원 총회장은 한국의 세계 최저 출산율 해결을 위해서는 "교육을 통하여 젊은이들이 각 가정마다 저출산에서부터 의식을 바꾸고, 생활의 패턴을 바꿔서 다출산 장려운동에 실익이 돌아가는 제도와 우리의 환경을 개선하는 일이라고 생각합니다."라고 말했다.

　세계한인재단은 오는 9월 15일 인천관광산업진흥을 기여할 목적으로 '세계한인재단 인천상륙작전기념 사업회 발대식'을 갖고 맥아더 장군 동상에 헌화할 계획을 밝혔다.

　또한, 세인트미션대학교 박상원 총장은 박희준 박사를 석좌교수로 임명장을 수여했다. 이날 한국의 세계 최저출산율 극복에 다양한 의견을 교환했다.

　한국의 저출산 문제를 예견하고 1997년부터 활동을 펼쳐온 한출협 박희준 총회장은 "오는 10월 국회의원 회관에서 그동안 선임한 20여 명의 구국지사와 여러 국회의원을 모시고, 저출산율 극복을 위한 〈오온 선포식과 포럼〉를 개최할 계획"임을 밝혔다.

　이날 추대식에는 한출협 김성애이사장, 강희갑 디지털홍보위원장, 안상무 성남산업진흥원 감사관 등이 참석했다.

　　　　　　　　　　　　　　[기사 원문] 2023/09/01 경기데일리 박익희 기자

출판후기

앞만 보고 달렸던 지난 26년 저출산에 대해 많은 생각을 해오다가 최근에 생각을 정리하고 석학들의 고견과 많은 기사를 모아 한 권의 책으로 엮어 저출산·고령화에 대해 세상에 이야기하고 싶었다. 시작하다 보니 저출산·고령화가 참으로 많은 부분에 톱니바퀴처럼 맞물려 있어 한 부분만 쓰기에는 너무 불완전해 보였다. 그래서 저출산에 관하여 가볍게나마 많은 분야를 섭렵하여 기술하려 하였으나 너무 광범위한 관계로 누락되거나 허술한 부분이 많으리라 생각된다. 그리하여 몇 군데 말이 중복되는 우를 범했는데 독자들께서 읽으시기에 짜증이 나시지나 아니했는지 자못 염려스러웠다. 또 석학들의 글이나 잘 정리된 기자님들의 기사 중에 너무나 마음에 들어 흡족한 부분을 전문 혹은 부분 발췌하여 인용하였음을 알려드리오니 넓으신 마음으로 혜량해 주시기를 바란다. 이제는 합계출산율이라는 용어가 하도 흔해 내용은 다 잘 아시겠다고 생각되는데 현재 우리나라는 인구감소에 따른 문제가 발생하기 시작한 지 이미 10여 년이 지났다. 시골 조그마한 초등학교는 분교는 본교까지 애들이 부족하여 폐교되고 대한민국의 지자체가 30여 년 내에 50% 이상이 사라진다고 한다. 그런데 이 첫 번째 책에서는 저출산 문제로 살아온 인생을 기술하다 보니 처음에는 저자가 살아온 인간적인 삶을, 두 번째는 우리나라 저출산·고령화 문제의 실상과 정책 제안을, 세 번째는 필자의 꿈과 희망을 넣었다. 그러나 저술 후 많은 지인과 주위의 따가운 질책과 충고를 듣고 나름대로 내용을 충실히 하기 위해 몇 가지의 항목을 보강하였고 특히 2021년 첫 저술 후 시행한 K-PEACE 100인 구국 지사 추대되신 20여 분의 이력과 기사를 실어 구국 지사님들의 나라를 위한 뜨거운 열정에 조금이나마 보답이 되었기를 갈망한다. 옛날 중국 제, 진, 초, 오, 월 춘추오패 제후의 집에서 가장 맛있는 음식을 가져다 한 솥에 넣고 끓인 섞어찌개 탕이 곧 팔진미 오후정이라 하여 천하에 최고의 맛이라더니, 이들은 원래 맛있는 재료라서 천하의 진미이겠으나 저자의 이 책은 나름 세 가지를 부지런히 섞었으나 원래의 맛은 달아나고 이 맛도 저 맛도 아니게 되었으니 소위 책으로서의 정체성이 모호해져 버렸다. 그래서 누가 책보고 묻는다. 야, 너 자서전이야, 정책제안서냐, 자기 계발서냐, 뭐냐고, 정체를 밝혀라, 머, 아무려면 어때, 그래도 내 딴에는 열심히 썼어, 잘 봐줘, 현재 저출산·고령화 현실에 관심이 있으신 독자님들에게 이 책이 우리 국민의 필독서가 되어 저출산·고령화 인식 제고에 도움이 되기를 희망하는 마음에서 이 저서를 바친다.

2023년 11월
(사)한국출산장려협회 출판부

저출산·고령화시대
출산·출생장려 나라의 미래

초판 1쇄 발행 2023년 12월 8일

지 은 이 한국출산장려협회 / 박희준

발 행 인 박근호
편   집 유지백
디 자 인 김소원
전 자 책 유준희

발 행 처 Udit 궁극의성장
주   소 서울시 구로구 디지털로34길 55 B101
출판등록 제25100-2022-000066호

전   화 010-3356-3651
이 메 일 ug100cue@gmail.com
인   쇄 트윈벨미디어 02-2088-1810
          www.twinbellm.com

(사)한국출산장려협회 출판부
홈페이지 www.agimani.or.kr

가   격 20,000원

ISBN 979-11-985683-3-5 (03060)
Copyright© 한국출산장려협회, 박희준 2023

* 이 책은 저작권법에 따라 보호받는 저작물이므로 무단전재와 무단복제를 금지하며, 이 책의 내용을 전부 또는 일부를 이용하시려면 반드시 저작권자와 〈사단법인 한국출산장려협회 출판부〉의 서면 동의를 받아야 합니다.

※ 본 협회는 '출산'을 여성의 출산과 사회문화적 표현의 '출생'을 구분하여 표기합니다. '출생'을 남, 여 부부의 묶이라는 의미로 용어를 수정하고, 양성평등 문화를 만들어 갈 것을 노력하겠습니다. 출산과 양육을 엄마(여성)만의 몫이 아니라 엄마, 아빠(부부)가 함께 하는 것이라는 문화를 만들어 가겠습니다.

多産 코리아! 幸福 코리아!
출산장려는 제2의 구국운동이다!

한자녀 사랑으로~
두자녀 기쁨두배! 세자녀 행복세배!

< 한국출산장려협회 모토 >

출산장려는
대한민국의 밝은 미래이며
제2의 구국운동이다!

< 창시자 주제 >

多産코리아,
幸福코리아

산장려 구국운동 6대 행동강령

모두가 출산장려운동에 동참하도록 홍보하고 여론을 형성한다.
회원개개인이 상호간에 참여, 존중, 배려, 나눔의 원칙을 공유하고 최고수준의 전문성을 추구한다.
임산부가 배려받고 아이가 행복한 사회를 만든다.
일과 가정의 균형을 추구하여 행복한 가족문화육성에 이바지한다.
3. 1독립정신과 통일의병의 자세로 출산장려 인식 개혁운동을 추진한다.
유관단체와 적극 교류협력하여 조직적으로 출산장려 운동을 전개한다.

아이낳기 좋은 세상 만들기에
사단법인 한국출산장려협회가 함께합니다."

2023 심포지엄

국가인구위기 저출산 극복 전략의 모색

多産 코리아! 幸福 코리아!
출산·출생장려는 제2의 구국운동이다

행사일시
2023
12.08
14:00-17:00

행사장소
국회도서관
(소회의실)

오온선포식 및 심포지엄 식순

구분	주요내용
1부 – 개회식	▶ 개회식 & 창립 및 업무경과보고
	▶ 오온 선포식 & 구국지사 33인 소개
2부 – 심포지엄	▶ 국가인구위기-저출산 극복 전략의 모색
	좌장(박강수 이사장)
	"국가인구위기-저출산극복전략의모색"으로

김영선 국회인구위기특별위원회위원장
박강수 (사)글로벌이미지포럼 이사장
이광연 (사)생명존엄재단 이사장
박상원 세계한인재단 총회장
김영미 저출산고령사회위원회 부위원장
오응진 (재)예수의몸돌봄유지재단
박희준 (사)한국출산장려협회 회장

공동주최
김영선 국회의원 국회인구위기특별위원회 위원장
박희준 (사)한국출산장려협회 회장
박강수 (사)글로벌이미지포럼 이사장
이광연 (사)생명존엄재단 이사장.
박상원 세계한인재단 상임대표 총회장

후 원 서울특별시, 한국콜마, 코스맥스, 매일유업, 끄레델
협 력 국제라이온스클럽354-D지구, 국제로타리클럽3650
한국여성단체협의회, AKU통일을실천하는사람들,
(사)한국여성불교연합회 중앙본부
주 관 사단법인 한국출산장려협회
사단법인 글로벌이미지 포럼